A guerra de Ashley

GAYLE TZEMACH LEMMON

A guerra de
★★★ Ashley ★★★

Mulheres soldados das operações
especiais no campo de batalha

Tradução de
Ângela Lobo

ANFITEATRO

Título original
ASHLEY'S WAR
The Untold Story of a Team of Women Soldiers on the Special Ops Battlefield

Copyright © 2015 *by* Gayle Tzemach Lemmon
Todos os direitos reservados.

Nenhuma parte desta obra pode ser reproduzida, ou transmitida por qualquer forma ou meio eletrônico ou mecânico, inclusive fotocópia, gravação ou sistema de armazenagem e recuperação de informação, sem a permissão escrita do editor

ANFITEATRO
O selo de ideias e debates da Editora Rocco Ltda.

Direitos para a língua portuguesa reservados
com exclusividade para o Brasil à
EDITORA ROCCO LTDA.
Av. Presidente Wilson, 231 – 8º andar
20030-021 – Rio de Janeiro, RJ
Tel.: (21) 3525-2000 – Fax: (21) 3525-2001
rocco@rocco.com.br
www.rocco.com.br

Printed in Brazil/Impresso no Brasil

Preparação de originais
THADEU SANTOS

CIP-Brasil. Catalogação na fonte.
Sindicato Nacional dos Editores de Livros, RJ.

L573g   Lemmon, Gayle Tzemach
         A guerra de Ashley: mulheres soldados das operações especiais no campo de batalha / Gayle Tzemach Lemmon; tradução de Ângela Lobo. – Primeira edição. – Rio de Janeiro: Anfiteatro, 2018.

         Tradução de: Ashley's war: the untold story of a team of women soldiers on the special ops battlefield
         ISBN 978-85-69474-40-1
         ISBN 978-85-69474-41-8 (e-book)

         1. Mulheres soldados – História. 2. Mulheres militares. 3. Estados Unidos – Forças Armadas. 4. Estados Unidos – História militar. I. Lobo, Ângela. II. Título.

17-46946   CDD: 355.348
                                                  CDU: 356-055.2

O texto deste livro obedece às normas do
Acordo Ortográfico da Língua Portuguesa.

A todos os guerreiros não celebrados. Que vocês nunca sejam esquecidos. A Rhoda Spielman Tzemach e Frances Spielman. E a JL, que acreditou desde o início.

Sumário

Prefácio: Kandahar 13

I: A Convocação para Servir

1. *O Tio Sam Precisa de Você* 23
2. *Ouvindo o Chamado para Servir* 41
3. *O Landmark Inn* 54
4. *Cem Horas de Inferno* 77
5. *Aprovadas* 103
6. *Dias de Treinamento* 119
7. *Diamantes entre Diamantes* 141

II: Ação em Campo de Batalha

8. *Chegada, Afeganistão* 171
9. *Operação "Encaixe"* 191
10. *A Intérprete* 198
11. *Subindo Montanhas à Noite* 218
12. *Fazendo Diferença* 230
13. *As Mentiras da Guerra* 246

III: Última Chamada

14. *A Primeira Morte* 253
15. *Um Luto Respeitado* 277
16. *O Homem na Arena* 285
17. *Kandahar* 293

Epílogo 307
Agradecimentos 313
Bibliografia Selecionada 317

Nota da Autora

Este livro é o produto de vinte meses de viagens, centenas de horas de entrevistas realizadas em uma dúzia de estados americanos, uma análise de pesquisas primárias e documentos e uma esclarecedora série de conversas com alguns dos líderes militares mais experientes dos Estados Unidos.

Foi também um quebra-cabeça montar, um privilégio contar e uma imensa responsabilidade trazê-lo à vida.

O que se segue é uma visão em nível de mulheres que responderam à convocação para servir com as Forças de Operações Especiais, soldados que levantaram a mão imediatamente quando souberam da chance de se apresentarem como voluntárias para lutar com os melhores. Os leitores que buscam aprender mais sobre táticas militares, tomadas de decisões e formulação de estratégias militares encontrarão várias sugestões na bibliografia selecionada que se segue a estas páginas.

A maioria dos nomes foi trocada para proteger as pessoas envolvidas e aquelas que ainda estão ligadas à comunidade de Operações Especiais. Alguns detalhes foram omitidos por motivos de segurança.

Tive o privilégio de conhecer muitos homens e mulheres não mencionados nestas páginas. Cada um deles tinha uma história que valeria a pena contar.

As mulheres soldados que falaram comigo compartilharam suas histórias de guerra não por desejarem ficar conhecidas – elas não desejam –, mas por quererem que sua amiga e companheira de equipe seja lembrada.

As histórias são delas. Eventuais erros são meus.

Numa época em que a divisão entre aqueles que se apresentam como voluntários para lutar as guerras dos Estados Unidos e aqueles que nunca serviram é grande e crescente, é mais importante do que nunca saber quem são essas mulheres soldados e por que elas se alistam para lutar pelo bem do resto de nós.

O que quer que qualquer uma dessas mulheres faça no futuro, esse ano que passou me convenceu de que nada, jamais chegará perto do ano que elas passaram servindo em campo de batalha ao lado dos homens das Forças de Operações Especiais dos Estados Unidos.

E nenhuma passagem de anos reduzirá seu sentimento de pertencer à CST-2 [Cultural Support Team 2 – Equipe de Apoio Cultural 2].

Membros da Equipe

★ Serviço Ativo do Exército

Rigby Allen, oficial de inteligência, Fort Huachuca, Arizona

Kimberly Blake, policial militar, Fort Stewart, Geórgia

Anne Jeremy, engenheira, Fort Carson, Colorado

Tristan Marsden, oficial de artilharia, Fort Sill, Oklahoma

Kate Raimann, policial militar, Fort Benning, Columbus, Geórgia

Amber Treadmont, oficial de inteligência, Fort Jackson, Colúmbia, Carolina do Sul

Rachel Washburn, oficial de inteligência, Fort Huachuca, Arizona

Isabel Wood, policial militar, Guarnição Yongsan do Exército dos EUA, Coreia do Sul

★ Guarda Nacional e Reserva

Lane Mason, motorista de caminhão, baseada em Nevada

Leda Reston, Operações Especiais, baseada em Washington

Ashley White, corpo médico, baseada na Carolina do Norte

Acrônimos

DFAC	Dining facility (refeitório)
JOC	Joint Operations Center (Centro de Operações Conjuntas)
JSOC	Joint Special Operations Command (Comando Conjunto de Operações Especiais), baseado em Fayetteville, Carolina do Norte
KAF	Kandahar Airfield (Campo de Aviação de Kandahar)
MP	Polícia Militar [do Exército]
MREs	Meals, Ready to Eat (refeições prontas para comer)
FS	Special Forces (Forças Especiais): os Green Berets (Boinas Verdes)
Socom	Special Operations Command (Comando de Operações Especiais), baseado em Tampa, Flórida
SOF	Special Operations Forces (Forças de Operações Especiais). Incluem Força Delta, Geen Berets (Boinas Verdes), Seals da Marinha, 75º Regimento Ranger, Comando de Operações Especiais da Força Aérea, Comando de Operações Especiais do Corpo de Fuzileiros Navais
TOC	Tactical Operations Center (Centro de Operações Táticas)
XO	Executive officer (oficial executivo), o segundo no comando em certas unidades militares

Prefácio: Kandahar

A segunda-tenente White entrou na "sala de preparação" e começou a se arrumar para a noite de batalha.

Kandahar, agosto de 2011, 22 horas: um cômodo estreito junto a um corredor principal, ladeado por prateleiras de compensado e gavetas de plástico cheias de rolos de velcro, fios elétricos e fitas adesivas resistentes. O cheiro de óleo para armas pairava no ar. White fizera uma longa lista de equipamentos e, agora, apanhava calmamente os itens que a missão exigia:

> *Capacete e óculos de visão noturna. Checado.*
> *Fones de ouvido para comunicação com o líder do pelotão. Checado.*
> *Fuzil M4. Checado.*
> *Pistola M9. Checado.*
> *Munição para ambos. Checado, checado.*
> *Proteção ocular para impedir que poeira e areia causem cegueira repentina. Checado.*
> *Cartões de anotações e canetas para documentar tudo o que for dito e encontrado. Checado.*
> *Barras Cliff, caso a missão se prolongue. Checado.*
> *Jolly Ranchers e Tootsie Rolls para as crianças da vila. Checado.*
> *Torniquetes para estancar sangramento de um companheiro soldado. Checado.*
> *Luvas de procedimentos.*
> *Fitas zip.*
> *Água.*
>
> *Checado. Checado. Checado.*

White sentia o medo aumentando, mas militares experientes haviam dado conselhos de sobra para o tipo especial de apreensão que acompanha um soldado em sua primeira missão noturna. "Fica mais fácil depois da primeira vez", eles asseguravam aos novatos durante o treinamento. "Não ceda, passe por isso."

Agora, pronta, White entrou na sala de reuniões e absorveu a cena. Dezenas de homens calejados de batalhas, de uma das melhores e mais bem preparadas equipes do Exército, o 75º Regimento Ranger de Operações Especiais de Elite, estavam reunidos para assistir a uma apresentação em PowerPoint numa grande sala de conferências. Muitos tinham a condecoração do Coração Púrpura e ações em campo de batalha que chegavam a dois dígitos. Em torno deles, estava a equipe que apoia os soldados em campo com informações, comunicação e remoção de explosivos. Todos estavam estudando um diagrama do complexo que tinham como alvo enquanto comandantes conferiam o plano da missão em seu linguajar próprio, uma mistura de abreviações e jargões do Exército que, para os não iniciados, soava como um idioma estrangeiro. Contudo, cada pessoa na sala sabia precisamente onde tinha que estar, qual era sua função e como ajudaria a realizar a missão daquela noite.

White teve a sensação de que estava num filme de guerra de Hollywood. Em pé, perto dela, estava um praça e veterano da Guerra do Iraque com o qual a segunda-tenente treinara.

– Devemos dizer alguma coisa? – perguntou White.

A sargento Mason, também ali pela primeira vez, aproximou-se mais e cochichou uma resposta. Nenhuma das recém-chegadas queria se destacar mais do que já eram destacadas.

– Não, acho que não, hoje à noite não. O último grupo falará por nós.

Isso foi um alívio. White não tinha a menor vontade de chamar atenção numa sala cheia de soldados que claramente se sentiam em casa num combate. Como um elenco de atores que encenava a mesma peça há uma década, eles sabiam as falas e movimentos uns dos outros e, fora do palco, conheciam as histórias de vida uns dos outros. Para White, era uma revelação inesperada colhida durante uma análise de missão de quinze minutos numa sala de conferência improvisada no meio de uma das províncias mais perigosas do Iraque: aquilo era uma unidade familiar. Uma irmandade.

A reunião terminou, o oficial no comando se encaminhou para a frente da sala e os soldados de repente gritaram em coro:

– Rangers vão na frente!

Eles bateram continência num movimento bem coreografado e saíram em fila.

A segunda-tenente novata fez o mesmo, esperando que seu gesto não parecesse desajeitado demais para uma principiante, e acompanhou os outros, seguida pela sargento Mason. Elas entraram em seu escritório – na verdade, um armário de vassouras – e respiraram pela primeira vez.

– Ufa – permitiu-se White.

– Essa merda é séria – disse Mason. – Isso é demais.

Então, sem mais uma palavra, iniciaram uma verificação de sistemas, testando a frequência de seus rádios para se assegurar de que funcionavam direito. Estes seriam a corda salva-vidas durante a missão. Elas checaram três vezes os óculos de visão noturna, que se prendiam no alto de seus capacetes, e se certificaram de que tinham baterias para todos os aparelhos eletrônicos que carregavam: fones de ouvido, rádios e um laser vermelho que lhes permitia apontar coisas um para o outro em silêncio. Quando saíram do alojamento, cada uma delas carregava mais de vinte quilos de equipamentos.

Num dos muitos bolsos com velcro do uniforme de White, havia informações sobre o insurgente que procuravam e uma lista de crimes dos quais ele era suspeito de ter cometido. Em outro bolso, estavam uma medalha de São José e um santinho de oração. White saiu do alojamento e se esforçou para esconder qualquer vestígio das emoções intensas que aquele momento trazia: orgulho por fazer parte de uma equipe à caça de um terrorista que estava matando soldados americanos e seus próprios compatriotas; apreensão por pensar que depois de um rápido voo de helicóptero todos eles estariam na sala de visitas do terrorista. Porém, era exatamente isso que White queria e exatamente para isso que treinara: para servir com seus companheiros soldados naquela longa guerra e fazer algo que tivesse importância.

Os combatentes se enfileiraram por ordem de sobrenome e marcharam para dentro da escuridão abismal da noite de Kandahar. Diferentemente das cidades americanas de onde vinham, cujos céus com frequência eram enevoados pela poluição da indústria, do trânsito e de milhões de luzes que movem uma sociedade moderna 24 horas por dia, o negrume de Kandahar se estendia em constelações sem fim sobre as quais eles apenas liam em casa. O céu era glorioso e, por um instante, White reduziu o passo e admirou o cintilante recital celeste apresentado acima. Mas, então, um forte fedor puxou com força a jovem oficial de volta ao momento. Por mais divino que o céu estivesse, era terreno demais o cheiro de excrementos humanos que pairava e parecia cercar o acampamento em Kandahar. Numa cidade cujo sistema de esgotos fora quase todo destruído pela guerra, o cheiro de fezes atacava com ferocidade toda vez que um soldado estava na direção do vento.

No entanto, White estava concentrada em algo ainda mais mundano: permanecer ereta enquanto marchava pela primeira vez ao longo de uma pista de aterrissagem sem pavimento, cheia de pedras, em total escuridão. "Concentre-se no próximo passo", ordenou White em silêncio. "Nada de erros. Faça seu trabalho. Não se atrapalhe."

De vez em quando, chegava o som de soldados debochando uns dos outros, trocando piadas e humor negro. Mas White também detectou, nas cinzas laranja do cigarro de um Ranger que se apagava, indícios do estresse que todos compartilhavam. Eles lidavam bem com a exaustão, mas a exaustão estava se manifestando ali.

White e Mason foram parar ao lado de seus companheiros "facilitadores" de Operações Especiais, um grupo que incluía os caras da remoção de explosivos que ficaram famosos no campeão de bilheteria de Hollywood *Guerra ao terror*. (Mesmo que nenhum dos caras tenha

Prefácio: Kandahar ★ 17

adorado o filme, todos eles puderam apreciar a cena no fim, dentro de uma mercearia, onde um soldado que acabara de retornar para os Estados Unidos examina o corredor de cereais em toda a sua glória superabastecida e se pergunta por que um país precisa de tantas opções.) Logo atrás, estava a intérprete, uma americana afegã que entrava agora em seu quarto ano no Afeganistão. Apesar do conhecimento da língua, seu equipamento parecia saído da era Eisenhower. Todos achavam que algum soldado usara aquele capacete no Vietnã; este mal conseguia segurar os grampos para os óculos de visão noturna e estava seriamente deformado.

Ao entrarem no helicóptero apertado, White e Mason estavam determinadas a não cometer o erro de principiante de se sentar no lugar errado; então ficaram atrás de um primeiro-sargento que pusera as recém-chegadas sob sua asa. Depois que ele se sentou, elas seguiram o exemplo, engatando uma corda elástica que pendia de um gancho de metal em seus cintos no gancho que ficava embaixo do banco de metal estreito. Teoricamente, essas cordas as impediriam de voar dentro – ou *para fora* – do helicóptero enquanto estivessem no ar. Os soldados se enraizaram e, com um zumbido repentino, o aparelho partiu. A única coisa que a segunda-tenente White conseguiu ver através da neblina verde dos óculos de visão noturna foi o clarão das luzes do helicóptero ao decolar.

"Lá vamos nós", pensou White. Externamente, o retrato da tranquilidade, por dentro a jovem oficial sentiu uma onda de adrenalina e medo. Tudo – o processo de seleção, o treinamento, a ação em campo de batalha – acontecera muito rápido. Agora, de repente, aquilo era real. Durante os nove meses seguintes, era assim que seria toda noite.

Mas chega de sonhar.

"Concentra", ordenou White. "Volta para o trabalho à sua frente. Qual é o protocolo para os próximos passos?"

Preparar para o pouso.
Desenganchar.

Sair do aparelho.
Correr como uma louca.
Ajoelhar uma perna.

Sob o barulho estrondoso do motor, a primeiro-sargento marcou a contagem do tempo com sinais de mão.

"Seis minutos."

"Três minutos."

White se virou para Mason e ergueu os polegares com um sorriso cheio de uma confiança que não sentia.

"Um minuto."

Hora do show.

O aparelho pousou e a porta se abriu de repente, como a boca de um enorme réptil selvagem que descera do céu. White seguiu os outros e correu uma curta distância antes de ajoelhar uma perna, conseguindo evitar o pior do blecaute parcial, aquele redemoinho de poeira, pedras e só Deus sabe o que mais que sobe quando um helicóptero parte.

Engasgando com uma massa de terra e lama, White resmungou de modo inaudível, *Bem-vinda ao Afeganistão*, antes de se levantar para ajustar os óculos de visão noturna desajeitados que, agora, ofereciam as únicas lentes para o mundo externo. Sem mal trocar uma palavra, os Rangers formaram uma fila e começaram a marchar em direção ao complexo que tinham como alvo.

O chão estalava sob seus pés, enquanto eles avançavam em meio a plantas trepadeiras e uádis, os ubíquos canais e leitos de rio secos do Sul do Afeganistão. Eles marchavam com rapidez e, embora os óculos de visão noturna tornassem a percepção profunda um desafio quase impossível, White conseguiu não tropeçar sobre as muitas trepadeiras que serpenteavam pela paisagem sulcada. Ninguém emitia um som. Até mesmo uma tosse abafada poderia ricochetear no silêncio e trazer um ruído indesejado para a operação. Cada soldado no alvo sabe que a surpresa é a chave para continuar vivo. E o silêncio é a chave para a surpresa.

Prefácio: Kandahar ★ 19

Quinze minutos depois, eles chegaram ao objetivo, embora para White a sensação era a de que apenas um minuto se passara. Podia-se ouvir a voz da intérprete se dirigindo em pachtun aos homens da casa, exortando-os a vir para fora. Alguns minutos depois, os soldados americanos e afegãos entraram no complexo para procurar o insurgente e algum explosivo ou arma que ele pudesse ter escondido ali dentro.

E, então, a segunda-tenente Ashley White ouviu a convocação que a levara do calor de sua casa na Carolina do Norte para um dos lugares mais remotos – e perigosos – do mundo.

– CST,* venha até aqui – chamou uma voz no rádio.

O trio de soldados femininos – White, Mason e a intérprete civil, Nadia – seguiu a passos largos em direção ao complexo banhado pela neblina verde de seus óculos de visão noturna. Era bem no meio da noite, mas o dia estava apenas começando para White.

Sua história na guerra acabara de começar. Era chegada a hora de as mulheres irem trabalhar.

---

* Cultural Support Team (Equipe de Apoio Cultural). [N. da T.]

I

A Convocação para Servir

FEMALE SOLDIERS

BECOME A PART OF HISTORY
Join the US Army Special Operations Command
Female Engagement Team Program

The Female Engagement Team (FET) program will provide you with intense mental and physical training designed to prepare you for the rigors associated with assisting Special Forces and Ranger units in Afghanistan. You will be trained to think critically, interact with local Afghan women and children, and integrate as a member of an elite unit. Once trained, you will be assigned to the FET program for up to 1 year as either a Screener or a Cultural Support Team member.

Minimum Requirements:
-- E-4 - E-8, 01 - 03, WO1 - CW3
-- current minimum GT Score of 100 or better
-- PT Score of 210 with at least 70 pts in each event
-- meet height and weight IAW AR 600-9
-- minimum Secret clearance
-- must carry 35 lbs six miles in at least 1 hr and 39 mins
-- pre-screened by current unit of assignment

For more information:
visit our website - http://www.soc.mil/CST/CST.html
call - 910-396-0545 (DSN 236)
       910-432-6283 (DSN 239)
email - cst@soc.mil

1

O Tio Sam Precisa de Você

★ ★ ★

Dois anos antes de Ashley White saltar correndo do helicóptero em Kandahar, Afeganistão, o chefe das Operações Especiais dos Estados Unidos, Eric Olson, teve uma ideia.

Trabalhando num escritório no segundo andar do quartel-general do Comando de Operações Especiais (Socom), na Base McDill da Força Aérea em Tampa, Flórida, o almirante Olson passara anos estudando o campo de batalha sempre em transformação do que se tornara a mais longa guerra da história americana. Tecnologias do século XXI, armamentos avançados e comunicação instantânea alteravam radicalmente o moderno campo de batalha, oferecendo aos combatentes mais informações em tempo real do que nunca antes. Mas áreas específicas do que Olson chamava de "microconhecimento" – informações significativas e detalhadas sobre o povo, a cultura, a língua e os hábitos sociais – permaneciam fora do alcance das forças americanas. Ele queria mudar isso.

Olson era um inovador por seu próprio mérito. Primeiro Seal da Marinha a ser nomeado almirante de três estrelas e, em seguida, de quatro, ele também era o primeiro oficial da Marinha a chefiar o Comando de Operações Especiais. Sua posição era considerada uma das mais importantes – e menos conhecidas – na luta dos Estados Unidos contra o terrorismo.

A criação do Comando de Operações Especiais, em 1987, encerrou uma briga acirrada em Washington que pôs os defensores das operações especiais no Congresso e a comunidade de operações especiais contra os militares superiores e líderes civis do Pentágono. Os líderes militares viam o comando como um dreno desnecessário de recursos das Forças Armadas dos Estados Unidos, das quais as operações especiais formavam apenas uma parte muito pequena, menos de 5% dos homens e mulheres militares. Como uma cultura distinta que favorece as unidades pequenas em detrimento de forças grandes e a resolução independente de problemas em detrimento da hierarquia militar tradicional, as Operações Especiais eram vistas com profunda suspeita por grande parte do Exército, da Marinha, dos Fuzileiros Navais e da Força Aérea. Suas primeiras equipes foram criadas na Segunda Guerra Mundial para missões que dependiam do tipo de ação rápida, secreta e cirúrgica para a qual as forças convencionais, de larga escala, são pouco adequadas. Seu portfólio sempre teve a intenção de ser completamente diferente daquele das forças terrestres tradicionais. Em seu discurso para os formandos de West Point, em 1962, o presidente John F. Kennedy refletiu sobre a nova paisagem geopolítica que deu origem às Forças de Operações Especiais:

> *Este é um novo tipo de guerra, novo em sua intensidade, antigo em suas origens – guerra de guerrilheiros, subversivos, insurgentes, assassinos; guerra de emboscadas, em vez de combate; de infiltração, em vez de agressão, buscando a vitória erodindo e esgotando o inimigo e não o envolvendo. Isso exige – naquelas situações em que temos que enfrentar isso – um tipo totalmente diferente de força e, portanto, um tipo novo e totalmente diferente de treinamento militar.*

Com o passar dos anos, as Forças de Operações Especiais passaram por ciclos de expansão e contração quando os conflitos cresciam e terminavam. Tiveram um papel heroico e proeminente na Segunda

A Guerra de Ashley ★ 25

Guerra Mundial, quando equipes de Operações Especiais saltaram de paraquedas em baluartes alemães, subiram os penhascos da Pointe du Hoc, na Normandia, para destruir posições armadas do inimigo e desceram por trás de linhas inimigas para libertar prisioneiros de guerra americanos de um campo de prisioneiros de guerra japonês. Na Coreia, unidades de operações especiais fizeram incursões e emboscadas, mas, logo depois, viram seus orçamentos e números encolherem. Novamente se avolumaram para participar da luta no Vietnã, realizando missões de reconhecimento de pequenas unidades muito atrás das linhas inimigas e trabalhando com combatentes sul-vietnamitas locais e treinando-os. Mas, no fim dos anos 1970, as forças mais uma vez foram reduzidas quase à extinção. Na era dos confrontos da Guerra Fria, seu estilo de combate foi considerado incompatível com os soviéticos, que estavam aumentando rapidamente suas forças convencionais.

Tudo mudou nos anos 1990, com o uso bem-sucedido de forças de operações especiais na Operação Tempestade no Deserto e o crescimento do terrorismo moderno de atores que não eram Estados, como o Hezbollah, e, perto do fim do século XX, a al-Qaeda. Depois dos ataques do 11 de Setembro, o subterfúgio, a velocidade e a surpresa que eram a marca registrada das operações especiais moveram suas forças para a frente e para o centro da guerra contra o terror. Em 2010, o Comando de Operações Especiais pôde contar com pessoas, tecnologias, dólares e equipamentos que seus fundadores não teriam ousado imaginar vinte anos antes. Durante esse período, na segunda metade da guerra pós-11 de Setembro no Afeganistão, o Comando de Operações Especiais de Eric Olson exigiu de seus homens e mulheres combatentes muito mais do que nunca antes.

Olson era o perfeito homem de operações especiais. De porte pequeno e grande em presença, ele é o modelo de "profissional quieto" que as Forças de Operações Especiais copiam. Aqueles sob seu comando o descreviam como "um oficial cerebral", incomum por sua tendência a escutar mais do que falar. Ele havia visto combates de sobra em sua longa carreira; um dos Seals, soldados de operações especiais da Marinha dos Estados Unidos, altamente condecorado, ganhou a Estrela de Prata por conduzir uma equipe pelas ruas de Mogadíscio para resgatar soldados feridos dominados por combatentes somalis na batalha popularmente conhecida como "Falcão Negro em Perigo".

Desde o início da guerra, Olson acreditava que os Estados Unidos jamais encontrariam o caminho para a vitória no Afeganistão matando. "Temos que refletir sobre nosso caminho nessa luta", dizia ele. Para fazer isso, "temos que entendê-la melhor". Há algum tempo, Olson vinha pensando em "todo o yin e yang dos recursos da guerra moderna". Conforme ele via, "conceitos que podem de início parecer opostos uns aos outros podem na verdade ser partes do mesmo todo", e ele passara a acreditar que os Estados Unidos estavam desequilibrados, inclinados demais para o lado duro da guerra e sem a dedicação necessária para o que ele via como o lado mais suave: a guerra baseada em conhecimento.

Parte do problema, percebeu Olson, era que todos os incentivos militares – seus sistemas, programas, políticas de pessoal, caminhos para promoção – recompensavam habilidades concretas em detrimento de conhecimentos aprofundados. Ele acreditava que até mesmo aos membros mais versados das equipes de operações especiais de elite das Forças Armadas – especialistas que haviam estudado a geografia, a história e a língua da região e passado a se sentir confortáveis no ambiente – faltava um enorme volume de informações sobre o inimigo que estavam combatendo e sobre as pessoas que eles estavam ali para proteger. Algumas das informações mais cruciais, acreditava Olson, estavam escondidas com uma população à qual as forças de operações especiais, após quase uma década de guerra, não tinha praticamente nenhum acesso: as mulheres.

Há séculos, a cultura afegã venera as mulheres como aquelas que contêm a honra da família. Em algumas regiões, particularmente no mais conservador e rural cinturão pachtun, do qual provém a maioria dos combatentes talibãs, as mulheres são mantidas separadas de qualquer homem com o qual não tenham relação conjugal ou sanguínea. O Pachtunwali, um código tribal não escrito que governa todos os aspectos da vida da comunidade, delineia as leis e o comportamento do povo pachtun. No cerne do sistema está o princípio do *namus*, que define a relação entre homens e mulheres e estabelece a primazia da castidade e da integridade sexual das mulheres dentro de uma família. O *namus* ordena aos homens respeitar – e, mais fundamentalmente, preservar – o que considera a honra das mulheres afegãs. Uma parte essencial da preservação da honra significa manter as mulheres separadas dos homens desde a época em que elas são quase adolescentes até se casarem. Quando uma mulher se aventura a sair do complexo murado de sua família, deve estar acompanhada de um membro da família do sexo masculino ou de um grupo de mulheres liderado por um acompanhante homem. Em público, as mulheres vestem o *chadri*, ou burca, que cobre o rosto completamente.

Embora muita coisa tenha mudado para os milhões de afegãos que vivem hoje em muitas das cidades cada vez mais populosas do Afeganistão, onde meninas vão para a escola e mulheres trabalham fora de casa, nas áreas mais remotas das províncias rurais onde os americanos vêm travando suas batalhas mais duras é comum que a vida das mulheres se apresente muito diferente.

A antiga prática do *purdah*, ou exclusão das mulheres da visão pública, torna as mulheres dessas regiões quase invisíveis aos homens estrangeiros que lutam em seu país. E isso significa que tropas estrangeiras cometem uma séria afronta a famílias afegãs quando um soldado vê até mesmo de relance o rosto de uma mulher. Revistar uma mulher é uma ofensa ainda mais grave. Ao se ocuparem de mulheres afegãs, os soldados estão desrespeitando a elas e aos homens das famílias delas encarregados de protegê-las. O ato viola um código de honra que está na base da sociedade deles.

Essa forma de transgressão cultural estava também em oposição direta à contrainsurgência, uma doutrina militar recém-restaurada baseada num compromisso de proteger a população local e ao mesmo tempo impedir insurgentes e ajudar a construir um governo que pudesse oferecer serviços básicos a seu povo. Recém-chegada de seu papel proeminente no súbito aumento de tropas iraquianas em 2007, a contrainsurgência estava no centro do acréscimo, em 2009, de 30 mil soldados das forças americanas no Afeganistão. Na teoria da contrainsurgência, a "população é o prêmio". Conquistar corações e mentes e proteger civis eram agora funções cruciais da estratégia militar dos Estados Unidos, mas ambas seriam minadas se homens americanos revistassem mulheres afegãs.

E havia outra importante realidade cultural em jogo. Numa sociedade comunal como o Afeganistão, em que a família é central, o papel das mulheres é fundamental. Mulheres afegãs viam, entreouviam e entendiam grande parte do que estava acontecendo nos lares que dirigiam e trocavam informações entre si todos os dias. No Afeganistão rural, as informações viajam mais rápido pela rede de comunicação de famílias estendidas do que por mensagens instantâneas na maioria das outras partes do mundo, e as mulheres têm uma ideia do que seus filhos, maridos, irmãos e cunhados estão querendo fazer.

O que o almirante Olson estava começando a entender é que, do ponto de vista estratégico, não ter acesso às mulheres afegãs significava que os soldados americanos estavam completamente cegos para metade da população do país e para todas as informações e influência social que as mulheres possuíam. E mais: o que for que estivesse escondido nos aposentos das mulheres – tudo, desde combatentes inimigos até armas e informações secretas cruciais – continuaria oculto. Essa realidade indicava uma perigosa lacuna na segurança, porque nenhum soldado jamais teria realmente revistado uma casa se até mesmo um único cômodo não tivesse sido examinado. A única pergunta que permanecia era: as Forças Armadas poderiam fazer alguma coisa em relação a isso?

No Iraque, uma pergunta semelhante fora feita e respondida anos antes com a criação do programa "Lioness" ["Leoa"] dentro do Corpo de Fuzileiros Navais. Em 2003 e 2004, quando a incipiente insurgência se tornava mais ousada na cidade de Ramadi, comandantes reuniram, por causa disso, um grupo formado por vinte soldados femininos e fuzileiras navais – em sua maioria motoristas ou mecânicas autorizadas a usar metralhadoras calibre .50 – que se juntou aos fuzileiros navais e soldados do Exército em incursões, patrulhas de segurança e nos cada vez mais numerosos postos de controle criados para impedir homens-bombas. Grande parte do trabalho das Leoas consistia em revistar mulheres iraquianas em busca de armas escondidas e coletes explosivos e confirmar que elas eram, de fato, mulheres, e não homens disfarçados sob o véu.

Uma história semelhante aconteceu mais tarde no Afeganistão e, mais uma vez, os Fuzileiros Navais estavam à frente. Era início de 2009, uma unidade estava planejando uma operação na província de Farah para capturar os homens responsáveis por plantar dispositivos explosivos improvisados (IEDs, na sigla em inglês) que haviam matado vários fuzileiros navais.

Um dos planejadores era o tenente Matt Pottinger, um fuzileiro naval que percorrera um caminho improvável para o Afeganistão. Antes de ali chegar, Pottinger passou cinco anos cobrindo a China para a sucursal do *Wall Street Journal* em Pequim, onde suas reportagens agressivas o levaram a ser detido por um artigo sobre corrupção política. De Pequim, ele assistiu com crescente preocupação quando seu colega no *Journal* Daniel Pearl foi sequestrado e morto pela al--Qaeda e a guerra no Iraque descambou para o caos. Então, em 2004, o *Journal* o enviou para cobrir o tsunâmi asiático que matou 250 mil pessoas. Os únicos socorristas que o impressionaram num nível pessoal e profissional foram os fuzileiros navais e marinheiros americanos que desembarcaram ali, vindos do Iraque. Enquanto instituições de caridade locais e internacionais se atrapalhavam no caos da desorganização, os homens e mulheres soldados lidavam metodicamente com os problemas e encontravam maneiras de contornar os incontáveis obstáculos para realmente dar alívio às pessoas necessitadas. Testemunhá-los em ação afetou Pottinger profundamente, e ele pensou que se algum dia fosse servir a seu país deveria ser agora, com pessoas daquele calibre, naquele momento de grave crise nacional. Então, em 2005, aos 32 anos, ele ingressou na Escola de Candidatos a Oficial, dos Fuzileiros Navais. Um ano e meio depois, foi enviado para o Iraque.

Quando Matt Pottinger chegou à província de Farah, a perspicácia em campo de batalha de um fuzileiro naval treinado e veterano do Iraque complementava agora os instintos de um repórter para circular pelas diferenças culturais que moldavam o país. Logo, ele percebeu que, devido aos costumes sociais e tradições do Afeganistão, seria quase impossível para os militares fazer buscas em casas cheias de mulheres sem se indisporem com todo mundo na vila. Após meses de estudo, ele chegou a uma conclusão surpreendente: para terem êxito, *as missões precisavam de mulheres.*

Era uma ideia contraintuitiva, da qual o próprio Pottinger desconfiava. Então, com a ajuda de um telefone via satélite, ele procurou alguns especialistas em Afeganistão baseados nos Estados Unidos, incluindo Sarah Chayes, uma jornalista americana que morara em Kandahar por conta própria durante vários anos. Chayes confirmou a hipótese de Pottinger: ter soldados femininos dos Estados Unidos à disposição não aumentaria a tensão com os homens afegãos, mas sim, provavelmente, os acalmaria e faria toda a operação acontecer com mais tranquilidade. E se os especialistas estavam certos, longe de violar códigos sociais, isso, pelo contrário, ajudaria a desenvolver confiança. Com a aprovação de seu comandante, Pottinger reuniu um grupo de sete fuzileiras navais e uma intérprete e, num período de vários dias, conduziu lições improvisadas sobre cultura afegã, técnicas de revista apropriadas e como realizar interrogatórios táticos.

O experimento funcionou. Com a ajuda de mulheres da vila que foram interrogadas por membros da equipe de engajamento feminino – que logo ficaria conhecida pelo acrônimo FET (*female engagement team*), cunhado por Pottinger e pela tenente Johannah Shaffer, oficial de logística – os fuzileiros navais localizaram os insurgentes responsáveis pela morte de seus irmãos de armas. Igualmente significativo: idosos da vila expressaram aprovação pelo fato de que homens afegãos e americanos não haviam interagido com suas mulheres. A presença de fuzileiras navais provara ser uma vantagem em termos tanto culturais quanto táticos.

Esse argumento ficou claro durante uma fracassada missão alguns meses depois no sul da província de Helmand, que ficou conhecida porque insurgentes passaram de maneira audaciosa por uma equipe de fuzileiros navais que isolava o complexo onde eles estavam. Eles simplesmente vestiram burcas e caminharam em fila bem ao lado dos fuzileiros navais, que haviam pedido que as mulheres deixassem o complexo para serem protegidas do combate que inevitavelmente se seguiria. Só mais tarde os fuzileiros navais perceberam o que acontecera.

A notícia sobre o trabalho de Pottinger se espalhou. E, logo, a primeira-tenente Claire Russo – uma fuzileira naval reformada que estava determinada a formalizar para o Exército o tipo de equipe de engajamento feminino que Pottinger estava desenvolvendo para os fuzileiros navais – procurou-o para pedir orientação. Russo chegou ao Afeganistão em 2009, no mesmo ano que Pottinger, como membro de uma equipe civil criada para ajudar o Exército a entender melhor o terreno cultural. O avião de transporte C-130 mal a deixara no Leste do Afeganistão quando o coronel encarregado a recrutou para uma missão muito específica – para a qual essa ex-fuzileira naval estava particularmente bem preparada.

O coronel do Exército soubera por batalhões e companhias espalhados pela região que certas unidades estavam usando equipes de mulheres soldados informais *ad hoc* para ajudar a cumprir suas missões. Ele queria entender o que essas mulheres estavam sendo solicitadas a fazer, por que os comandantes achavam que elas eram adequadas de maneira única para essas atribuições e se isso era legal, devido à proibição oficial, pelas Forças Armadas, de mulheres em combates terrestres. A tarefa de Russo era investigar e voltar com respostas.

A missão de encontrar fatos levou Russo a bases de todo o Leste do Afeganistão, onde ela pesquisou unidades do Exército, desde Equipes de Reconstrução Provincial até unidades de infantaria. Russo verificou que todas elas estavam usando mulheres de maneiras diferentes: algumas iniciavam projetos de subsistência para mulheres afegãs locais enquanto outras tinham mulheres soldados que iam "além das cercas de arame" para saber o que estava acontecendo na comunidade.

Mas o que alarmou Russo foi a clara falta de treinamento tático dos soldados femininos. Essas mulheres, em sua maioria paramédicas, por vezes oficiais para assuntos civis, estavam agora atuando em condições difíceis, em áreas repletas de insurgentes e outros inimigos, no meio de uma zona de guerra. Por mais que fossem competentes em seu trabalho e corajosas, basicamente todas elas estavam improvisando. Ficou claro para Russo que havia uma necessidade de engajamento feminino nas unidades do Exército, e os comandantes lhe disseram que estavam obtendo informações valiosas e entendendo melhor a dinâmica local por meio dessas equipes de soldados. Mas ainda havia uma crença persistente entre os líderes superiores do Exército de que as mulheres no Afeganistão não tinham nenhum poder ou influência. As observações diretas de Russo haviam levado a uma conclusão oposta: as mulheres afegãs estavam no centro de uma teia complexa de relações familiares e tinham um efeito significativo sobre a população.

Animada por essa convicção e incentivada por oficiais superiores do Exército que queriam esse recurso em suas unidades, Russo estava decidida a insistir no assunto. Era quase sempre impossível detê-la depois que ela punha uma coisa na cabeça, e uma tragédia pessoal só fizera aumentar sua determinação. Em 2004, Russo era uma oficial de inteligência recém-formada que realizara o sonho de criança de se tornar fuzileira naval, estimulado pelo filme *Questão de honra*. Alguns meses depois de sua primeira designação, um colega fuzileiro naval a estuprou num baile dos fuzileiros navais. Ela relatou o ataque, mas o Corpo de Fuzileiros Navais se recusou a apresentar uma acusação formal. Por fim, com a ajuda de um investigador criminal da Marinha, seu caso foi parar na mesa do promotor público de San Diego, cuja investigação revelou que seu acusado fizera a mesma coisa contra outra mulher soldado. Por sua recusa a ser silenciada, Russo acabou recebendo o prêmio "Cidadão de Coragem" do promotor público de San Diego.

Agora no Afeganistão, cinco anos depois, trabalhando como civil para o Exército e ainda apaixonada pelo serviço militar, Russo estava procurando alguém com experiência em formar equipes exclusivamente femininas – e o nome de Pottinger surgiu imediatamente. Depois de pegar emprestado algum material da FET com Pottinger, após procurá-lo em Cabul, Russo iniciou o processo de treinar FETs do Exército para um comandante no Nordeste do Afeganistão.

Mais tarde, com o tesouro de conhecimentos que haviam reunido sobre mulheres e os campos de batalha tanto cultural quanto real, Pottinger, Russo e um influente consultor cultural americano-afegão chamado Hali Jilani se juntaram para abordar publicamente os mitos persistentes que cercavam as FETs. O título do relatório, publicado em 2010 numa revista militar, falava por si próprio: *"Desânimo: tentando conquistar o Afeganistão sem mulheres afegãs."*

O artigo começava explicando que os homens afegãos tendem a ver as mulheres estrangeiras como um terceiro sexo: não ameaçadoras, como os homens americanos, nem sujeitas às restrições culturais das mulheres afegãs, mas um terceiro grupo com o qual podiam interagir de maneira respeitosa e direta. Observando que "nossa relutância em empregar, a não ser algumas, mulheres soldados aliadas em operações táticas de contrainsurgência é idêntica à do Talibã", os autores ressaltaram que, em 2009, "tão poucas mulheres soldados dos Estados Unidos tiveram contato significativo com mulheres afegãs que, falando em termos estatísticos, literalmente tiveram uma chance maior de engravidar do que de conhecer uma mulher afegã fora da cerca de arame".

"Quem", perguntaram eles na conclusão, "está isolando mais suas mulheres da sociedade afegã: os homens pachtun ou os comandantes dos Estados Unidos?"

Mais ou menos na mesma época, em Tampa, o almirante Olson estava trabalhando em seu próprio conceito de equipes exclusivamente femininas. Ainda que achasse interessante o modelo da FET dos fuzileiros navais, ele o considerava estruturado demais para operações especiais. Embora filmes retratem esses homens como atletas olímpicos e gênios em táticas, Olson com frequência descrevia os melhores Seals e outras equipes de Operações Especiais – incluindo as Forças Especiais do Exército e o 75º Regimento Ranger, os Seals da Marinha e as forças de operações especiais da Força Aérea e dos fuzileiros navais – numa linguagem muito mais mundana: "solucionadores de problemas fisicamente preparados".

Olson sabia que qualquer proposta de pôr mulheres em zona de combate direto era uma garantia de forte resistência dentro das Forças Armadas. Embora as operações especiais há muito tempo enviassem mulheres para zonas hostis em uma série de funções, incluindo operações psicológicas e inteligência, a exclusão em combates terrestres diretos – formalizada num memorando de 1994 que proíbe as mulheres de servir em linhas de frente – era, para Olson, "a ponte que tínhamos que atravessar". E estava claro que a hora de atravessar era *agora*.

Desde 1948, o serviço militar das mulheres era governado pela Lei de Integração de Serviços Armados das Mulheres. Entre outros limites, elas eram impedidas de servir a bordo de qualquer navio da Marinha que não fosse um hospital ou usado para transporte, bem como de aviões que pudessem ter uma missão de combate. Na época, não havia nenhuma menção a mulheres em combates terrestres. Nos anos 1980, as coisas estavam mudando lentamente: mulheres faziam parte de tripulações aéreas não combatentes e serviam a bordo de alguns navios da Marinha. Mais funções se abriram depois que mais de 40 mil mulheres soldados foram mobilizadas em 1990 e 1991 como parte das operações Escudo no Deserto e Tempestade no Deserto. Em meados dos anos 1990, as mulheres podiam servir na aviação e em combates navais. Mas a designação para unidades "cuja principal missão é se engajar em combate direto em terra" permanecia fora dos limites das mulheres.

Em quartéis-generais, Olson começou a levantar a questão de ter mulheres em funções de batalha para apoiar equipes de operações especiais e, repetidamente, ele teve a mesma recepção sem entusiasmo. Olson entendia os limites de seu poder, porque, embora o cargo de comandante do Comando de Operações Especiais tivesse muita influência, efetivamente ele era um "provedor de força" e não o comandante de todas as Forças de Operações Especiais que atuavam no mundo. Isso o tornava, na prática, o CEO da Operações Especiais Inc., com a missão de fornecer um produto – prontidão, opções e recursos – que comandantes em terra poderiam optar por usar. Ou não. Olson não podia *fazer* com que os comandantes usassem essas equipes; ele podia apenas imaginar e em seguida desenvolver as ideias para que estas estivessem ali se e quando quisessem.

Autoridades em torno do Comando de Operações Especiais ouviam educadamente a ideia de Olson e depois o dispensavam. A maioria lhe dava a clara impressão de que não via a hora de que o período de Olson como comandante chegasse ao fim para ele poder levar embora sua ideia de novas equipes exclusivamente femininas. Era a mesma coisa que havia acontecido no Pentágono vinte anos antes, quando o Congresso exigira a criação do Comando de Operações Especiais.

Alguns meses depois, porém, a paisagem mudou. Em abril de 2010, uma nova leva de tropas americanas estava entrando no Afeganistão como parte de um aumento de força anunciado em dezembro e a luta contra insurgência estava se intensificando. A ideia de Olson estava prestes a ter uma segunda chance, provinda de uma fonte muito improvável, um grupo dos soldados da infantaria mais antigos do exército: o 75º Regimento Ranger do Exército dos Estados Unidos, os combatentes terrestres de operações especiais noturnas cuja história remonta aos tempos coloniais.

Em abril de 2010, o almirante William McRaven, o altamente respeitado chefe do Comando Conjunto de Operações Especiais (JSOC), apresentou um pedido formal a Olson, no Comando de Operações Especiais, para que *mulheres soldados* fossem disponibilizadas para se juntar aos Rangers em missões. O pedido se baseava numa premissa radical do líder de pensamento inovador: a de que mulheres facilitadoras poderiam tornar as missões Ranger mais bem-sucedidas. A ideia era a de que os melhores soldados femininos do Exército se juntassem às forças de ataque de elite do 75º Regimento Ranger quando essas saíssem em ações diretas noturnas para capturar terroristas e insurgentes.

O Comando Conjunto de Operações Especiais, o comando de McRaven, surgiu no início dos anos 1980, após a humilhação da fracassada tentativa de libertar reféns americanos no Irã. Como resultado da desastrosa missão abortada que terminou com oito soldados americanos mortos, o Pentágono criou uma comissão para descobrir por que tantas coisas haviam dado tão errado. Uma das recomendações do grupo foi a criação de um comando "conjunto" que formaria uma equipe coesa de soldados de operações especiais saídos das unidades mais fortes do serviço militar: os Seals da Marinha, os pilotos de operações especiais da Força Aérea, a Força Delta do Exército, os Green Berets e, por fim, o 75º Regimento Ranger do Exército.

Em 2003, o general Stanley McChrystal assumiu o Comando Conjunto de Operações Especiais e, durante cinco anos, supervisionou sua evolução para se tornar uma máquina de estabelecimento de alvos de grande valor, capaz de reagir rapidamente às necessidades além da orientação por dados. Insurgentes eram mirados e novamente mirados até serem capturados. Cada incursão rendia novas informações que produziam o conjunto de alvos seguinte. Os resultados foram espantosos. Incursões a casas de terroristas, depósitos de armas e esconderijos, que, em 2003, necessitavam de dias de planejamento, exigiam em 2010 meros minutos. Em agosto de 2004, o Comando Conjunto de Operações Especiais supervisionara dezoito incursões noturnas no Iraque ao longo de um único mês. Em agosto de 2006, foram trezentas.

McChrystal usa uma analogia civil para descrever a evolução do Comando Conjunto de Operações Especiais, em que deixou de ser uma força especializada para se tornar uma organização direcionada e moldada pelo poder de sua rede de comunicação: "Começamos a guerra como os maiores vendedores de livros do mundo e terminamos como a Amazon.com." A principal força de ação dos Estados Unidos se transformara numa organização ferozmente organizada e eficiente, movida por dados vindos de todas as partes do governo americano, e lutara para se tornar tão adaptável quanto seu formidável inimigo, a rede al-Qaeda.

A responsabilidade pelas táticas e pelo planejamento de missões passou a ser de comandantes em terra quando o ritmo das incursões aumentou muito. A Delta, os Green Berets e os Seals – os caras mais "especiais" das Operações Especiais – já não podiam lidar com toda a carga de trabalho. Conforme McChrystal explicou em 2014, "quando começamos a ir num ritmo cada vez mais veloz, não era sustentável ter alguns caras que não estavam atingindo alvos; então, de repente eles disseram: 'Rangers, vocês assumem esse alvo, Forças Especiais do Exército, vocês assumem aquele alvo', o que levou todo mundo a atingir alvos por conta própria".

Os Rangers, que começaram as guerras no Afeganistão e no Iraque como os "irmãozinhos" das Operações Especiais – os caras tipicamente mais jovens que apoiavam unidades de elite mais experientes em grandes operações –, agora se tornavam cruciais para o sucesso delas. Os Rangers amadureceram em suas atribuições, e com isso sua competência, sofisticação e confiança cresceram.

McRaven sucedeu McChrystal no Comando Conjunto de Operações Especiais, em junho de 2008, e deu prosseguimento à agilidade cada vez maior e ao ritmo operacional ininterrupto que seu predecessor e mentor instituíra. Mas, assim como o almirante Olson, o almirante McRaven, autor de *Spec Ops*, um livro repleto de estudos de casos da guerra das Operações Especiais, tinha certeza de que eles não fariam todo o trabalho se metade da população continuasse inacessível.

Por sua vez, McChrystal, agora responsável por todo o esforço de guerra americano no Afeganistão, ainda estava ferido por uma análise de uma operação ocorrida anos antes que custara corações, mentes e aliados. Seus homens haviam invadido um complexo e seguido o que pensaram serem procedimentos estritos, cuidadosos e culturalmente sensíveis: não haviam revistado as mulheres, conduzindo-as para outra parte do complexo antes de percorrer a casa – inclusive os aposentos das mulheres – à procura de qualquer coisa. "Mais tarde, tivemos um retorno que dizia 'vocês desonraram as mulheres'", recorda McChrystal. "Como?", foi a pergunta dele e de seus homens. Eles nem sequer haviam chegado perto delas. A resposta a isso consternou McChrystal: Não importa, disseram-lhe. Vocês vasculharam as coisas delas e tocaram suas roupas.

"Esse era o nível de ignorância que ainda tínhamos. E isso foi bem adiante na guerra", observa hoje McChrystal, notando que, embora as forças dos Estados Unidos entendessem cada vez mais os amplos contornos da cultura afegã, as nuances com frequência permaneciam inalcançáveis.

Em 2010, a luta no Afeganistão estava indo mal o bastante para que todos desejassem uma solução que funcionasse. Na década anterior, mulheres haviam servido em combates, observa McChrystal – independentemente da política oficial –, como analistas de inteligência, pilotos de combate e na Força Delta. Haviam recebido o Coração Púrpura e a Estrela de Bronze e matado e ferido gravemente ao lado de seus colegas homens. McRaven era um solucionador de problemas bem prático. O que seria impensável apenas cinco anos antes, por causa de ideias preconcebidas sobre mulheres americanas em combate, bem como por causa da ignorância sobre o papel das mulheres na cultura afegã, tornava-se agora inevitável. McRaven tomou uma decisão: agora, os soldados femininos acompanhariam *oficialmente* os Rangers nas missões. Que se dane a ideologia.

Para muitos, o fato de que os "trogloditas" dos Rangers foram os primeiros a pedir a presença de "facilitadoras" guardava uma ironia. (McChrystal observa que a velha piada era que o *n* de *Rangers* significava *knowledge*.)* Aqueles não eram homens sensíveis, eram os "instrumentos cegos" das Operações Especiais, caras cuja ideia de diversão era virar uma bebida energética, malhar duas horas e depois trocar tiros com os vilões. Eles também não se importavam em desenvolver forças estrangeiras ou estabelecer relações com pessoas locais, o que era a especialidade dos renomados Green Berets. Os Rangers tinham um mandato pura e facilmente quantificável: ou você apanhava o insurgente que queria ou nada feito. E agora McRaven estava disposto a empregar qualquer estratégia inteligente que tornasse seus homens e as missões deles mais eficientes.

Então, quando a Requisição de Forças oficial de McRaven chegou à sua mesa, Olson a viu como uma convocação imediata para a ação. Aquilo já não tinha a ver com suas ideias sobre o "yin e yang da guerra", disse Olson aos homens que trabalhavam para ele: era um pedido concreto do comandante do Comando Conjunto de Operações Especiais em campo. E todo mundo sabia que o que o Comando Conjunto de Operações Especiais pedia, recebia. Olson começou imediatamente a pôr as engrenagens em movimento, pedindo ao Comando de Operações Especiais do Exército que iniciasse o treinamento de novas equipes de soldados femininos em seu quartel-general em Fort Bragg. Olson dividiu as equipes em dois grupos: o lado da "ação direta" sairia com as unidades centradas no contraterrorismo, ao lado dos Rangers. O segundo grupo acompanharia as equipes de "ações mais indiretas" nas áreas rurais onde os Green Berets estabeleciam relações com pessoas locais e seus líderes. Essas mulheres

---

* Como se a palavra *knowledge* ("conhecimento"), em que não se pronuncia o *k*, começasse com *n*. (N. da T.)

fariam parte das VSOs, ou Village Stability Operations (Operações de Estabilidade nas Vilas).

Nesse meio-tempo, Olson consultou seus advogados sobre a proibição de mulheres em combates terrestres e soube que, contanto que ele as "vinculasse" a essas unidades de operações especiais e não as "designasse", poderia designá-las para qualquer lugar. Incluindo em missões com os Rangers.

Por fim, havia a questão do nome da equipe. Todo mundo concordou que a palavra *feminina* deveria ser evitada, porque tornaria muito mais difícil sua aceitação nas unidades exclusivamente masculinas. Como o conceito de trabalho em equipe era fundamental para as operações especiais e seu senso de comunidade distinto, todos concordaram que se deveria usar "equipe". Outra palavra cuidadosamente escolhida ajudaria a enfraquecer o argumento daqueles que achavam que o programa era apenas um caminho furtivo para as mulheres atuarem na linha de frente: *apoio*. Por fim, eles precisavam de um termo que expressasse a ideia de que esses soldados femininos americanos penetrariam no tecido social do Afeganistão para chegar a lugares e pessoas que os homens não podiam alcançar: *cultural*.

Nasceram as Equipes de Apoio Cultural.

E foi assim, a partir do núcleo da ideia de Olson sobre o que membros femininos do serviço militar poderiam fazer que os homens não poderiam, a partir do desejo de McChrystal de vencer a guerra e de sua experiência em ações terrestres e a partir do pedido de McRaven de mulheres para apoiarem seus homens, que houve uma série de conversas que amadureceram e se tornaram planos que tiveram guinadas inesperadas e acabaram produzindo um programa que levou a segunda-tenente Ashley White e suas companheiras ao campo de batalha em Kandahar, Afeganistão, numa madrugada de agosto de 2011.

2

Ouvindo o Chamado para Servir

★ ★ ★

Lane Mason ouviu o sinal de um e-mail chegando e olhou para seu laptop velho. Alta, olhos azuis claros, cabelo castanho e braços tatuados, ela parecia uma garota-propaganda da Harley-Davidson. Aos 23 anos, veterana da Guerra do Iraque, de uma cidadezinha no nordeste de Nevada, Lane trabalhava para a Guarda Nacional local cuidando de novos recrutas e da transição deles para a tropa.

Apesar da maternidade, o corpo de Lane ainda possuía a força e a tensão da estrela das pistas de corrida que um dia fora. Na escola de ensino médio, ela liderara sua equipe em campeonatos estaduais ano após ano, mas só percebeu tarde demais que poderia ter usado seu talento de atleta para conseguir uma bolsa de estudos na faculdade. Em vez disso, Lane se alistou na Guarda Nacional porque sabia que seus pais jamais poderiam arcar com seu ensino. A Guarda pagaria a faculdade.

Desde criança, ela se virava sozinha. A vida de sua mãe desmoronou depois que seu pai foi embora, quando Lane tinha 14 anos. A partir daí, o atletismo a educou e a manteve longe de problemas. Juntos, ela e seu irmão mais velho administravam a casa, cuidavam dos porcos e vacas da pequena fazenda e pressionavam um ao outro a, toda noite, pelo menos, tentar terminar uma parte do dever de casa.

No momento em que o e-mail chegou, ela estava pensando na Guarda, tentando imaginar quando sua unidade seria mobilizada e como ela prepararia a filha de 2 anos para a ausência da mãe. A unidade servira no Iraque no início daquela guerra e ela conduzira comboios de suprimentos no sul, em meio a alguns combates pesados. Lane estava preparada para ir de novo; com duas guerras acontecendo, quase todos os membros da Guarda tinham que ir ao Iraque ou ao Afeganistão pelo menos uma vez, quando não muitas vezes. Mas ela não queria ir para a guerra de novo com sua unidade específica, que não achava bem disciplinada – ou preparada para proteger seus integrantes.

Naquele momento, uma amiga da Guarda Nacional de Wisconsin estava passando adiante um e-mail sobre um novo trabalho em algo chamado "Equipe de Apoio Cultural".

"Oi, Lane, isso parece perfeito para você", escreveu ela.

Na linha de assunto do e-mail se lia: "Voluntárias para o Programa Equipe de Engajamento Feminino do Comando de Operações Especiais do Exército dos Estados Unidos."

Mulheres nas Operações Especiais? Lane estava intrigada. Todo mundo sabia que oficialmente mulheres não podiam servir em nenhuma unidade envolvida em combates terrestres diretos, e as Operações Especiais eram uma das partes da máquina militar americana mais concentrada em combate. Porém, o e-mail deixava claro que as mulheres não executariam as ações, *apoiariam* as operações especiais. A mensagem prosseguia:

> **Atualmente, a Comunidade de Operações Especiais dos Estados Unidos tem muito poucos soldados treinados, o que limita a capacidade das Forças de Operações Especiais do Exército de se conectar e colaborar com essa parte crítica da sociedade do Afeganistão. Como mitigação, o Comando de Operações Especiais do Exército dos Estados Unidos iniciou o programa Treinamento de Engajamento Feminino em Ft. Bragg, NC, para atender a essa necessidade crítica de missão.**

O coração de Lane bateu mais rápido à medida que ela continuou a ler. Ela viu outro benefício: a ação em campo de batalha já estava marcada e duraria de seis a oito meses, em vez do habitual ano inteiro. Ela terminaria o treinamento em julho e voltaria para casa e para sua filha bem antes do início das férias de verão. Além disto, nada supera a experiência de dirigir comboios e ficar sentada até doze horas num caminhão enquanto pessoas atiram em você. Lane dominava a arte de urinar numa garrafa, habilidade que ainda não se mostrara útil em casa. Ela estava ansiosa para fazer – e aprender – algo mais.

Mas Lane tinha outro motivo, mais urgente, para querer sair de sua unidade da Guarda e participar da missão na CST. No Iraque, um soldado de outra unidade a estuprara. Sem saber a quem recorrer, ela não dissera nada a ninguém. Seu casamento já estava naufragando e ela temia que isto pudesse abalar o frágil equilíbrio. Porém, a experiência a assombrara e a modificara. Depois de voltar para casa, em Nevada, ela se matriculou numa faculdade apenas para descobrir que não conseguia se concentrar nos estudos e continuava sofrendo com as lembranças. Um médico do hospital de veteranos local lhe disse que aquilo não podia ser estresse pós-traumático: só podia ser um resultado de danos em combate e não de um trauma causado por estupro.

Um ano depois da volta aos Estados Unidos, a unidade da Guarda de Lane exibiu um vídeo sobre estupros nas Forças Armadas em que especialistas orientavam os soldados sobre como identificar "predadores" entre eles e apresentava o conceito de "estupro por conhecido", o que dava um nome ao pesadelo pessoal de Lane. O vídeo desencadeou um tsunâmi de lembranças terríveis que Lane estava tentando suprimir. Ela saiu correndo da sala, desesperada por ar fresco, os olhos lacrimejando, deixando suas colegas da Guarda cochichando entre si, tentando descobrir o que diabos acabara de acontecer. Quando voltou, se sentou com sua equipe e finalmente, pela primeira vez, compartilhou sua história sobre o Iraque. Ela lhes assegurou que aquilo a que estavam assistindo naquele vídeo era muito real. Elas precisavam ter cuidado com seus colegas soldados – e não apenas no campo de batalha.

Falar sobre o que lhe aconteceu a fez se sentir de repente mais leve. Suas colegas da Guarda lhe escreveram cartas para dizer o quanto sua confissão significara para elas e lhes ensinara. Ela prometeu que, a partir daquele momento, não deixaria que o estupro definisse quem ela era ou que tipo de pessoa – e soldado – seria. Quando o e-mail anunciando o programa da CST chegou, Lane sentiu como se uma porta estivesse se abrindo; achou que isso lhe daria uma rara oportunidade tanto de servir ao lado das melhores unidades de combate do Exército quanto de enfrentar seus demônios abertamente num campo de batalha. Ela se colocaria na situação de combate mais desafiadora possível, com a maior elite de combatentes possível, e provaria a si mesma que não era uma vítima. Sabia que era forte o bastante.

"Se eu conseguir ir para Bragg", prometeu, "não deixarei de jeito nenhum que me humilhem." Lane sentiu sua velha intensidade retornando pela primeira vez em anos. "Ninguém vai me deixar fora disso."

A mais de três mil quilômetros de distância, em Colúmbia, Carolina do Sul, outro soldado recebeu um e-mail de uma irmã de armas. Amber Treadmont, uma primeira-tenente de 28 anos, se alistara assim que pudera, aos 17 anos. Agora, chegava uma mensagem anunciando que o Exército estava à procura de mulheres excepcionais para apoiar operações especiais. Ela leu a carta de encaminhamento da comandante de sua companhia:

Se eu não estivesse prestes a me tornar major, com certeza faria isso. Você deveria correr atrás também.

Amber queria o Exército há tanto tempo quanto conseguia se lembrar. Com cabelo louro e olhos azuis, todo mundo a achava parecida com Heidi, do popular filme infantil, fato que tornava sua paixão por disparar armas ainda mais surpreendente para aqueles que não a conheciam. Na escola de ensino médio da área rural da Pensilvânia, toda semana ela passava horas atirando em alvos e sonhando com o dia em que poderia apontar sua arma para um inimigo de verdade e não para uma folha de papel ou uma lata de Coca-Cola. Mas Amber era uma menina, e mulheres não podiam servir na infantaria. Então ela ingressou numa equipe de inteligência do Exército, treinando em Fort Huachuca, vinte quilômetros ao norte da fronteira mexicana, no Arizona. Sua primeira ação em campo, aos 19 anos, foi na Bósnia, onde analisou redes de terror para uma força-tarefa à caça de criminosos e terroristas que transitavam pela região. Suas habilidades como analista se tornaram conhecidas, e o FBI a levou por três anos para ajudar em operações de combate a narcóticos na Pensilvânia. Os esforços de sua equipe resultaram no indiciamento de treze membros da infame gangue dos Bloods.

No início dos anos 2000, a guerra no Afeganistão estava avançando, e Amber decidiu evoluir, tendo como base o que aprendera, e se tornar uma interrogadora. Como parte de seu treinamento, o Exército a enviou para aprender a língua persa no Instituto de Linguagem da Defesa, em Monterey, Califórnia. A ideia de ser uma interrogadora a agradava; ela gostava de usar o cérebro para manter outros soldados seguros. Se não podia se juntar a eles nas linhas de frente, poderia pelo menos dar apoio tático e descobrir sobre terroristas e insurgentes antes que eles tivessem uma chance de pôr seus planos em ação.

Depois de sete anos alistada como soldado, após a formatura na faculdade e o nascimento de seu filho, Amber decidiu ir para a Escola de Candidatos a Oficial. Ela se tornou uma raridade no Exército: alguém que era tanto um soldado alistado quanto um oficial.

Amber estava servindo como oficial na base do Exército em Fort Jackson, Carolina do Sul, fazendo um trabalho que odiava: supervisionar papelada e processos para premiação de soldados que voltavam. Estava longe da ação, entediada com o trabalho e presa a um casamento que estava quase no fim. Ficava sentada, esperando para saber quando seria sua próxima ação em campo de batalha.

E, então, o e-mail da CST chegou. O momento não poderia ter sido melhor. Essa era a melhor chance que teria de sair em missões com soldados de operações especiais e ela estava totalmente preparada para aceitar o rigor da seleção da CST.

Amber demorou menos de um minuto para imprimir o formulário de inscrição e começar a se mexer.

Kate Raimann soube do programa CST por um cartaz que viu num quadro de avisos lotado, do lado de fora do prédio sóbrio onde trabalhava em Fort Benning, Geórgia. Mostrava uma grande fotografia de uma oficial agachada com um fuzil de assalto M16 nas mãos. O título alardeava um convite em explosivas letras de forma em negrito: SOLDADOS FEMININOS: TORNE-SE PARTE DA HISTÓRIA.

Ao se aproximar do cartaz, Kate sentiu uma onda de adrenalina e curiosidade. "Ingresse no Comando de Operações Especiais do Exército dos Estados Unidos", anunciava. Ela já estava procurando uma caneta na mochila, anotando o endereço do site na internet e esperando que o anúncio não fosse bom demais para ser verdade. Enquanto escrevia, sentiu algo que nunca experimentara desde que voltara de sua ação em campo de batalha no Sul do Iraque: um senso de propósito.

Kate era uma oficial de polícia do Exército – e voltara da guerra há apenas cinco meses. Mesmo com o duplo fardo de Iraque e Afeganistão, o Exército dava a seus soldados tempo para ficar em casa entre uma viagem e outra, e Kate ainda tinha vários meses antes de precisar começar a se preparar para o próximo rodízio. Mas já ansiava por voltar para a luta. Sentia falta do senso de direção, do foco, da missão compartilhada durante a ação em campo de batalha. Ali, quem precisava dela? Seu tempo era desperdiçado, bem como suas habilidades.

Kate nunca pensara em outra carreira, embora de vez em quando se perguntasse por que Deus não lhe dera mais de 1,52 metro de altura, já que sabia que ela seria um soldado. Ou por que não a fizera homem, já que sabia que ela queria a infantaria. Ela podia ser pequena e loira, mas seu corpo compacto era cheio de músculos. Desde pequena, as pessoas a chamavam de maria-homem, mas Kate não se importava; tudo o que sabia era que gostava de correr e competir, jogar futebol, basquete e softball com o irmão e as irmãs. Protegida pela lei que proíbe discriminação de sexo, ela jogou futebol americano durante os quatro anos do ensino médio em sua escola no oeste de Massachusetts. Jornais locais escreviam sobre a menina que gostava de derrubar adversários, mas em segredo Kate odiava o futebol americano, com todas as suas pancadas e treinos intermináveis. Porém, o fato de os caras na escola acharem que uma garota não podia jogar futebol americano garantiu que ela nunca desistisse. Nunca. Jamais cederia às dúvidas deles. Que se danassem as pancadas.

O Exército estava nos genes de Kate e envolvia toda a sua árvore genealógica. Seu pai fora piloto do Exército durante 23 anos e inspirou todos os filhos a seguir seu caminho. Kate e seus irmãos mais novos foram todos para a Academia Militar dos Estados Unidos, em West Point, quando chegou a hora de ir para a faculdade.

Depois de se formar, Kate se tornou policial do Exército porque era o mais perto que ela podia chegar da infantaria. No exterior, os policiais do Exército desempenham toda a série de funções de segurança para as Forças Armadas, desde revistar casas e suspeitos até fazer patrulhas, reconhecimento e participar de operações de busca. Agora, um cartaz na parede estava apontando o caminho direto para o centro da ação, oferecendo-lhe uma chance de retornar para a pureza e clareza da vida na guerra. Kate queria ir para o Afeganistão, queria uma missão que tivesse importância e queria estar o mais perto possível da linha de frente. Ali estava uma equipe inovadora que lhe permitiria fazer as três coisas.

Nos primeiros meses de 2011, essa mesma história aconteceu em todo o país quando amigos de soldados, oficiais de comando e colegas guerreiros espalharam a notícia sobre o programa que combinaria os mais fortes combatentes dos Estados Unidos com uma equipe especial de mulheres que poderiam preencher uma lacuna como nenhuma outra força poderia. Da Flórida ao Alasca, da Carolina do Norte à Coreia do Sul, mulheres responderam à convocação. A maioria delas passara a vida inteira se coçando para ir à guerra – não como enfermeira, digitadora, mecânica ou qualquer outro trabalho que, aos poucos, ao longo de décadas de luta, passou a admitir mulheres, mas como soldado de Operações Especiais. Ou o mais perto que pudesse chegar disso. Como observou uma das mulheres da CST: "Durante toda a minha vida, tudo o que eu quis foi pertencer a um grupo de fodões lutando nas linhas de frente."

Quando Ashley White soube do programa da CST, estava fazendo exercícios físicos no arsenal local, em Goldsboro, Carolina do Norte, onde servia na Guarda Nacional. Ashley chegara à Carolina do Norte dois anos antes com seu noivo, Jason Stumpf, um tenente estacionado na base do Exército em Fort Bragg. Ashley conhecera Jason em seus primeiros meses na Kent State University, a menos de uma hora de carro de sua cidadezinha em Ohio, Marlboro, numa festa com pizzas nos escritórios do programa ROTC [Corpo de Treinamento de Oficiais de Reserva] da escola. Foi amor à primeira vista, embora nenhum dos dois tenha feito nada por isso durante mais de um ano.

Na família muito unida de Ashley, todos se surpreenderam quando ela se inscreveu para o programa de treinamento. Ela nunca dera o menor sinal de que queria servir. Seu avô havia sido fuzileiro naval na juventude, e um tio-avô ganhara o Coração Púrpura como paramédico da Marinha na Guerra da Coreia, mas, fora isso, não havia uma tradição militar na família. Havia, porém, um senso de dever profundamente enraizado na família White em se tratando de trabalho, bem como um forte espírito de competição entre seus irmãos – a irmã gêmea, Brittany, e o irmão mais velho, Josh.

Os White constituíam forças complementares e opostas. Debbie, mãe de Ashley, era cordial e afetuosa, uma mantenedora que adorava nadar, mergulhar e fazer caminhadas. Trabalhava como motorista de ônibus escolar e como assistente de professora; portanto, podia organizar seus dias em torno de seu trabalho mais importante: ser mãe de três filhos. A casa estava sempre cheia de jovens: colegas de turma de Josh e companheiros da equipe de ginastas e amigos de Ashley e Brittany. Conhecida como Mama Whitie pelos colegas do time de futebol americano de Josh na escola, Debbie viajava para todos os jogos em sua minivan com um estoque de petiscos para as crianças. Em jantares antes dos jogos, sempre abria espaço na mesa para meninos cujos pais não podiam ir.

Bob White era tenaz onde sua esposa – namorada dos tempos de escola – era gentil. Tivera que ser: seus pais agiam sob a premissa de que filhos "faziam dinheiro e não custavam dinheiro" e o puseram para trabalhar quando criança na fábrica de ferramentas da família, em Akron. Ele subia em engradados de leite para alcançar as máquinas por cuja operação era responsável. Atividades extracurriculares não eram incentivadas; quando Bob quis jogar basquete, seu pai disse que ele teria que voltar para casa por contra própria. Isso significava caminhar mais de oito quilômetros nos dois sentidos, mesmo no auge do inverno. Mas todo esse esforço valeu a pena: ele comprou um SS Nova 1973 vermelho – oito vezes o "carro do mês" em sua escola de ensino médio – e conquistou o coração de uma loira de pernas bonitas chamada Debbie, cujos pais tinham uma pizzaria.

Logo depois de casado, Bob prometeu a sua esposa que seria um pai dedicado e comprometido. Ambos queriam uma família. Médicos disseram que Debbie não poderia ter filhos, mas, após dez anos de casamento, Josh chegou. Três anos depois vieram as gêmeas. A chegada das duas meninas, em setembro, foi um choque; os médicos haviam dito aos White o tempo todo para esperar meninos. Estavam tão certos disso que Bob e Debby nem haviam pensado em nomes de meninas. Bob, na época trabalhando no turno da noite do negócio da família, às vezes, assistia à novela *The Young and the Restless* durante o dia, antes de dormir. Num pensamento rápido, ele escolheu o nome de sua primeira filha por causa de um personagem estonteante do programa, Ashley Abbot. Bob manteve a promessa feita a sua esposa: embora trabalhasse dez, doze ou até dezesseis horas por dia para sustentar a família, fazia questão de saber cada detalhe da vida dos filhos – quem eram seus amigos, como estavam se saindo nos estudos e esportes. Acreditava em ensinar aos filhos o valor do trabalho duro e prometeu que cada um deles teria a oportunidade de cursar uma faculdade, que ele não tivera, não importando o quanto tivesse que trabalhar para isso. Quando as crianças não estavam na escola, estavam estudando, e se não estivessem estudando, estariam praticando esportes ou trabalhando na White Tool. Quando se tornaram adolescentes, quase todo fim de semana Ashley, Brittany e Josh passavam um dia inteiro na linha de montagem da fábrica de ferramentas, ajudando o pai e ganhando eles próprios algum dinheiro. Reclamavam o tempo todo, mas a verdade é que adoravam, mesmo quando suas unhas acumulavam um tipo de sujeira distinto – oleoso e nocivo –, que apelidaram de "sujeira da White Tool". A quieta Ashley ficou conhecida como uma das ferinhas da White Tool: embora fosse canhota – um obstáculo em processos de fabricação –, ela conseguia produzir mil grampos de metal em uma hora, quando a maioria dos caras que operavam as máquinas mal conseguia chegar a setecentos. Bob atribuía o sucesso da filha a sua ética no trabalho: quando operava as máquinas, Ashley não saía para ir ao banheiro, para tomar um refrigerante nem para conversar com os irmãos.

A família White era forte em competições, das quadras de basquete aos campos de futebol americano e torneios de ginástica. "Se você não é o primeiro, é o último", lembrava Bob regularmente aos filhos. "Você não pode se conformar com o segundo." "Não comece o que não pode terminar", acrescentava. Ele queria que eles entendessem cedo como era duro o trabalho na fábrica e como a excelência podia ser tanto a própria recompensa quanto um caminho para uma vida mais fácil calcada na educação. Dizia constantemente aos filhos que "ações valem mais do que palavras". Seu mantra: "Não diga às pessoas o que você vai fazer ou que tipo de pessoa você é. Apenas mostre a elas."

A Guerra de Ashley

Josh e Brittany tinham um talento atlético natural que os levava às manchetes locais e a ganhar medalhas e troféus – uma sala inteira do porão dos White era dedicada a seus prêmios reluzentes. Em seu último ano na escola de ensino médio, Josh ficou empolgado ao quebrar seu próprio recorde de puxadas na barra, fazendo 35 repetições seguidas. Mas o orgulho durou pouco; sua irmã caloura o superou com 45 repetições na mesma tarde.

Apesar da competição, os irmãos eram os maiores incentivadores e amigos uns dos outros. Para motivar Ashley antes de seus treinamentos de corrida cross-country na escola, Josh punha "Seek & Destroy", do Mettalica, a todo volume no carro a caminho da escola. À noite, Ashley e Brittany se insinuavam pelo corredor até o quarto uma da outra e compartilhavam problemas, sonhos e seus planos.

Bob ensinou Ashley a superar seus limites e a fazer sempre o que achava que era certo. Mas nunca pensou que a filha aprenderia tão bem as lições. Quando ela o procurou, em seu primeiro ano na Ken State, para dizer que queria ingressar no ROTC, sua resposta foi "nem pensar". Nada em sua educação o preparara para acreditar que o serviço militar era o caminho certo para seus filhos: nem o fato de que o ROTC pagaria os estudos de Ashley, de que seus colegas cadetes compartilhavam um companheirismo e um sistema de valores baseado na integridade, de que ela evoluía em meio aos intensos desafios físicos ou mesmo de que a disciplina e o padrão elevado lembravam a ela o mesmo parâmetro alto que ele estabelecera para ela há tanto tempo quanto ela podia se lembrar.

Quando Bob bateu o pé e disse não ao primeiro pedido de apoio de Ashley, ela voltou com dois recrutadores do ROTC para ajudá-la a convencê-lo. Eles também não conseguiram conquistá-lo.

– Ash – disse ele rispidamente, ignorando os homens que estavam sentados em sua sala de estar –, nada é de graça. Eles não estão só pagando sua escola. Você estará pagando por essa educação com a sua vida. Não há nenhuma garantia de que você não terá que ir para o Afeganistão ou o Iraque. E eu não quero perder minha filha.

Mas Ashley estava determinada. Ela lhe disse que só estava querendo sua bênção porque o respeitava profundamente; ela era maior de idade e podia assinar a papelada para ingressar no programa sem a aprovação de seus pais. Debbie, que já pusera suas próprias ambições de lado para servir, não poria obstáculos no caminho da filha.

— Eu não a impedirei — respondeu Debbie à objeção de Bob. — Sempre me arrependi de não ter ingressado na Marinha e não quero que ela faça o mesmo.

Por fim, ele cedeu. Na questão do ROTC, Bob e Ashley concluíram que não concordariam, mas respeitariam a opinião um do outro.

Em fevereiro de 2011, Ashley estava trabalhando como treinadora de atletismo numa faculdade local e como paramédica na Guarda Nacional da Carolina do Norte. Começara a morar com Jason numa casa aconchegante. Mas sentia que faltava alguma coisa. Cercada por seus companheiros da Guarda que já haviam tido pelo menos uma ação em campo de batalha no Iraque ou no Afeganistão, ela se sentia culpada por usar o uniforme sem ter servido em pelo menos uma das guerras que os Estados Unidos estavam travando. Aceitar um cheque e uma instrução sem concluir o trabalho para merecê-los era como viver à custa de alguém. E esta *não* era Ashley. Alguns dos caras que ela comandava já a haviam insultado, alegando que não tinham que aceitar ordens de uma oficial jovem e inexperiente que nunca estivera em ação. Doía a Ashley se ver da forma como eles a viam.

Foi a comandante de Ashley quem lhe entregou o folheto da CST numa tarde de sábado, ao fim do treinamento físico diário.

— Não posso fazer isso, Ashley — disse ela —, mas talvez isto seja para você. — Era o mesmo cartaz que Kate havia visto na Geórgia e que centenas de outras potenciais recrutas haviam recebido por e-mail de seus amigos e companheiros soldados. — Parece bem interessante. E você teria sua ação em campo de batalha de uma vez por todas.

O momento não poderia ser melhor, e Ashley, estudando a foto da mulher soldado intimidante, ajoelhada com seu M16, ficou intrigada. Não demorou muito para ela ficar determinada a se inscrever.

A Guerra de Ashley ★ 53

Agora, só tinha que convencer Jason.

Jason sempre a apoiara. Ele a incentivara em sua época no ROTC, exortando-a a assumir os desafios mais difíceis e a falar quando discordasse do que via ou experimentava. Debbie disse que foi Jason quem acendeu a centelha em Ashley. Como prova, ela apontou para seus álbuns de fotos da família, que mostravam que, antes de conhecer Jason, Ashley raramente sorria nas fotografias, acanhada demais para se mostrar verdadeiramente. Mas com Jason ela ria desembaraçada na hora das fotos.

Quando ligou para Jason naquele sábado, no treino da Guarda, Ashley não apenas vencera a batalha contra seu formidável pai, como se sentia pronta para competir com as melhores mulheres que o Exército tinha a oferecer, sem se importar de que fosse apenas uma segunda-tenente da Guarda Nacional. Seu marido tornara isso possível.

– Oi, quero lhe contar sobre um novo programa – disse ela quando ele atendeu o telefone na cozinha de um tom amarelo claro dos dois, naquela manhã de sábado.

Pelo som da voz dele, ela teve a sensação de que persuadir "Mr. Sexypants", como ela o chamava carinhosamente, seria um desafio ainda maior do que levar seu pai a aceitar o ROTC.

3

O Landmark Inn

★ ★ ★

Quatro semanas depois, Ashley estava enchendo sua xícara na cafeteira de um hotel, prestes a iniciar o primeiro dia de avaliação e seleção de todo o Exército para o novo programa da CST. Ela puxou uma alavanca de uma máquina de tamanho industrial para se servir de leite e observou a substância branca caindo sobre o café. Com certeza precisaria de cafeína para começar o dia. Era março de 2011 e aquela era a rodada inicial do que seriam duas seleções separadas: primeiro para a Guarda e Reservistas; dois meses depois, para soldados do serviço ativo.

Segurando a xícara, ela se inclinou sobre o balcão de fórmica e viu um enxame de mulheres de alta octanagem reunido no salão de café da manhã do Landmark Inn, um hotel localizado na área de Fort Bragg, dedicado a atender soldados, suas famílias e convidados civis. Era uma visão e tanto: dezenas de membros da Guarda do Exército e reservistas usando conjuntos de ginástica, muitas delas com rostos corados e rabos de cavalo desgrenhados logo depois dos exercícios, moviam-se pelo salão de jantar. As cadeiras, de encosto alto, junto às mesas redondas estavam cobertas de um tecido durável, projetado para disfarçar os pingos de todo tipo de coisa, de xarope de bordo a ketchup. Havia um arranjo de flores de seda laranja brilhosa no centro de cada mesa, a única explosão de alegria no ambiente sóbrio. Ashley pegou uma maçã – parte de uma oferta limitada de alimentos saudáveis naquela terra de waffles e panquecas – e observou a cena em silêncio.

As mulheres vinham de todas as regiões do país – de cidades, fazendas e subúrbios – e tinham altura e físico diversos: algumas eram magras e esbeltas, outras baixas, compactas e de ombros largos. Parece que essas garotas levantam peso a sério, pensou Ashley. Elas também variavam em idade: algumas, como Ashley, mal tinham passado dos 20 anos. Outras pareciam ter quase duas décadas a mais; porém, o que era incrível, não estavam nem um pouco menos em forma. Um observador mal informado pensaria estar diante de um time de softball em disputa de campeonato ou de uma liga de futebol feminino. Mas era uma turma incomum por outro motivo: raramente mulheres do Exército se reuniam em grandes grupos. Fora o Corpo de Enfermeiros do Exército – cujas integrantes não tinham permissão para participar dessa seleção da CST –, geralmente não havia, no mesmo lugar e na mesma hora, mulheres suficientes para encher uma mesa de conferência, que dirá um salão de jantar de um hotel. As mulheres podiam exercer a maioria das funções do Exército em 2011, mas ainda representavam apenas 15% de todos os soldados no serviço ativo e um percentual um pouco maior da Guarda Nacional e dos reservistas. Esse número pequeno significava que raramente as mulheres se viam cercadas por outras mulheres.

E, depois, havia o fator alfa. Os soldados femininos que estavam ali para participar da seleção da CST tinham uma marra genuína. Ashley viu uma mulher em boa forma cujos músculos esculpidos realçavam sob a camiseta cinza do Exército. Veias grossas corriam por seus braços fortes. Outra delas tinha um livro apoiado em sua tigela de flocos de aveia: *Get Selected for Special Forces: How to Successfully Train for and Complete Special Forces Assessment & Selection* [Seja Selecionado para as Forças Especiais: Como Treinar com Êxito e Concluir a Avaliação & Seleção das Forças Especiais].

Um burburinho tomava conta da sala, mesmo que as mulheres tentassem esconder seu espanto por verem tantas outras iguais a elas. Ashley nunca vira nada assim. Supôs que nenhuma das outras que estavam ali naquela manhã também havia visto.

Ashley não sabia o que esperar no Landmark Inn, mas sabia que lidaria com um monte de papéis – "procedimentos internos", nos termos do Exército. Depois, em algum momento, elas iriam para Mackall, o campo oficial de polícia do Exército, um lugar ali perto, da época da Segunda Guerra Mundial, usado para seleção e treinamento de Forças Especiais. Ali começaria o verdadeiro teste dos soldados. Enquanto isso, as aspirantes à CST falavam alto e agiam com firmeza no café da manhã. Olhando ao redor, ocorreu a Ashley que nem uma única pessoa ali parecia ter enfrentado um momento de insegurança algum dia na vida. Mais do que músculos, ombros e veias saltando, esse pensamento a intimidou. Ashley sabia como fazer cara de séria – o atletismo na infância e depois o ROTC haviam lhe ensinado –, mas ela se perguntava se realmente se encaixava naquelas mulheres, algumas das quais pareciam conseguir levantar um peso cinco vezes maior do que o de seus corpos e andavam como John Waynes versão feminina.

Ei, ordenou ela a si mesma. Concentre-se, Ashley. Foco.

Para tal, ela retrocedeu quatro anos, até o Ranger Challenge, em que equipes com os melhores cadetes do ROTC de cada escola competiam contra outros colégios da região. Quatro anos antes da chegada de Ashley à Ken State, a equipe do Ranger Challenge era formada apenas por homens. Eles treinavam em instalações que tinham uma longa história militar, o Arsenal Ravenna, onde mais de 14 mil moradores de Ohio produziram armas durante a Segunda Guerra Mundial. A maioria dos homens ficou surpresa ao saber que aquela loira quieta, que não tinha sequer 1,60 metro de altura, queria participar da competição ao lado dos grandalhões. Eles não podiam acreditar que aquela "branquinha" pudesse acompanhar suas longas caminhadas e, durante as sessões de treinamento, esperavam que Ashley caísse para fora da formação. Mas toda manhã aquele cadete determinado do segundo ano aparecia no arsenal para marchar os quilômetros matinais e toda manhã ela os acompanhava, mesmo quando eles mudavam a hora de saída para as cinco horas. Eles tinham que pôr primeiro 9 quilos e depois mais de 13 quilos de equipamentos em suas mochilas na preparação para a competição de verdade. Toda vez que o líder da equipe, Jason Stumpf, se virava, esperava ver Ashley na retaguarda, mas lá estava ela, logo atrás dele na formação, mantendo o ritmo dos caras.

À parte as caminhadas com peso nas costas, o maior teste era a ponte de corda. Os cadetes estendiam uma corda com nós entre dois postes de madeira e tinham que atravessá-la com o corpo virado, a barriga para cima, as pernas abertas em torno da corda para impulsionar a si próprios até a outra extremidade. Braço após braço, eles faziam isso com mochilas cheias e fuzis pendurados a tiracolo nas costas. O tempo era crucial – e também o trabalho em equipe. Pequena e rápida, Ashley aprendera na infância sobre barras paralelas assimétricas, a usar os músculos da barriga para forçar o corpo a avançar por uma linha e a tornar seu peso mais leve sobre os braços. Esse treinamento significava que ela podia passar pela corda mais rapidamente do que qualquer um poderia imaginar.

Foi Jason, na época um superior, e já seu namorado, quem a pôs na equipe do Ranger Challenge com o apoio do sargento de primeira classe Stewart McGeahy, o praça que supervisionava os cadetes do ROTC. McGeahy era um veterano da luta sangrenta do Exército em Fallujah, um cara da cavalaria blindada que havia visto a ferocidade dos combates de perto no Iraque. Ele reconhecia guerreiras quando as via, mesmo que aquela – a lourinha quieta – não se parecesse com nenhuma outra.

Era tarefa de Jason fazer a seleção para a equipe do Ranger Challenge e ele procurou a orientação de McGeahy.

– Você não vê esse tipo de fibra com muita frequência – observou o veterano. – Eu gostaria que você a levasse.

Durante a competição do Ranger Challenge, Ashley provara ser um verdadeiro trunfo para a equipe com sua resistência física, sua orientação por terra, sua habilidade para a ponte de corda e sua capacidade de se manter fria sob pressão. O momento mais bonito aconteceu no fim do último evento, uma marcha com quase 14 quilos de equipamentos. Ashley permaneceu no meio do grupo, sem ditar o ritmo, mas também sem reduzi-lo. E, então, o grupo ultrapassou seu maior e mais bem financiado rival, Ohio State.

— Ah, porra! — gritou um cara quando a Ken State passou. — Nós estamos ferrados!

E um minuto depois:

— Que merda, eles estão com uma *mulher*. E estão passando por nós. *Apertem o passo!*

— Eu estou tentando, companheiro. Não consigo ir mais rápido — bufou um deles para seu colega de equipe. — Cara, estou todo doído.

— Que porra é essa? Você está brincando? — reagiu o primeiro cadete. — Aquela garota não está reclamando. Mais rápido. *Agora!*

Jason riu.

— Vejo vocês na linha de chegada, meninos!

Ashley prosseguiu e permaneceu impassiva. Um pé depois do outro. Olhando para frente. De jeito nenhum, ela reagiria àquele absurdo. Como aprendera com seu pai desde menina, deixaria que suas ações mostrassem do que ela era feita. Esqueça-os, apenas se concentre e continue. Ashley dominava a arte de se forçar a seguir em frente em silêncio e era mais dura consigo mesma do que qualquer outra pessoa poderia ser.

Agora, quando a mais competitiva seleção da CST estava prestes a começar, ela canalizaria sua dedicação. Lutara duro para estar ali, não apenas contra a vontade de seu querido pai e modelo, como também, de início, contra Jason. Desde seu primeiro ano no ROTC, ele fora seu maior defensor e mais dedicado aliado. Sentada no salão de jantar do hotel, cercada de algumas das mais fortes guerreiras do Exército, ela refletiu sobre a conversa daquele sábado à noite depois que soubera sobre o programa CST. Foi uma das discussões mais exaltadas que eles já tiveram.

Diante do frango grelhado do jantar que ela preparara depois de voltar do treino da Guarda no arsenal, Ashley gentilmente tentou convencê-lo. Dez anos de guerra significavam que quase todo mundo que servia na Guarda havia feito pelo menos uma viagem ao Iraque ou ao Afeganistão. Jovens oficiais como ela que não tinham nenhuma "tira de combate" – as Listras de Serviço no Exterior douradas indicando em seus uniformes que haviam servido pelo menos seis meses numa guerra em outro país – eram notadas pelos outros. E não de maneira positiva.

– Eu tenho que fazer isso – disse Ashley. – As pessoas na Guarda estão zombando de mim. Você sabe que eu tenho que conseguir um campo de batalha longe daqui. Minha unidade regular só será enviada ao Kuwait em 2013, o que quer dizer que ficaremos separados um ano inteiro. Se eu fizer o programa da CST, serão apenas seis ou sete meses. E é *agora*. Nós poderemos começar uma família muito antes.

John escutava, impassível.

– Escute, Jason, são as *operações especiais* – disse Ashley. – Foi você mesmo quem disse que são os melhores de todos os caras que viu no Afeganistão. Você sabe que eu estarei trabalhando com uma comunidade profissional de primeira classe. Eu vou dar cabo dessa ação em campo de batalha, voltar para casa e, então, poderemos seguir adiante com nossa vida.

Jason se lembrou de respirar. Ele acabara de retornar de um ano como oficial de artilharia de campo no Leste do Afeganistão, onde vira pessoalmente os perigos da guerra – como era estar no campo de batalha e o que isso fazia com as pessoas que conseguiam voltar para casa. A última coisa que queria era que Ashley fosse para lá. Só agora – dois meses depois do fim de sua viagem – ele conseguiu finalmente se acostumar à vida normal e isso por causa de Ashley. Ela não o pressionara a falar sobre o Afeganistão nem o sufocara de atenção depois de sua volta; em vez disso, deu-lhe espaço e o deixou se acostumar de novo com o ritmo diário da vida.

Jason servira num período particularmente penoso daquela longa guerra. O acirramento anunciado em dezembro de 2009 estava no auge e isso forneceu apoio de artilharia a unidades de operações tanto convencionais quanto especiais que atuavam em campo. Insurgentes atacavam regularmente a base da Otan em que ele estava, à qual os soldados que ali viviam se referiam carinhosamente como Cidade-Foguete. Combatentes inimigos chegaram a romper a cerca de arame da base certa noite, obrigando-o a correr para sua posição pronto para disparar artilharia, se necessário. Felizmente, o ataque terminou logo, sem que ninguém de seu lado morresse ou se ferisse, mas o inimigo havia literalmente levado a luta até ele. E isso era preocupante.

Para Jason, as regras de engajamento eram frustrantes. Ele entendia que proteger os civis era crucial para o esforço de guerra, mas sabia que o inimigo não seguia essas regras e que a relutância da contrainsurgência em usar o poder de fogo da artilharia – por temer baixas civis – significava que os soldados americanos agora tinham que lutar sem o arsenal completo do Exército dos Estados Unidos ao seu lado. Ele também testemunhou disputas internas e batalhas políticas que não esperava ver acontecendo em tempo de guerra diante de seus olhos. Ainda amava o Exército e seus homens, continuava comprometido em servir seu país. Mas voltou para casa questionando as chances de os Estados Unidos terem êxito devido aos anos de comprometimento que a missão exigiria.

Pior: ele não conseguia esquecer o que tinha visto na província de Khost, no sudeste: um de seus homens se contorcendo num coma de morfina, com a perna destroçada por fogo de foguete, outro soldado gravemente ferido, com meio litro do sangue de Jason ajudando a mantê-lo vivo. Ele revivia isso toda noite logo que voltou para casa e não queria de jeito nenhum isso para Ashley. O Afeganistão mudava todos os que ali chegavam e não seria diferente com a sua mulher. Ele não suportava pensar nos pesadelos que a acompanhariam quando voltasse para a Carolina do Norte, vindo de qualquer que fosse o posto avançado remoto que seria seu lar durante a maior parte do ano. Pouco antes de ele ser enviado, eles se casaram secretamente no escritório de um pastor, selando a cerimônia com uma aliança temporária do Walmart. Assim, Jason pôde ter certeza de que Ashley receberia benefícios se algo lhe

A Guerra de Ashley ★ 61

acontecesse no exterior. Suas núpcias "de verdade" – o vestido branco comprido, a enorme festa, a devida cerimônia católica – estavam planejadas para maio, dentro de apenas dois meses.

E, então, quando Jason voltara em segurança, *ela* queria ir para o Afeganistão e subverter suas vidas mais uma vez? Ele lutava para conseguir entender aquilo.

– Ash, isso é o Afeganistão – reagiu, finalmente. Ele envolveu o copo de Jack Daniel's com Coca-Cola com as duas mãos e se esforçou para manter a voz firme: – É o povo que lutou com êxito contra Alexandre, o Grande, os britânicos, os russos, e, agora, está lutando contra nós. Isso não é piada. Pessoas estão sendo atingidas o tempo todo agora. Você tem *alguma* ideia de onde estaria se metendo? Você não precisa ir agora, eu acabei de voltar. Vamos pensar um pouco nisso, encontre uma boa ação paramédica que você possa fazer em outra época depois que tivermos nosso casamento, nossa lua de mel e algum tempo de verdade juntos.

Ashley estudara medicina do esporte na faculdade – com Jason muitas vezes servindo de paciente em testes – e treinara como paramédica em Fort Sam Houston durante seus anos no ROTC. Jason não via nenhuma razão para que ela não pudesse ser enviada como paramédica – e como alguém que permaneceria na base.

Era a vez de Ashley ficar sentada em silêncio e escutar. Ela o ouviu, mas estava claro que não se comovia com suas súplicas.

– Eu prometo – continuou ele – que ajudarei você a encontrar outra viagem. Por que você quer procurar problema?

– Eu quero fazer isso, Jason. Acho que esse é um programa importante e eu quero ir atrás disso. Não vou treinar todos esses anos e depois não servir quando meu país está em guerra. – Enquanto pressionava seu argumento contra a única pessoa que sempre a incentivara a falar o que pensava, seus olhos ficaram cheios de lágrimas. – E se eu esperar outra ação e a guerra acabar? Quero tirar isso do caminho e fazer algo do qual realmente terei orgulho quando for avó e ficar me balançando numa cadeira na varanda.

— Além disso — acrescentou ela, se aproximando de seu grande cão husky, Gunner, sobre o sofá onde ela e Jason se aconchegavam para assistir a filmes nos fins de semana —, quem sabe se eu sequer vou ser selecionada? Não temos que decidir nada ainda.

Ashley fez um sinal para Jason se aproximar, mas ele continuou sentado em silêncio em sua cadeira reclinável, tentando se pôr no lugar dela. Sabia que sua mulher era forte e talentosa. Quando ela queria alguma coisa, conseguia. Não temia que ela não fosse selecionada; o que o preocupava era que com certeza *seria*.

Ele viu nos olhos de Ashley aquele mesmo olhar de determinação, aquela indiferença total a tudo ao seu redor, que ficara tão evidente no Ranger Challenge. Se ela realmente achava que isso era algo que tinha que tentar, como ele poderia agir de outra forma, quando a amava tanto e ela fizera exatamente a mesma coisa por ele um ano antes?

— Está bem, Ash, se você quer ir atrás disso, vamos lá — disse ele, por fim. Passava muito da meia-noite e ele estava exausto, física e emocionalmente. — Mas é melhor meter a cara. Você terá uma luta dura na seleção. Não desista. Se me ligar para dizer que precisa que eu vá apanhá-la porque não conseguiu ser aprovada, é melhor que seja porque quebrou um osso e não pôde sair andando de lá. Você quer isso? Vamos com toda a força. Nada de pegar leve.

Era nisso que Ashley estava pensando no Landmark Inn quando apanhou um iogurte e foi em busca de um lugar para se sentar com as outras garotas. Ela prometera dar tudo de si e estava pronta para tal.

Nada de pegar leve, pensou Ashsley. Hora de meter a cara.

Ela se sentou e começou a se apresentar a suas companheiras de mesa.

Anne Jeremy foi uma das primeiras pessoas que Ashley conheceu naquela manhã. Magra, esbelta e loira, parecia mais uma âncora de TV do que um soldado, mas seu temperamento era sério, sem rodeios. Ela mostrara sua coragem no campo de batalha quando tinha apenas 23 anos, depois de um foguete talibã explodir e partir em duas uma caravana de veículos no comboio de suprimentos que estava conduzindo. Nunca achou que merecia os prêmios que recebeu por sua bravura e só pensava nos soldados mortos na batalha, mas seus comandantes pensaram de outra maneira depois de verem sua tranquilidade ao conduzir o comboio em meio a mais de 24 horas sob fogo intermitente de armas pesadas e horas de prolongado contato com o inimigo. De volta a sua base, ela se tornou a primeira mulher oficial executiva, ou XO, de sua companhia de engenharia de combate. Oficialmente, sua função estava fora dos limites das mulheres, porque o Exército estabelecera em seu sistema de pessoal que esse trabalho era apenas para homens. Mas o coronel sob o qual ela servia no Afeganistão achou que ela era um de seus oficiais mais promissores, então simplesmente deixou em branco o espaço na ficha de Anne enquanto ela exercia essa função. Seus registros seriam corrigidos mais tarde.

Foi outro oficial superior com o qual Anne trabalhava em sua nova função que lhe contou sobre o programa CST. Era um ianque severo e um verdadeiro profissional; ela atribuía seu êxito na função à liderança dele.

— Ei, Anne, soube que agora estão aceitando moças no Curso Q. — Ele estava se referindo ao curso de qualificação das Forças Especiais, uma linha direta com os Green Berets que sempre estivera aberta apenas a homens. — Você devia dar uma olhada nisso, você seria ótima.

Anne era engenheira por treinamento. Concluíra o altamente competitivo curso de líder sapador, um programa exaustivo, de 28 dias, que ensina habilidades de liderança em combate e luta em pequenas unidades, ganhara o direito de usar a prestigiosa insígnia de sapador em seu ombro esquerdo. Os sapadores são treinados para remover minas, deslocar defesas em campo e lutar em proximidade com o inimigo. As mulheres representavam meros 3% dos estudantes do curso de sapador e apenas 2% dos formandos. Não que Anne algum dia estivesse pensando em ser uma "inovadora" ou feminista; na verdade, ela dava pouca atenção ao fato de ser uma das únicas duas mulheres do curso. Preferia se concentrar na sua coragem e não em seu gênero sexual; logo, desejava que os outros fizessem o mesmo. Era a dificuldade do curso de sapador – tanto mental quanto física – que a motivava. Ela concluiu o curso em alta performance em meio a seus colegas homens.

As operações especiais eram um sonho para ela. Depois de ver ataques sangrentos no Afeganistão e a perda de soldados em batalha, Anne ficou com uma forte sensação de trabalho inacabado. Queria voltar à luta, e a Equipe de Apoio Cultural era o caminho perfeito para chegar lá.

Seu coronel lhe deu um número de telefone de uma civil que estava envolvida no novo programa CST, Claire Russo, uma antiga companheira de Pottinger no Afeganistão que, na época, fora enviada a Fort Bragg para ajudar a preparar candidatas para as novas equipes. Em fevereiro de 2011, Russo fora citada num artigo da *Foreign Policy*, escrito por Paula Broadwell, que descrevia a nova unidade exclusivamente feminina sob o título "CST: Afeganistão". Dias depois, a ex-fuzileira naval estava recebendo uma enxurrada de telefonemas e e-mails em sua conta pessoal no Gmail de soldados femininos que queriam saber mais sobre essa chance de trabalhar em operações especiais e sobre exatamente o que precisavam para se qualificarem para isso. Anne estava entre elas.

– Você deveria vir para a avaliação e seleção – disse-lhe Russo quando elas se falaram, no início de 2011. – Parece que você seria ótima para isso.

Não muito tempo depois, Anne estava sentada ao lado de Ashley White diante de uma tigela de cereais no Landmark Inn.

Ela olhou ao redor e ficou impressionada. Uau, todas essas garotas poderiam formar sua própria pequena companhia de soldados, pensou. Ela riu quando um soldado que estava hospedado no hotel entrou para tomar o café da manhã e ficou paralisado, visivelmente perplexo, diante da visão de trinta mulheres saradas dominando o salão. Ele se virou rapidamente e saiu às pressas.

A Guerra de Ashley ★ 65

Anne estava pronta. A seleção para a CST não poderia ser um teste mental e físico *tão* maior que o da escola de sapadores, mas, seja o que fosse, ela se sentia preparada. A guerra a mudara; mais importante que isso, fizera quase tudo o mais parecer mais fácil em comparação. Ela daria boas-vindas ao que quer que a semana lhe trouxesse.

Leda Reston também estava no Landmark Inn naquela manhã. Soubera do programa da CST antes das outras mulheres por meio de colegas da Unidade de Operações Especiais com a qual estava trabalhando na época. Só havia um problema: o nível máximo para admissão era o de capitão, e Leda acabara de ser promovida a major. A patente dela era superior demais para o programa.

Reston servira na célebre 82ª Divisão Aerotransportada, no Iraque, como oficial de assuntos civis. Uma de suas responsabilidades era acompanhar e orientar a Equipe de Reconstrução Provincial dos Estados Unidos quando abriram centros para mulheres e escolas de treinamento vocacional, destinados a desenvolver boa vontade entre os iraquianos. Além disso, seu comandante de brigada a tornara um contato direto com todos os oficiais iraquianos importantes com os quais trabalhavam, incluindo o governador e o vice-governador locais. Nenhuma mulher jamais servira nessa função, e Leda estava determinada a corresponder à confiança que seu coronel depositara nela ao escolher aquela jovem capitã para substituir um major com experiência em batalhas. Ela podia ser a única mulher da equipe do coronel, mas, assim como Anne, pensava pouco nisso. Considerava-se, antes de tudo, um soldado incumbido de um trabalho que poderia favorecer a missão dos Estados Unidos, além de manter soldados vivos se ela cumprisse bem o seu papel – e ela estava determinada a ter êxito.

Ela fez isso desenvolvendo relações de trabalho sólidas, construídas sobre o respeito mútuo com oficiais iraquianos. Eles telefonavam diretamente para seu celular em todas as horas do dia ou da noite com frequência para avisá-la quando as emboscadas estavam à espera de comboios militares dos Estados Unidos nas estradas mais utilizadas.

Ela também recebia informações valiosas de iraquianos sobre como as forças americanas poderiam encontrar certos insurgentes. Era o auge do acirramento no Iraque, e o combate estava se intensificando. Durante seu serviço ali, a ação em campo de batalha da 82ª foi estendida de doze para quinze meses, um golpe para muitos, em especial aqueles que haviam chegado antes e agora acumulavam uma série de férias longe de suas famílias. Leda analisava cuidadosamente seu oficial de comando quando ele liderava seus soldados e absorvia tudo o que podia sobre liderança e sobre as novas regras da contrainsurgência.

Ela era uma das poucas mulheres a servir nas Forças Armadas que apreciava totalmente a vantagem que a diferença de sexo podia representar para a luta. Sua condição de mulher provara ser útil no Iraque; assim como suas compatriotas no Afeganistão, ela fazia parte daquele "terceiro sexo" que Pottinger e Russo haviam identificado (nem homem americano, nem mulher iraquiana). Isso lhe permitia ser levada a sério sem ser vista como uma ameaça. Ela adorava estar fora da cerca de arame, misturando-se a comunidades iraquianas e desenvolvendo relações com homens militares e civis igualmente. Adorava também trabalhar com os caras de operações especiais, que, para ela, personificavam a integridade e os altos padrões que sempre esperara encontrar no Exército.

A experiência de Leda no Iraque consolidara sua determinação a ser enviada de novo e ela queria especialmente trabalhar com operações especiais. Sua carreira já a levara a um caminho circular, de estrela de corrida cross-country – ela frequentara uma pequena faculdade na Flórida – a reservista do Exército. Daí a professora de escola de ensino médio e, por fim, de volta às Forças Armadas, depois do 11 de Setembro. Quando soube que o Exército estava procurando mulheres dispostas a sair em missões perigosas com equipes de operações especiais, de maneira alguma ela perderia essa oportunidade única por causa de um detalhe técnico.

Ela acabou tendo a aprovação do tenente-general John Mulholland, o condecorado comandante das Forças Especiais que conduziu seus homens no Afeganistão após os atentados de 11 de setembro de 2001. Naquele momento, Mulholland chefiava todo o Comando de Operações Especiais do Exército. Se ele aprovara sua inscrição, ninguém o contrariaria.

Havia apenas mais uma condição: a superior major Reston teria que servir como oficial encarregada e lidar também com todas as necessidades administrativas da equipe. Ela concordou imediatamente. Para uma viciada em trabalho como Leda, com pouca necessidade de dormir e poucos escapes além de correr maratonas e malhar na academia, a dupla função dificilmente seria um problema.

Ela mal podia esperar para começar, mas a cena no Landmark Inn tirara seu equilíbrio, assim como acontecera com Ashley. Primeiro: havia dezenas de mulheres firmes, fortes, circulando pelo salão, avaliando umas às outras nos pormenores. Cada uma delas sabia que o programa tinha um número limitado de vagas; portanto, elas estavam, naturalmente, numa feroz competição entre si. Mas o clima no salão ia além da competitividade. Ali estava um grupo de mulheres que se importavam mais em serem o melhor que podiam e não melhores do que a garota ao lado. Prevalecia uma sensação de que aquele era um evento único em Fort Bragg.

"Vamos com tudo!", *esta* era a atitude do momento.

A caminho da academia de ginástica em frente ao Landmark, Leda esbarrou em Ashley, que estava indo para o mesmo lugar. Ambas eram viciadas em ginástica; nem uma, nem outra passavam um dia sem exercícios puxados. Cada uma delas começava o dia com uma malhação ao amanhecer que incluía rotinas de CrossFit e uma corrida de vários quilômetros.

Para a maioria daquelas mulheres, CrossFit era um estilo de vida. Muitas delas faziam pelo menos uma sessão por dia, às vezes duas. Esse regime de exercícios voltados para resultados era repleto de movimentos, como agachamentos, saltos, abdominais, parada de mãos e puxadas na barra, refletia influências, desde ginástica até subida em corda, remo e halterofilismo. No CrossFit, cada exercício é medido e a rotina é constantemente alterada, portanto, o corpo fica mais forte enquanto está sempre sendo forçado a se adaptar a uma nova série de testes de força. O programa começou na Califórnia, depois se espalhou para academias de todo o país e atraiu particularmente membros de forças de segurança e operações especiais – homens e mulheres igualmente. Praticamente todas as aspirantes à CST eram entusiastas de CrossFit que faziam seus exercícios meticulosamente no intuito de ficarem mais fortes, mais rápidas, mais em forma e mais resistentes.

Leda vira Ashley mais cedo sozinha no saguão do Landmark. Embora a maioria das outras mulheres estivesse zanzando pela área e falando maravilhas sobre seu preparo físico para a seleção iminente, Ashley parecia contente em absorver em silêncio aquilo tudo enquanto esperava em fila, diante do balcão da recepção, para apanhar a chave do quarto. É preciso um bocado de autocontrole para parecer tão à vontade naquele mar de mulheres tipo A, pensou Leda.

Então, malhando ao lado de Ashley na academia, Leda estava impressionada com sua força bruta, sem falar no número incrivelmente alto de puxadas na barra fixa que ela conseguia fazer. A maioria dos homens não conseguiria chegar a 25, como Ashley fazia, pensou Leda. Ela ficou na expectativa de conhecer aquela garota.

Leda não tinha a menor ideia do quanto seus caminhos seriam entrelaçados.

O segundo grupo, de cinquenta candidatas – os soldados do serviço ativo –, reuniu-se no Landmark Inn duas semanas depois e incluía Amber Treadmont e Kate Raimann. Também estava ali Kristen Fisher, uma oficial de inteligência militar que poucos meses antes deixara uma faculdade de artes liberais na Pensilvânia. Seu pai era um veterano da Força Aérea que a fizera entender a importância – bem como a diversão e o companheirismo – do serviço militar. Assim como a Ashley, ela recorrera ao ROTC para pagar a escola. De algum modo, os quatro anos de faculdade passaram sem que percebesse e, quando se deu conta, estava no Exército. Kristen e uma companheira oficial de inteligência, Rigby Allen, haviam visto o cartaz "Torne-se parte da História" em Fort Huachuca, no condado de Cochise, Arizona, onde estavam treinando, e decidiram passar juntas pelo processo de inscrição para a CST. Polos opostos – Kristen era uma alegre líder de torcida da Liga Nacional de Futebol Americano e Rigby, uma garota que se descrevia como "bruta" e jogava rúgbi na faculdade –, as duas estavam há apenas três meses treinando como oficiais de inteligência quando chegaram à mesma triste conclusão: o futuro lhes reservava intermináveis funções burocráticas e não a excitação das linhas de frente que tinham em mente quando se matricularam.

Tudo o que Rigby sempre quisera era ser um soldado. Ela cresceu em Michigan, brincando de "exército" no bosque com a irmã e o irmão mais velhos e sonhava em um dia conduzir uma manobra de verdade. Seu avô servira na 82ª Divisão Aerotransportada e seu pai fora fotógrafo da Marinha durante três anos no Vietnã. Sem jamais pressionar as crianças a servir, os dois homens haviam deixado claro que estar nas Forças Armadas e servir ao país era o trabalho mais importante e patriótico que um americano podia fazer. Depois da Marinha, o pai de Rigby assumiu um trabalho como engenheiro na empreiteira de defesa Northrop Grumman. No dia "Leve seus filhos ao trabalho", uma confraternização entre pais e filhos, ela e seus irmãos corriam entre os helicópteros que ele projetava. Quando finalmente chegou ao ROTC, na Western Michigan University, Rigby se sentiu mais concentrada do que em qualquer sala de aula; o programa treinava cadetes para serem líderes de pelotões de infantaria, que era o que ela sempre quisera fazer na vida. Mas logo ela caiu na realidade. "Então você percebe que é uma mulher", explicou Rigby mais tarde. "E mulheres não podem ser líderes de pelotões da infantaria." Presa a uma escrivaninha no Arizona, ela passava tanto tempo olhando para o computador que teve que ir ao médico por causa da vista cansada. Isso foi a gota d'água. Rigby decidiu que encontraria um jeito de chegar o mais perto possível da linha da frente e, no instante em que viu aquela mulher com um M16 no cartaz colado na parede do banheiro em Fort Huachuca, soube que aquele programa de operações especiais era sua saída.

Quando conheceu Kristen na escola de oficiais, Rigby ficou surpresa pelo desejo daquela líder de torcida de tentar também o programa da CST. Ela não parecia séria, mas sim um "estereótipo" de mulher do Exército, mais interessada em seu estado civil do que em seu currículo militar. Mas, então, elas fizeram juntas uma marcha com carga de quase dez quilômetros, e a rainha da beleza a desbancou. Kristen fez a caminhada parecer fácil, apesar de levar mais de 13 quilos de equipamentos nas costas. E, em vez de passar Rigby e deixá-la para trás, marchou ao seu lado e a incentivou a se esforçar mais. A jogadora de rúgbi que pensava ser muito resistente terminou a excursão com um respeito inteiramente novo pela colega de sala muito mais em forma — e se repreendeu duramente por cair na armadilha de um preconceito tão pueril.

Rigby e Kristen ligavam para o recrutador da CST toda semana para implorar a ele que as deixasse fazer a inscrição para o programa, apesar de serem tão jovens e tão novas para o Exército. No fim, ambas receberam sinal verde para participar do processo de seleção. Elas fizeram uma longa viagem de carro juntas do Arizona à Carolina do Norte, cheias de animação e autoconfiança. E, então, entraram no hotel, deram uma olhada em volta e perceberam que estavam no meio de um monte de poderosas.

— Kristen, essas mulheres são *espécimes* — cochichou Rigby. Ela acabara de entreouvir uma das mulheres no saguão falando que concluíra há pouco a competição Ironman.

Rigby se registrou no hotel, subiu a escada, abriu a porta de seu quarto e foi confrontada imediatamente por um cheiro repulsivo. Pensou que devia haver um corpo apodrecendo em algum lugar ali dentro.

Entrou hesitante no quarto e descobriu, em vez disso, uma morena sorridente de olhos azuis cintilantes sentada em uma das camas. Ela estava vestida da cabeça aos pés com roupas e acessórios de corrida e ainda estava suando do que devia ter sido uma malhação muito longa.

A mulher saltou da cama e estendeu-lhe a mão.

– Oi, tudo bem? Eu sou Tristan Marsden – disse ela. O tom alegre e animado era tão irritante quanto o fedor.

– *Por que* está esse cheiro aqui? – perguntou Rigby. Ela não podia acreditar no ataque a seus sentidos.

– Ah, desculpe, tentei abrir a janela para o cheiro sair, mas está trancada – disse Tristan, sorrindo. – Acabo de dar uma corrida... são os meus tênis... eu nunca uso meias quando corro ou caminho e, bem, você sabe o que acontece dentro dos tênis...

Rigby olhou para os Nike em questão e os pegou pelos cadarços.

– Isso vai para o banheiro – disse.

Apanhou um saco plástico ao lado da lata de lixo, jogou os tênis úmidos ali dentro e o atirou na banheira. Era completamente indiferente a qualquer ofensa causada por seus atos.

– A propósito, eu sou Rigby – disse ela, retornando agora ao trabalho de conhecer sua colega de quarto.

Assim como em Rigby, as Forças Armadas estavam no sangue de Tristan; segunda dos cinco filhos de uma unida e conservadora família católica da Nova Inglaterra, crescera com a bandeira dos Fuzileiros Navais, de seu pai, pendurada na sala de musculação no porão. Aos 5 anos, ela e a irmã mais velha sabiam cantar juntas, e de cor, o hino dos Fuzileiros Navais:

From the Halls of Montezuma
To the Shores of Tripoli
We fight our country's battles
In the air, on land, and sea...

[Das muralhas de Montezuma/às praias de Trípoli/Lutamos as batalhas de nosso país/No ar, na terra e no mar...]

Tristan era uma corredora da elite – na escola de ensino médio, destacava-se em todo estado onde competia – e por isso recebera ofertas de bolsa de estudos de várias faculdades. Mas, quando estava visitando os *campi* universitários, foi seduzida pelo canto da sereia de West Point, com sua beleza austera e sua história quase tão antiga quanto o próprio país. Foi atraída pelos desafios físico e mental que West Point oferecia e acabou se tornando uma das maiores estrelas das pistas de corrida da Academia Militar dos Estados Unidos. Mas não era nem um pouco uma típica guerreira à espera da luta. Cada vez que um ex-aluno de West Point era morto em ação, a escola anunciava pelo sistema de som e toda a comunidade fazia um minuto de silêncio no refeitório, na hora do café da manhã. Em 2008, os anúncios estrondosos se tornaram tão frequentes que Tristan se sentiu assombrada pela falta de sentido daquilo tudo. De que adiantava qualquer conquista atlética ou anos de estudo se todos iriam partir e morrer? Como aquelas pessoas podiam continuar brincando quando um de seus colegas jamais voltaria para casa? A guerra parecia muito mais glamourosa antes de os mortos serem pessoas que ela conhecia, colegas estudantes que haviam sentado à mesma mesa de café da manhã apenas um ano antes.

– Parece que ninguém mais sequer se toca com isso – disse Tristan a sua treinadora de corrida certa tarde. – Todo mundo apenas cuida do seu negócio.

A treinadora tentou explicar que essa era a realidade – e o risco – de ser um oficial em tempo de guerra.

– Você tem que ficar em paz com isso – aconselhou.

Com o tempo, Tristan realmente passou a lidar bem com sua inquietação e, ao fim de seus estudos, estava pronta para ser enviada. O desejo só aumentava enquanto ela via cada vez mais colegas de sala indo para o Iraque e o Afeganistão. Que utilidade teria ela ficando em casa? Em West Point, Tristan escolhera a artilharia de campo como especialidade porque na época, quando a guerra no Afeganistão já tinha sete anos, soubera que a divisão de artilharia estava abrindo muitos trabalhos às mulheres e isso significava que ela poderia disparar de armas grandes e participar da luta. Ela se especializou no Sistema de Foguetes de Lançamento Múltiplo (MLRS, na sigla em inglês), um lançador de foguetes blindado que podia atingir alvos críticos a distâncias curtas e longas. Quando uma unidade de infantaria estava em dificuldades, o lançador de foguetes era uma das armas que eram solicitadas por seu apoio preciso – e letal. Mas Tristan logo ficou decepcionada ao saber que os trabalhos mais estimulantes – aqueles que a poriam em combate ao lado dos soldados da infantaria que pediam a ajuda da artilharia durante batalhas críticas – continuavam sendo apenas para homens.

Quando se apresentou para sua primeira missão fora de West Point, Tristan já estava determinada a encontrar um caminho para fora da artilharia. Mas o comandante de sua brigada havia lido sua ficha, juntamente com as de todos os outros novos oficiais, e notou sua mistura de experiência em West Point e aptidão atlética. Pouco depois de ela chegar a Fort Still, Oklahoma, ele mandou informá-la de que queria entrevistá-la formalmente.

– Quero que você seja uma líder de pelotão – disse a ela. Era um trabalho que oficialmente apenas homens faziam, mas claramente valia a pena apostar em Tristan, assim como acontecera com Anne Jeremy. – Li sua ficha e acho que você é a melhor pessoa para o trabalho – disse o comandante. Ele deixou claro que não se importava que fosse um trabalho "codificado" apenas para homens. Política do Exército ou não, ele o ofereceu a ela.

De início, os oficiais não comissionados e homens alistados que Tristan liderou – na maioria, veteranos de pelo menos uma ação em campo de batalha – lhe causaram um bocado de sofrimento. Eles nunca haviam visto uma mulher liderar um pelotão e não tinham nenhuma intenção de mudar seus modos agora por causa de uma. O comportamento deles variava de rude e bruto a simplesmente tolo, e eles faziam aquilo que podiam para se assegurar de que Tristan entreouvisse suas histórias pitorescas sobre proezas e conquistas sexuais.

Tristan dava de ombros para tudo isso e mantinha o foco no trabalho. Ela ouvira coisas muito piores em West Point e aprendera a ignorá-las. Após algumas semanas na nova função, os homens, depois de perceberem que ela não era o estereótipo de mulher retraída que se ofenderia com suas conversas grosseiras, deixaram-na em paz. Mas, só porque apoiavam sua presença, isto não significava que as mulheres na vida deles a apoiariam e Tristan recebia regularmente telefonemas furiosos de esposas, às vezes bêbadas, ordenando-lhe: "Fique longe do meu marido!" Ela respondia pacientemente que ficaria muito feliz por fazer isso assim que seu período como oficial deles terminasse. No fim, os homens de Tristan se tornaram seus maiores defensores e os que mais manifestavam isso. Eles a apoiaram totalmente quando ela se tornou a primeira mulher oficial executiva, a posição número dois da bateria. Era outro trabalho oficialmente aberto apenas a homens.

E então, pouco mais de um ano depois, Tristan estava voltando para seu escritório, vindo de uma reunião de manutenção da brigada, quando viu o título em negrito acima do soldado feminino. "Torne-se parte da História", convidava o cartaz. Ela parou para olhar mais de perto e, quando lia o papel bem impresso, um oficial superior passou por ela e a provocou:

— Ah, sim, Marsden, você vai mudar o mundo? Vai se tornar "parte da História"?

Dez minutos depois, de volta a seu escritório, olhando uma pequena montanha de papéis administrativos sobre sua escrivaninha, Tristan se sentiu como se estivesse numa versão do filme *Feitiço do tempo*. Toda manhã, ela chegava ao escritório e examinava relatórios, documentos e planilhas em Excel com a programação de treinamentos. Um dia igual ao dia seguinte não era o que ela esperava quando escolhera West Point.

Quando disse a seu comandante — aquele que brincara com ela sobre fazer história — que queria se inscrever no programa, ele a olhou por trás de sua escrivaninha com uma expressão zombeteira. Ao ver que ela permaneceu séria, sua resposta foi imediata:

— Está bem — disse ele —, você conseguiu. Diga-me o que posso fazer para ajudar.

Agora, apenas alguns meses depois, sentada no salão de café da manhã do Landmark Inn entre várias dezenas de mulheres com ideias afins, ela finalmente sentia que estava perto de alcançar seu objetivo. Raramente Tristan tinha outras amigas além de uma ou duas das garotas que conhecia da equipe de corrida, mas logo ela se conectou com as mulheres no Landmark. Parte do vínculo veio da intensa atividade física que elas compartilhavam, mas era também uma mistura rara de intensidade e feminilidade que elas tinham em comum. Todas estavam ali para superar seus limites e alcançar o máximo que pudessem. De maneira incrível, todas pareciam tão sedentas quanto ela para se aventurar pelo desconhecido e participar de uma missão das Operações Especiais que significava mais para elas do que qualquer trabalho de escritório poderia.

De volta à sua cama no Landmark, tentando imaginar o que fazer com sua nova colega de quarto sincera, Tristan olhou para a bolsa de Rigby estufada de uniformes, meias, botas militares, camisetas — todos os itens que ela reconhecia da lista de equipamentos que cada soldado fora instruído a levar para a seleção. Ela se perguntou se tinha alguma ideia de onde havia se metido. Provavelmente não, pensou. Mas cheguei até aqui. Não tem volta.

Afora o desfile de amazonas, o primeiro dia de avaliação e treinamento para a CST foi uma chatice, sem nada além da papelada da agenda. Na hora do almoço, com todas as inscrições feitas, as candidatas estavam livres para fazer o que quisessem até as oito horas da manhã seguinte.

— Kristen — cochichou Rigby com um jeito maroto para a amiga quando elas saíam da sala de conferência do hotel —, vamos chamar algumas garotas e assistir a *Até o limite da honra*! Rigby já havia visto o filme cinco ou seis vezes e ainda se sentia inspirada ao ver Demi Moore como a tenente Jordan O'Neil, cabelo à escovinha e tudo, lutando por uma oportunidade justa junto aos Seals da Marinha.

Assim como Rigby e Kristen, O'Neil era uma oficial de inteligência que queria apenas estar em campo. A maioria dos filmes de guerra não tinha personagens femininos – esse era diferente. Era Hollywood, claro, e exagerado, mas Rigby era inspirada pela resistência da heroína a desistir. E elas precisavam de um pouco de inspiração naquele momento. As duas candidatas à CST foram até o amplo Walmart próximo à base e, é claro, o filme estava em estoque.

Naquela noite, algumas mulheres se amontoaram no quarto de Rigby e Tristan para comer comida tailandesa e assistir a uma sessão dupla: *Até o limite da honra* e *Two Weeks in Hell*, um documentário sobre a seleção dos Green Berets. Elas riram quando Lillian DeHaven, a senadora que consegue que O'Neil participe da seleção dos Seals, reclama que uma das candidatas ao programa parecia "uma mulher de plantador de beterrabas russo". E todas concordaram quando O'Neil anunciou: "Eu não quero ser uma garota de pôster de direitos das mulheres." Nenhuma daquelas mulheres estava querendo "fazer algum tipo de afirmação", como Ashley dissera a Jason. Tudo o que elas queriam era uma chance de ir à guerra numa missão em que acreditavam e com os melhores combatentes dos Estados Unidos.

Tristan reclinou para descansar a cabeça num dos travesseiros extrafirmes do hotel enquanto via Demi Moore saindo de uma série de abdominais pendurada na barra, num navio da Marinha a caminho do Oriente Médio. Eu também gostaria de um descanso agora, pensou ela. A partir de amanhã, todas nós estaremos lá fora ralando como Demi Moore.

No dia seguinte, Tristan e as outras mulheres descobririam se passariam no teste.

4

Cem Horas de Inferno

★ ★ ★

— Ponham suas bolsas no veículo. Agora!

Um instrutor de treinamento estava em pé na calçada, diante de um grande caminhão de transporte militar com a carroceria aberta voltada para as cinquenta mulheres soldados alinhadas em formação e segurando mochilas gigantes. Ele viera para levar as mulheres para a ação de verdade: a Avaliação e Seleção da CST.

Ou, como disse um oficial designado para o programa, para "cem horas de inferno".

"Finalmente", disse Amber para si mesma, sorrindo com alívio. Ela suspendeu a mochila sobre o ombro e se aproximou a passos largos do caminhão com motor ligado.

— Está bem, senhoritas, vamos embarcar! — gritou ela para as outras. Amber saltou para a carroceria aberta do caminhão e começou a arrastar as mochilas para a parte de trás, para que as outras jogassem as delas sem criar uma bagunça caótica. Seguindo sua liderança, os soldados formaram uma fila única e começaram a largar suas mochilas de maneira ordenada. Todas elas sabiam que receberiam notas individuais na avaliação e seleção, mas sabiam também, como observara o almirante Olson ao pôr a palavra *equipe* no nome do programa, que a colaboração era crucial para *tudo* nas operações especiais. Os instrutores estariam de olho para ver como elas se comportavam como equipe e que tipo de líderes eram, em particular nos momentos mais difíceis. Mas tudo começava ali, na área de embarque.

De sua parte, após 48 horas matando tempo no Landmark Inn, Amber estava mais do que pronta para voltar a trabalhar. A ex-interrogadora estava de pé desde antes do amanhecer, preparando-se mentalmente para o teste iminente. Às sete horas, de acordo com seu relógio de pulso Timex, ela terminou o café da manhã e subiu correndo a escada para seu quarto, dois degraus de cada vez. Apanhou seus equipamentos e pulou para dentro do elevador, mochila nas costas e mente atenta ao momento. Outro grupo de soldados embarcou no andar abaixo. Uma jovem em ótima forma física — um dos poucos soldados afroamericanos da seleção — olhou para Amber sem nada dizer, mas cumprimentou-a em respeito mútuo.

— Kimberly — disse ela, estendendo a mão para se apresentar. Amber fez o mesmo. Do outro lado de Amber estava uma mulher de 1,90 metro com um corpo de lutadora de Telecatch [WWE]. Amber teve que olhar duas vezes para confirmar que era realmente uma mulher.

Às 7h45, ela estava aguardando no saguão lotado, onde várias dezenas de mulheres se preparavam para o que muitas delas esperavam que fosse o maior teste de suas vidas. Às 8 horas, o caminhão chegou para levá-las a Mackall, o campo oficial de polícia do Exército, em Fort Bragg, onde a avaliação e seleção das Forças Especiais para os homens — a fase um de um processo de treinamento típico com um ano de duração — também acontecia. As mulheres, em contraste, teriam uma semana de seleção. E, se tivessem sorte o bastante para integrar a equipe, seis semanas de treinamento.

No fim da manhã, as aspirantes à CST haviam chegado a seu destino: uma fileira de tendas de lona do Exército uniformemente separadas que elas chamariam de casa nos próximos seis dias. As mulheres foram dispostas em semicírculo e Amber pensou que pareciam lagartas marrons à espera de se tornarem borboletas. Ela localizou a tenda para a qual fora designada e entrou, por uma porta de madeira, no espaço amplo o bastante para abrigar confortavelmente cinco camas portáteis de cada lado, bem como algumas escrivaninhas e cadeiras de metal dobráveis do tipo padrão. Lâmpadas pendiam de suportes de madeira alinhados de cada lado da tenda. Tomadas de energia podiam ser encontradas aqui e ali para trabalhos em computador e exercícios por escrito.

Amber supôs que uma de suas colegas de tenda, uma oficial com patente de major, era a mulher mais graduada em busca daquela nova posição. A julgar por sua patente de oficial, sua idade e o fato de que trabalhara para o almirante Olson, ela era claramente uma estrela. Na mesma tenda estava uma soldado apelidada de "Trucker", que mascava fumo Copenhagen Long Cut, deixava um copo para cuspir ao lado da cama e tinha um palavreado sujo, de dar vergonha a qualquer marinheiro.

A única característica que distinguia os uniformes era um pedaço de fita retangular, com o número de identidade da candidata escrito, preso nos braços e pernas da roupa de camuflagem. Não era permitida nenhuma etiqueta ou insígnia indicando a patente, nem nenhum outro sinal externo que diferenciasse uma mulher alistada de uma oficial. Todas tinham a mesma chance de brilhar ou se encolher no curso.

O primeiro teste oficial começou imediatamente ali na tenda. Entre os muitos desafios que viriam nos próximos dias, esse devia ser o mais fácil, já que avaliava não a resistência ou inteligência, mas a organização. Antes da viagem, os treinadores de operações especiais deram às mulheres uma lista precisa da bagagem e, então, eles queriam ver se as soldados haviam seguido suas instruções e trazido tudo o que fora pedido.

Entre os itens obrigatórios estavam:

Dois pares de botas do Exército (ou de um equivalente comercial, já que quase todo mundo achava outras marcas mais confortáveis)
Dois pares de meias de algodão brancas
Cinco pares de meias verdes/pretas
Calça e blusa de Gore-Tex
Fita 100 mph (mais conhecida por civis como fita adesiva)
Dois cintos refletores

Roupa de baixo longa
Duas toalhas
Sandálias para banho
Estojo de costura
Três canetas, três lápis
Óculos de grau, se necessário (lentes de contato são proibidas)
Poncho
Cantil
Uma mochila com armação
Uma bolsa de lona
Saco de dormir
Laptop de fabricação oficial
Uma lanterna de cabeça
Uma lanterna de mão
Uma lanterna compacta

Foi entregue também uma lista dos *únicos* itens adicionais que as candidatas tinham permissão para possuir:

Cordão de contas para medir distância percorrida
Faca de bolso
Corda de bungee
Talco para os pés
Repelente de insetos
Protetor labial
Capa para mapas
Moleskin (curativo adesivo para os pés)
Vaselina
Tesoura
Corda de paraquedas

Um livro (apenas um livro). Podia ser a Bíblia, um manual de polícia florestal ou um romance. Nenhuma revista era permitida.

Uma instrutora de olhar severo se aproximou e Amber se sentiu de repente constrangida ao perceber, horrorizada, que falhara nesse primeiro e mais simples teste. Todos os seus equipamentos estavam impecavelmente ali, sobre a entrada de cascalho da tenda, em perfeita exposição. Todos, exceto um item.

– Onde está sua bolsa de lona? – perguntou a instrutora num tom monocórdio. Ela talvez fosse dez anos mais velha do que Amber e tinha uma atitude direta semelhante.

– Eu não precisei disso, senhora – respondeu Amber. – Arrumei de um modo que coube tudo o que estava na lista na minha mochila.

Enquanto falava, ela percebeu a tolice de sua insolência. Ela acabara de saltar do caminhão e já estava se mostrando incapaz de seguir instruções simples.

A instrutora não demonstrou um pingo de emoção quando começou a interrogá-la sobre o item que faltava.

– Estava na lista de bagagem? – perguntou.

– Sim, senhora, estava – respondeu Amber.

Seu estômago revirava.

A instrutora anotou alguma coisa em seu caderno e seguiu adiante.

Droga, pensou Amber. Sério, se minha petulância for o que me deixará fora disso... Ela se forçou a melhorar o ânimo esmagado e a permanecer atenta enquanto a instrutora percorria a fileira de companheiras aspirantes à CST. Aquele não era um início de semana nada auspicioso. E tudo começara tão bem.

Enquanto os instrutores iam de tenda em tenda, Amber soube que outras também haviam deixado de levar coisas: um bloco de notas, uma capa de cantil, um par de meias a mais. Ela viu quando outras candidatas à CST, cujas checagens haviam sido concluídas, passaram para suas colegas os itens que lhes faltavam. O espírito de solidariedade e liderança a surpreendeu e a impressionou. Claro, todas elas estavam competindo entre si, mas entendiam que cada uma delas tinha que ter êxito para que pessoas como elas tivessem essa chance novamente algum dia.

O primeiro desafio físico veio em forma de teste de treinamento físico padrão do Exército. Amber fez flexões de braços uma após a outra nos dois minutos de que dispôs com o cuidado de se focar no apuro para fazer o melhor possível.

"Desça até o chão", ordenou a si mesma. Foque-se em fazer o melhor possível. Não faça cem, apenas se certifique de que algumas dezenas sejam perfeitas. Mas ela foi adiante e fez muito mais do que isso, graças a seu intenso treinamento de CrossFit e a uma forte onda de adrenalina.

Para Amber e muitas outras – incluindo Kate, a oficial de polícia do Exército de West Point que jogara futebol americano na escola, e Tristan, a estrela das pistas de corrida que não usava meias –, o teste de treinamento físico padrão do Exército era, em grande medida, uma formalidade. Para consternação delas, o Exército tinha padrões diferentes de pontuação para homens e mulheres no treinamento. Elas queriam ser tratadas de maneira igual em todos os aspectos. De qualquer modo, a maioria delas sempre tinha um desempenho tão bom que deixava a pontuação máxima da escala feminina na poeira, provando que elas podiam ser avaliadas pelo padrão masculino em qualquer critério, de flexões de braços a corridas de 3,2 quilômetros.

Amber, assim como a maioria das outras, há muito tempo se dedicava a passar horas na academia e na pista de corrida toda semana. Não era uma corredora de talento natural – para ela era muito mais fácil levantar peso –, mas, assim como Ashley, o que lhe faltava em talento, ela compensava com tenacidade. Assim que soube do programa CST, começou a treinar CrossFit com bolas de ferro, halterofilismo e a fundo um após o outro. Quando chegou a Bragg, em maio, estava em melhor forma do que jamais estivera. Ali, no início do programa mais exigente que já enfrentara, Amber se sentiu mais viva do que nos últimos anos. E mais confiante.

A primeira marcha em estrada por "distância desconhecida" separou rapidamente o grupo de candidatas. A marcha com peso – caminhada por longa distância com mochila pesada, cheia de equipamentos – é um teste físico e mental que alguns soldados adoram e outros odeiam. Cada quilo importa, já que o peso será suportado por horas, quilômetros e colinas que desafiarão até mesmo o soldado mais entusiasmado. Dessa vez, as aspirantes à CST carregariam cerca de 16 quilos de equipamentos da lista de bagagem detalhada, além do peso da água de seus cantis; tudo isso seria pesado numa balança para se ter certeza de que ninguém estava poupando esforços – ou gramas. Para Amber, Ashley e as candidatas à CST em melhor forma física, os anos de treinamento e aumento de resistência haviam feito com que se acostumassem ao sofrimento físico. Muitas haviam passado a sentir uma espécie de consolo nas caminhadas longas por todo tipo de terreno, seus corpos e mentes centrados em transcender o próximo passo para alcançar a onda de endorfina que, com o passar do tempo, recompensava horas de esforço. Amber aprendera a encarar mentalmente o percurso à frente medindo a distância em *klicks*, uma gíria militar para quilômetros, e fazendo cálculos de cabeça para estimar em que ponto alcançaria o passo e o ritmo corretos que a levariam ao longo das horas restantes. Mochila acomodada com conforto, arma atravessada no peito, chapéu firme no lugar, mantendo o suor afastado e cada fio de cabelo preso: ela se via mais uma vez apaixonada pelo trabalho de servir como soldado a seu país. Atravessando a terra macia, subindo e descendo as colinas com suas botas Altama confiáveis naquele suave dia de maio, ela sentiu que realmente não havia nenhum outro lugar onde preferiria estar.

É claro que nem tudo era inspirador e bucólico. Olhos diretamente para a frente, pés socando os primeiros quilômetros, Amber passou por uma companheira candidata à CST que estava chorando. A soldado seguia devagar, claramente mancando por causa de alguma dor, talvez um tornozelo torcido ou um tendão machucado. Era fácil tropeçar numa pedra ou cair num terreno desnivelado ali no mato. Ao passar pela mulher, seu lado duro prevaleceu sobre o da compassiva atleta de equipe. Sem essa, Amber pensou. Ah, é? Se você está chorando, não deveria estar aqui. Há coisas pelas quais você deve derramar lágrimas – a morte, uma doença séria –, mas uma marcha com carga não é uma delas. Amber continuou marchando.

Tudo sob controle, prometeu a si mesma. Não seja arrogante de novo. E, pelo amor de Deus, não estrague tudo.

A algumas tendas dali, Kate exultava por ter tirado a sorte grande de estar no grupo de seleção. Rigby fazia parte de sua equipe, e a alegria dela com a semana pela frente foi demonstrada no primeiro enfático aperto de mãos, que deu ao se apresentar. Devido à proibição de lentes de contato, Rigby ostentava óculos de armação preta que lhe davam um ar de candidata aspirante a um PhD. Tristan também estava em sua tenda, ela e Kate haviam sido colegas de sala em West Point. Não eram próximas na escola, mas como as mulheres representavam apenas 15% da turma – mais ou menos o mesmo percentual do serviço ativo nas Forças Armadas –, a maioria delas se conhecia de vista, se não pelo nome. Tristan e Kate se tornaram amigas imediatamente.

Rigby, por sua vez, não esperava criar laços com nenhuma das mulheres com as quais dividia espaço naquela seleção, nem mesmo gostar delas. Crescera com uma mãe hippie e um pai veterano da Marinha que lhe ensinara que nada na vida era fácil ou entregue nas mãos, uma realidade reforçada pelas infelicidades do pai no trabalho, pelo divórcio dos pais e por anos de precariedade financeira. Ela chegara à avaliação e seleção com uma espécie de rancor. As mulheres de West Point, pensava, eram um bando de arrogantes; sua criação de classe média baixa a levava a desconfiar de qualquer coisa que sugerisse uma hierarquia. Mas assim como fora forçada a questionar seus estereótipos depois de Kristen passar à sua frente no Arizona, Tristan e Kate a fizeram se sentir constrangida com seus preconceitos. Aquelas mulheres de West Point não eram apenas resistentes como o diabo, eram inteligentes e engraçadas. E *bacanas*. Ela queria não gostar da natureza contagiante de Tristan, com seu vigor físico absurdo, obtido com décadas de competições de corrida e treinamento em pistas; porém, não conseguia: a bondade e o humor autodepreciativo de Tristan a haviam conquistado durante o período como colegas de quarto no Landmark.

Instrutores informavam às mulheres o que seria exigido delas durante a semana de seleção usando um sistema de mensagens num quadro branco que eram atualizadas ao longo do dia. As instruções eram esparsas e, intencionalmente, omitiam informações cruciais; cabia às mulheres descobri-las. Isso significava que as soldados tinham que estar prontas para deixar o conforto (relativo) de suas tendas a qualquer momento, inclusive durante seus raros períodos de descanso, para descobrir o que viria em seguida e quando. Num processo de seleção elaborado para manter sua desestabilização o tempo todo, permanecer em dia com as informações era crucial para o êxito.

Tristan se ofereceu para ser a mensageira da tenda e nem Kate nem Rigby se opuseram. Afinal de contas, desde o primeiro dia, ela parecia ter nascido em pé. Quando as dez integrantes da equipe retornaram para a tenda após a marcha de abertura, desabaram sobre suas camas, tiraram a roupa grudenta e as meias molhadas dos pés doloridos e trataram cuidadosamente das novas bolhas. Tudo doía – em pé *e* sentadas – e a ideia de marchar de novo dentro de algumas horas era desanimadora. Mas não para Tristan. Ela ficou empoleirada na cama, arejando as botas do cheiro infame e conversando alegremente com as outras, como se tivesse acabado de voltar de uma tarde tomando banho de sol na praia. Anos de corridas e marchas com suas botas militares Nike cor de areia, sem meias, haviam tornado seus pés à prova de bolhas. Eram pés tão calejados e duros que seriam necessários muito mais do que 32 quilômetros de marcha para importuná-los.

Tristan também tinhas suas próprias e únicas estratégias e truques mentais para suportar o estresse de ficar sem dormir. Acima de tudo, ela estava pronta 24 horas por dia, sete dias por semana. Numa das primeiras noites da seleção, as candidatas tiveram que ficar acordadas quase o tempo todo fazendo um trabalho por escrito que seus instrutores avaliariam na manhã seguinte. Quando finalmente terminaram, todas elas se enfiaram no conforto de suas roupas de treinamento –

uma camiseta de algodão e um short de nylon – para tirar uma ou duas horas de sono. Mas não Tristan. Quando amanheceu, poucas horas depois, e Kate gritou para que todas se levantassem, Tristan foi a primeira a saltar da cama.

– O quê? O quê? Está bem, estou aqui, estou pronta – disse ela, brigando contra o sono. A cena levou Kate a rir alto.

– Tristan, como, diabos, você já está vestida? Você dormiu de uniforme?

Tristan já estava apanhando um pacote de lenços descartáveis que serviriam como banho móvel.

– Sim, eu dormi com ele, é claro – respondeu ela. – Você não sabe quando vão chegar e nos dizer para levantar e sair. Eu quero estar pronta.

Rigby deu uma olhada em sua companheira de equipe e, rindo, perguntou como ela conseguia ficar de chapéu a noite inteira.

Tristan apenas sorriu.

– Podem rir, amigas, mas, quando formos a primeira equipe a saber o que vem em seguida porque sua fiel companheira estava vestida e pronta para ir antes de todo mundo, vocês todas serão eternamente gratas – disse ela.

À medida que os dias passavam, as mulheres percebiam que cada membro da equipe tinha um conjunto diferente de habilidades e talentos. Para Kate, os testes físicos eram um verdadeiro desafio. Para ela, foi difícil correr com uma caixa úmida cheia de munição ou erguer sobre os ombros o peso de uma enorme tora de madeira durante um percurso de obstáculos.

Mas sua capacidade de resolver problemas sob pressão a tornava uma verdadeira vantagem para a equipe. No início da semana, as mulheres enfrentaram um percurso de obstáculos que intercalava provas físicas – subir em paredes de madeira de nove metros e caminhar longas distâncias – com os testes de agilidade mental pelos quais as operações especiais são famosas. Num dos exames, as mulheres tiveram que desarmar uma bomba (falsa) com os olhos vendados. Outro deles exigiu que encontrassem uma maneira de fazer com que todas cruzassem um rio de correnteza forte usando apenas tábuas de madeira e corda. Na maioria das vezes, Kate era a primeira a apresentar um plano – e a ceder se o plano de outra pessoa parecesse mais lógico.

E ela sabia usar sua garra e coragem para estimular o ânimo das outras mulheres. Durante uma das muitas e longas marchas com carga, Kate percebeu que uma companheira de equipe estava ficando para trás. As dez mulheres haviam começado em fila e haviam sido orientadas a fingir que estavam sozinhas, nenhuma conversa era permitida. Uma hora depois, Kate viu que a colega estava ferida; estava mancando tanto que precisou se encostar numa árvore. Sem dizer uma palavra, as outras mulheres fizeram um sinal com a cabeça em direção à jovem, certificando-se de que cada membro da equipe soubesse que ela estava em dificuldade. Em seguida, elas se revezaram para ficar perto dela de modo que ninguém terminasse muito antes das outras.

Os instrutores não ficaram contentes.

– Não a ajudem, não toquem nela, é uma avaliação individual! – gritou um dos sargentos. Ele se aproximou bem diante dos rostos das mulheres e berrou a uma distância de apenas centímetros, quase cuspindo as palavras nelas. Kate havia lido sobre os processos de seleção para operações especiais e sabia que grande parte daquilo era uma encenação, que os instrutores estavam testando os soldados para ver como eles lidariam com o estresse. Eles queriam julgar a capacidade das candidatas de permanecer unidas como equipe quando algo desse errado.

– Estão apenas confundindo a mente de vocês, não deem ouvido a eles! – gritou Kate para as outras mulheres que marchavam ao seu lado.

Ela sempre falava em voz alta e se orgulhava de ser uma boa companheira de equipe, bem como uma boa soldado. Aquele podia ser um processo de Avaliação e Seleção muito importante, mas ela não começaria a se conter agora, mesmo que isso prejudicasse sua carreira.

— Eles estão apenas testando vocês. Não sejam imbecis de deixar uma companheira em campo — continuou Kate.

A jovem seguiu mancando ao lado delas, às vezes caindo de joelhos e engatinhando para dar algum alívio aos tornozelos e, de fato, as outras permaneceram com ela, oferecendo incentivo e apoio moral.

— Vocês estão bagunçando o sistema — advertiu o instrutor. — É uma avaliação *individual*.

Kate não tinha a menor ideia se aquilo apenas fazia parte do teste ou se ele realmente estava falando sério. E não sabia se homens na mesma situação seriam elogiados por seguirem em frente ou por ficarem atrás para se certificarem de que todos os outros conseguissem ir até o fim. Mas ela não deixaria nenhuma mulher para trás.

Alguns minutos depois, ela ajudou as companheiras de equipe a chegar à linha de chegada. Todas elas.

No quarto dia, as sessões de trabalho que duravam a noite inteira e as marchas, corridas e testes de obstáculos que duravam o dia inteiro estavam começando a cobrar seu preço às mulheres, e a estratégia de Tristan de dormir com o uniforme completo parecia cada vez mais sensata. Os instrutores estavam testando o vigor mental e físico das candidatas e isso significava que algumas mulheres do Ironman não estavam se saindo tão bem quanto pensavam que se sairiam. Aquilo era um jogo mental tanto quanto um desafio físico, criado para reforçar o fato de que permanecer focado e motivado é absolutamente crucial para o êxito da missão e a sobrevivência básica numa guerra. Para muitas aspirantes a membro da CST que tinham ótimo desempenho em testes físicos, eram os duelos verbais que se mostravam difíceis.

Até mesmo a incansavelmente bem-disposta Tristan estava se curvando sob as pressões do programa. Ela voltou para a tenda exausta e desmoralizada depois de um dia na Instalação de Reação Urbana do Soldado, estabelecida para ajudar os soldados a circular melhor pelas culturas em que estariam atuando. Tristan fora jogada no meio de uma cena teatral que acontecia numa sala esparsamente mobiliada, com carpete escuro e almofadas, no intuito de parecer uma casa afegã. O encontro do teste começara bem, mas degringolou rapidamente quando os "maridos" das "mulheres afegãs" que ela deveria entrevistar entraram na sala e começaram a bater nas esposas e gritar com o soldado americano. Tristan simplesmente congelou onde estava, incapaz de encontrar, no caos estridente do momento, as palavras e ações necessárias para acalmar a situação. Por fim, ela murmurou algo para explicar por que estava ali, mas era tarde demais: perdera o controle da situação. Como oficial de artilharia de campo que se sentava a uma escrivaninha e fazia problemas de matemática para calcular coordenadas exatas necessárias para disparar precisamente no local certo, ela não estava acostumada a lidar com crises interpessoais.

Tristan não se saiu melhor mais tarde naquele início de noite, quando os instrutores a interrogaram sobre como a artilharia de campo tinha alguma relevância para a contrainsurgência. Eles ficaram exigindo exemplos cada vez mais específicos. Uma película opaca de exaustão cobria agora cada canto de seu cérebro, sufocando seus melhores pensamentos. Ela estava tomada por uma frustração, convencida de que fracassara miseravelmente e de que os treinadores já haviam encontrado uma fenda em sua armadura. Estava cem por cento confiante em sua capacidade física e resistência, mas como oficial de artilharia de campo que nunca fora alistada não tivera muito contato diário com a Coin ou contrainsurgência. E isso ficava aparente.

– Gente, eu não sei se posso fazer isso – confidenciou ela, mais tarde naquela noite, na cama, a cabeça entre as mãos. – Eu sei que quero isso, mas acho que perdi minha chance.

Kate e Rigby se aproximaram de sua pequena cama portátil e puseram os braços em seus ombros.

– Vamos lá – disse Kate –, você está indo muito bem e vai estar ainda melhor depois disso. Fique firme. Um teste ruim não tira você do jogo.

Rigby tivera um dia penoso também, forçando a si mesma e as suas companheiras de equipe em meio ao sofrimento. No jantar, teve que incentivar Kristen a terminar sua marmita com a ração, depois de ela pôr para fora metade da comida. Seu corpo simplesmente não conseguia absorver a quantidade de comida de que ela precisava para enfrentar os testes do dia.

– Você tem que continuar – insistiu Rigby, empurrando a refeição insossa de frango com alguma coisa para Kristen depois de ela vomitar ao lado de seu assento. – Continue comendo.

Todo mundo em sua tenda estava fisicamente esgotado com as marchas e corridas e mentalmente exaurido com os exames e a necessidade de impressionar seus assessores a todo momento. Mas elas estavam determinadas a se manter ali independentemente do que seus corpos e suas mentes lhes dissessem.

Certa noite, Rigby encontrou inspiração num lugar inesperado.

– Ei, meninas, vocês têm que ver isso – disse ela, voltando correndo para a tenda depois de visitar um dos banheiros químicos enfileirados atrás dos dormitórios. – A latrina tem uma mensagem para nós!

– Você só pode estar brincando! – gritou Kate. – Você está realmente nos trazendo sabedoria do vaso sanitário?

Tristan também estava se preparando para alguns momentos de descanso, de uniforme completo, e soltou uma grande risada. Era o primeiro sorriso que seu rosto encontrava em horas.

– Sim, estou, senhoritas – disse Rigby em seu tom trivial, puxando os óculos para trás. – Tem umas coisas *realmente* boas lá. Andei lendo uma grande parte. Pensem em quem se sentou naqueles vasos antes de nós, cada homem que já ingressou nas Forças Especiais. Eles sabem do que estão falando quando deixam essa sabedoria para trás.

A tenda inteira estava escutando.

– Sério – continuou ela. – Ouçam isso. E pensem bem, meninas, já que o último dia se aproxima.

Ela fez uma pausa de efeito.

– A mente é um lugar. E pode fazer do paraíso um inferno e do inferno um paraíso. Não desista.

O silêncio era total.

— Muito bom, não é? Vou fazer camisetas com isso para nós quando tudo acabar – disse Rigby. Em seguida, ela se jogou na cama. – É o meu favorito até agora. Boa noite, amigas, vejo vocês antes que eu queira.

O quarto escureceu quando alguém apagou a luz principal.

"Não desista mesmo", pensou Kate. "Só mais um dia..."

Duas horas depois, elas estavam acordadas.

— De pé, de pé, se mexendo! – gritou uma das companheiras da tenda. – O treinador está lá fora, hora de levantar!

Não estava perto de amanhecer, pensou Kate; eram talvez duas ou três horas da madrugada. As bolhas nos pés ardiam e o corpo doía. Seus olhos estavam completamente secos; pareciam vidro recebendo jato de areia. Enquanto isso, Tristan, agora recuperada de seu embate com a falta de esperança de várias horas antes, tentava reunir a tropa.

— Vamos lá, gente, vamos – disse ela, indo de cama em cama para se certificar de que não tinha mais ninguém dormindo. Ela checou se Rigby tinha meias limpas, já que seu último par estava ensopado de sangue das bolhas. – É isso aí. Último dia.

A noite imperava silenciosa e revigorante. "A Carolina do Norte tem as estrelas mais brilhantes que eu já vi", pensou Tristan. Ela inalou o ar e se preparou psicologicamente para a marcha que estava por vir. As mulheres carregavam mochilas, cantis e armas falsas, estavam prontas para iniciar os testes físicos e mentais mais cansativos que enfrentariam no ciclo de treinamento de uma semana.

— Vai ser uma pauleira – prometeu Kate às outras. – Preparem-se!

O dia começou com um esforço que não tinha fim. As mulheres marcharam por longas faixas de terra marrom plana, subiram colinas pedregosas e passaram por córregos sombrios, cheio de lama e cercados de árvores dos dois lados. Durante mais de seis horas, elas caminharam e, enquanto faziam isso, viram o céu negro como piche clarear aos poucos e dar lugar a uns poucos raios de sol que indicavam o amanhecer se aproximando. Muitas sofriam com pés sangrando em meio a camadas de *moleskin* e esparadrapo, mas prosseguiam. Para algumas, como Kate, era duro, mas suportável, já que o fim estava tão próximo. Rigby achava difícil de uma maneira que a estimulava; ela queria ser testada em toda a extensão de suas faculdades físicas e mentais, além disso. Até então, a seleção da CST não a desapontara. Para Tristan, depois da horrenda noite anterior, era um dia relativamente fácil: duro, mas controlável.

De vez em quando, os instrutores interrompiam as caminhantes para lhes fazer uma pergunta difícil. Algumas mulheres aproveitavam o intervalo para se ajoelhar sobre um joelho e dar um descanso aos pés. Durante uma dessas pausas, o instrutor nem bem chegara ao meio de sua pergunta sobre como atravessar um objeto por um desfiladeiro quando Kate o interrompeu com a resposta:

— Eu sei. Mova isso, mova aquilo, mova aquilo e pronto.

A resposta estava correta.

— Como assim? – disse Rigby. – Como você fez isso? Isso é incrível.

— Veio a mim como Jesus – disse Kate, recuando para fazer uma falsa reverência diante da equipe e inspirar um momento de riso.

Em seguida, de volta à marcha.

Quando a marcha terminou, algumas mulheres estavam tontas de exaustão. Outras se sentaram pela primeira vez em várias horas para um intervalo de dez minutos para comer – mais marmitas – e acharam que nunca haviam comido algo tão delicioso na vida. Mas o intervalo não duraria muito tempo. Outro percurso de obstáculos exigiria que elas escalassem um muro de nove metros, uma suspendendo a outra no ar, usando as mãos em concha como escada. Às 15 horas elas estavam naquilo há quase doze horas e não havia fim à vista.

Em seguida, na agenda: mais corrida. Sem botas, de tênis para corrida em pista. Tristan assumiu a liderança da equipe e mais uma vez a motivou a continuar vencendo a exaustão mental e a dor física.

— Continuem, meninas – exortou, enquanto as mulheres trocavam de calçados. – Só mais um pouco.

Kate se admirava com seu ânimo. Ela é uma fera, pensou, com enorme respeito pela força da companheira.

Por fim, no final do dia, quando algumas achavam que talvez não conseguissem ficar acordadas por muito mais tempo, que dirá em pé e cumprindo outra tarefa física, chegaram ao ponto crucial do treinamento de avaliação e seleção: uma longa corrida seguida de uma série de "carregamentos de colega". No Exército, cada soldado tem que estar em forma o suficiente para carregar continuamente um companheiro soldado para fora do campo caso o pior aconteça e este esteja ferido ou morto. Nos últimos cinquenta anos, nos Estados Unidos, uma das perguntas centrais levantadas nos intermináveis debates sobre se mulheres poderiam servir em combates terrestres – mesmo em papéis de apoio – sempre foi: uma mulher conseguiria carregar um homem grande para fora do campo de batalha sob fogo?

Os amigos de Kate no Exército sempre lhe haviam dito que, embora a considerassem uma grande militar, nunca poderiam confiar numa mulher para carregá-los para a segurança se fossem baleados ou feridos. "Isso não é pessoal", diziam. "É apenas biologia."

"Mas e os caras que medem 1,62 metro de altura e pesam 59 quilos?", respondia Kate. "Por que com eles tudo bem e com garotas do mesmo tamanho não?" Ali, naquela avaliação e seleção para a CST, naquela tarde, Kate estava determinada a deixar que suas ações provassem seu valor. Ela nunca se renderia à exaustão, nem deixaria de carregar um soldado – não importa o quanto pesasse – para fora de uma situação perigosa.

Enquanto a tarde avançava, o treinador repetidamente caminhava até os soldados em campo e fingia atirar em um deles. A tarefa desse soldado era cair no chão e ficar completamente mole.

No carregamento de corpo, três ou quatro soldados circundavam a colega derrubada. Dependendo de como ela estava, uma das mulheres a pegava por trás e por baixo e segurava suas axilas, enquanto outra pegava as pernas. Juntas, elas depositavam o corpo sobre o ombro de uma terceira e esta o carregava, formando uma espécie de P em torno de seu pescoço. A maioria das mulheres da equipe de Kate era pequena, portanto carregá-las não era um grande desafio, mas ainda assim ela buscou inspiração em Amber, que tinha uma penca de armas pendurada nela e estava carregando no ombro uma das maiores garotas como se o corpo dela fosse leve como uma pena.

Agora Kate estava completamente motivada. "Quem quer que seja", pensou Kate, "essa garota sabe o que está fazendo". Kate avançou com pressa e apanhou uma companheira de equipe que caíra bem à sua frente.

Meia hora depois, foi a vez de Rigby "morrer". Ela já carregara várias companheiras de equipe menores para a segurança e brincou consigo mesma que o verdadeiro teste seria quando elas tivessem que carregá-la, porque, embora não fosse gorda, era mais alta e mais corpulenta do que a maioria das outras mulheres de sua tenda. Por fim, o instrutor se aproximou e a "matou". A essa altura, a temperatura passara de 26 graus e os soldados haviam transpirado através de cada centímetro de seus uniformes de camuflagem. As bolhas de Rigby sangravam e ela estava ensopada de suor de cima a baixo. Foi quase um alívio se deitar em silêncio sobre a pista de terra, fingindo-se de morta e olhando para o céu cinzento, à espera de ser apanhada por suas companheiras de equipe. E, então, ela olhou para baixo e viu que sua calça estava ensopada de sangue da cintura aos joelhos. Rigby teve uma sacudida de pânico, perguntando a si mesma se a brincadeira de combate começara a pregar peças em sua cabeça. Ela explodiu numa risada. Estava em campo há mais de doze horas e de algum modo não percebera que sua menstruação começara horas antes.

Kate olhou em sua direção, viu a colega "morta" rindo e acompanhou os olhos de Rigby até a fonte do absurdo daquele momento.

– Ah, merda – disse ela –, essa vai ser interessante! – Ela já estava planejando uma estratégia para o modo como a equipe carregaria a companheira para a segurança.

Mas Rigby saiu correndo em outra direção e, por trás da parca cobertura de um fino pinheiro da Carolina do Norte, lidou com sua higiene.

— Tenho que cuidar desse negócio! — gritou ela. — Volto num instante...

Kate olhava, tentando, sem êxito, reprimir a própria risada.

— Os ursos vão ter um dia de festa! — gritou Kate para as companheiras de equipe.

Além da inabilidade das mulheres para carregar uma colega para fora do campo, outro motivo apresentado com frequência por soldados para mantê-las fora da infantaria eram as menstruações, que atrairiam ursos no mato. Entre as mulheres do Exército havia uma longa tradição de brincadeiras sobre o absurdo dessa ideia, como se um urso achasse o ciclo menstrual mais atraente do que elas achavam.

O treinador estava a seis metros das mulheres e assistiu a tudo sem dizer uma palavra. Seu próprio treinamento o ensinara a ficar sério o tempo todo e não revelar nenhuma espontaneidade. Esse cara é bom, pensaram as mulheres, mas é claro que ele nunca havia lidado com uma seleção exclusivamente feminina e que aquela substância corporal era um terreno completamente novo. Os olhos dele se arregalaram, cheios do que Kate mais tarde chamou de "choque e pavor", mas ele ficou ali simplesmente assistindo enquanto as mulheres se organizavam como se nada tivesse acontecido e em seguida prosseguiam com a tarefa.

— Está bem, vamos lá! — gritou Rigby um minuto depois. Uma companheira de equipe a ergueu com a ajuda de Kate e outro soldado, pôs o torso de Rigby atrás dos ombros sobre a mochila. A falsa morta Rigby ficou ali pendurada, mole, enquanto a equipe voltava para o ponto de reunião.

As "cem horas de inferno" haviam cumprido a promessa de seu nome.

A preparação de Ashley para as horas de inferno começara seis anos antes, quando ela era uma caloura em Kent State e ficou viciada em caminhadas com carga. Quando tinha uma folga na escola, ela punha pedras na mochila e saía da casa da família, em Marlboro, para suas próprias marchas na estrada por "distância desconhecida".

— O que você está fazendo, Ashley? — perguntava Bob. — Por que está aumentando o peso?

— Estou treinando, pai, tentando ficar mais forte — respondia ela enquanto saía e começava a estabelecer um ritmo na rodovia de duas pistas que passava pelo rancho onde morava.

Agora, os anos de preparação estavam valendo a pena. O ponteiro da balança que pesou os equipamentos de todas as mulheres antes da primeira marcha subiu bem acima da altura mínima exigida quando a mochila de Ashley foi posta ali. De maneira alguma ela seria penalizada por descobrirem que sua carga era leve demais — se estivesse abaixo do peso no fim, teria que começar tudo de novo e ela não estava *disposta* a deixar isso acontecer. Ashley preparara seu corpo para longas marchas com carga de maneiras bastante específicas. Enquanto em uma corrida o esforço é quase exclusivamente cardíaco, essas marchas exigem força no abdômen e nas costas. Os milhares de exercícios abdominais e as horas de CrossFit que fizera nos meses que antecederam a seleção significavam que seu tronco era forte o bastante para suportar a carga da mochila sem se curvar. As puxadas na barra haviam desenvolvido os músculos de seus ombros. Ela podia não ser um Pégaso como Tristan, mas era uma atleta formidável.

Do primeiro ao último passo, Ashley não diminuiu o ritmo. Alguns soldados saíram da formação. Outros se atrasaram por sentir os músculos das panturrilhas exauridos queimarem, pois começavam a se atrofiar pelo excesso de esforço. Aquelas que não estavam sofrendo desconforto físico lutavam contra a regra de "não falar" e encontravam alívio pensando nos alimentos que comeriam quando a semana terminasse (lasanha e sorvete foram os campeões do dia) ou no trabalho ao qual aquele sofrimento levaria.

Mas Ashley avançou — quieta, concentrada, sempre na frente, como acontecia desde o primeiro dia do treinamento do ROTC. Ela saboreava o silêncio e o *clop-clop* de suas botas de Gore-Tex quando seus pés batiam no chão. Por todo o redor, os pinheiros da Carolina do Norte se erguiam altivos, exuberantes e verdes, estendendo seus galhos para o céu. Faziam-na se lembrar do parque estadual onde disputava corridas com Josh e Brittany na infância. Todos os seus sentidos ficaram voltados para aquele momento e ali permaneceram. Ela ouvia o bater de asas de pássaros no alto contra o ritmo contante de sua respiração e o *tap-tap-tap* das batidas de seu coração.

A estrada se estendia à sua frente enquanto Ashley seguia os *klicks* de seu medidor de distância. Quase todas as outras estavam agora marchando atrás dela. Apenas suas companheiras de tenda Leda e Anne, a engenheira, caminhavam junto a ela, às vezes à frente, às vezes ligeiramente atrás. Essas soldados em melhor forma física desafiavam umas às outras, por um exemplo sem palavras, a serem o melhor que podiam.

Naquela noite, quase todas as mulheres estavam lutando para continuar inteiras.

Ao longo do percurso, paramédicos permaneciam em postos de primeiros socorros para monitorar lesões e examinar aquelas que pareciam feridas. Sem querer desistir do processo de seleção e perder essa oportunidade única, a maioria das candidatas à CST passava às pressas pelas equipes médicas, assegurando que estava bem. Mesmo que estivessem quase caindo no chão, elas não admitiam uma lesão. Aquelas que reconheciam alguma dor simplesmente prometiam desafiá-la. Mas os paramédicos examinavam seus pés para se assegurar de não deixar passar nenhum ferimento sério.

Lane, soldado da Guarda e estrela das pistas de corrida vinda de Nevada, sofria uma dor extrema que no terceiro dia se transformara em agonia. Seu tendão de aquiles, que machucara praticando atletismo na escola, parecia em chamas. Enquanto marchava, ela considerava a possibilidade de cada passo que dava ser o último, mas continuou, recusando-se a procurar o paramédico. Porém, quando fez sua ronda noturna, ele ficou alarmado com o que viu.

— Ei, você sabe que esse tendão de aquiles pode se romper a qualquer momento — disse o paramédico. — Se eu fosse você, desistia. Essa lesão é *terrível*. Leva meses para curar e, se o dano for sério o bastante, você pode nunca mais se recuperar totalmente. Não é uma boa ideia se arriscar.

Ele estava segurando uma pasta com toda a papelada necessária para uma desistência por motivo médico.

Lane olhou boquiaberta para ele e puxou com força o pé para longe.

— Você está brincando? Eu estou *aqui*. Cheguei até aqui. Estou muito bem. É sério — disse ela, olhando para ele enquanto amarrava os cadarços das botas de novo. — Se rasgar, é só colar de novo.

Algumas tendas adiante, a equipe de Ashley aguardava a checagem médica. As bolhas nos pés de uma soldado haviam atravessado quatro camadas de pele, chegando até o que ele pensou que devia ser a derme. Ashley pôs em prática seu treinamento médico:

— Se alguém quiser fazer curativo no pé, a médica está aqui — anunciou ela, diante de duas cadeiras dobráveis, uma de frente à outra, para que suas "pacientes" pudessem elevar os pés enquanto ela examinava suas bolhas e as envolvia em curativos. Na Ken State, Jason muitas vezes fora sua cobaia em situações assim, permitindo-lhe enfaixar os joelhos, tornozelos e punhos ilesos para aperfeiçoar a técnica. Um dia, ela chegou a levá-lo a uma de suas aulas de tratamento físico para poder demonstrar seu conhecimento sobre como apalpar um ombro ferido. Ele brincou depois, dizendo que ela só queria exibir o namorado bonitão do ROTC sem camisa para todas as garotas da turma. Naquele momento, Ashley estava pensando em procurar um trabalho como assistente médica depois de terminar sua ação no Afeganistão. Ela confidenciara isso a Anne quando ajudava uma de suas companheiras de tenda; havia algo naquele ambiente que sentia que a inspirava. Ali naquela barraca, fazendo curativos nos pés rasgados de suas companheiras num posto de primeiros socorros improvisado, Ashley percebia que estava começando a se tornar verdadeiramente ligada às mulheres da tenda. Assim como Rigby, sentia que elas estavam enfrentando uma provação que quase nenhuma outra pessoa no planeta poderia entender. Nem mesmo suas próprias famílias.

Ashley, Leda e Anne haviam se tornado um trio naquele primeiro fim de semana no Landmark Inn, e Ashley queria apresentar suas novas amigas a Jason. Sabia que se ele conhecesse aquelas mulheres notáveis entenderia melhor por que ter sua aprovação para levar adiante o processo de seleção era tão importante para ela. Quando uma das garotas sugeriu um jantar em grupo na noite livre antes de a seleção começar, Ashley se surpreendeu com sua própria pergunta ousada:

– Tudo bem se eu convidar meu marido?

– Ah, é claro, eu adoraria conhecê-lo – respondeu Leda.

E era verdade: desde que conhecera Ashley, Leda se perguntava como seria Jason. Casais em que marido e mulher serviam de uniforme ainda eram excepcionais. Casais assim felizes, ainda mais excepcionais.

Jason estava tão curioso quanto Leda. Queria saber mais sobre o programa da CST e conhecer as soldados com as quais sua mulher estava convivendo – e contra as quais estava competindo – no processo de seleção.

Naquela noite, numa churrascaria não longe do Landmark, Leda reconheceu Jason pelas fotos de Ashley.

– Oi – disse ela, abrindo um sorriso radiante e confiante. – Eu sou Leda.

Ele gaguejou um cumprimento em resposta, examinando o salão à procura de Ashley, e estava prestes a dizer a Leda com toda a educação possível que era um homem feliz no casamento quando ela prosseguiu:

– Ouvi falar tanto de você, eu estou na seleção com Ashley. Aliás, ela acabou de ir ao banheiro. Tenho que lhe dizer, sua mulher é incrível.

Jason relaxou.

– Ah, que bom conhecer você – disse ele, estendendo a mão. – E sim, ela é, com certeza.

Ashley chegou e deu um grande abraço e um beijo no marido.

— Jason — disse Leda quando eles se sentaram para comer. — Você com certeza é o cara mais bacana do mundo para vir aqui jantar com todas essas mulheres.

— Eu me considero um homem de sorte — respondeu, olhando para a esposa, que sorria de volta para ele. Ela estava genuinamente feliz por vê-lo na companhia das novas amigas. No Landmark, ouvira histórias sobre casamentos que haviam desmoronado sob a tensão dos deslocamentos de tropas e se sentia com mais sorte do que nunca por tê-lo. Eles passaram uma hora ali, longe do Landmark, falando de guerra: Leda contou histórias sobre o trabalho que fizera no Iraque, minimizando a importância de sua função, e Jason mencionou que acabara de voltar do Afeganistão. Ele comeu um filé de costela com purê de batatas e ficou feliz por ver como Ashley parecia confortável com elas e como parecia pronta para os testes de avaliação que tinha pela frente.

Dirigindo seu carro de volta ao hotel, depois de conhecer Jason e vê-lo com sua esposa, Leda se sentiu ainda mais impressionada com Ashley — e afeiçoada a ela. Enquanto conversavam sobre seu casamento que aconteceria em breve, em Ohio, e sobre o bolo de chocolate de três camadas com cobertura de glacê branco que sua mãe faria, Leda não conseguiu resistir a compartilhar seus pensamentos:

— Você e Jason são realmente incríveis. Eu admiro muito a maneira como vocês se respeitam e amam um ao outro. Vocês têm mesmo algo especial, Ashley.

Os laços entre as duas só se aprofundariam nos próximos dias, enquanto elas lutavam para abrir caminho entre uma tarde de marcha cansativa e outra. No último dia da avaliação, supondo que o treinador estava isolado em alguma sala de aula da sede do Centro e Escola de Guerra Especial decidindo seus destinos, as duas compartilharam um momento tranquilo numa área distante do campo de treinamento.

Leda, sempre interessada em estilos de liderança e naquilo que motiva as pessoas, em especial alguém tão silenciosamente determinada quanto Ashley, sentia-se agora confortável para fazer algumas perguntas diretas à jovem amiga.

— Então, você gosta do seu trabalho lá na faculdade? — perguntou, referindo-se ao trabalho de Ashley como treinadora de atletismo.

— Ah, sim — disse Ashley. — Adoro estar com atletas e ajudá-los a lidar com todas as suas lesões. Acho que não quero fazer isso para sempre, mas, por ora e como primeiro emprego, é uma ótima experiência.

Ela fez uma pausa, ponderando se se sentia confortável o bastante ou não para compartilhar mais e, então, continuou:

— Eu sei que eles entenderiam se eu tivesse que tirar uma licença para ir à guerra. Mas há uma coisa na CST que me preocupa...

Elas estavam mais uma vez à frente do grupo, envolvidas num exercício de orientação por terra em que tinham que encontrar o caminho desde um ponto de declive acentuado, num território desconhecido, até um destino final no mapa. A paisagem era pontuada de curvas falsas e caminhos errados; seguir o mapa com habilidade era crucial para chegar ao local certo no tempo limitado permitido. Esse tipo de exercício mede o que os militares chamam de orientação: a capacidade de fazer análises espaciais sob condições estressantes. Para as candidatas à CST, o exercício era parte do teste final do programa de avaliação e seleção, mas para Ashley, que fizera centenas desses exercícios no ROTC, representava um desafio pequeno.

— Eu temo ser um pouco tímida demais para isso — admitiu Ashley enquanto elas caminhavam para uma curva do mapa que haviam recebido para fazer o exercício. — Quer dizer, eu sei que consigo fazer isso, mas talvez os caras achem que não sou agressiva ou desembaraçada o suficiente para o trabalho.

— Bem — perguntou Leda —, como você está indo com todos aqueles atletas tipo A?

Ela observara Ashley nos últimos quatro dias e estava certa de que ela seria uma vantagem para a equipe. Fisicamente, era uma fera, mas se sobressaíra também nos quebra-cabeças e nos percursos de obstáculos. Sua natureza reflexiva e a tendência a analisar um problema antes de falar a faziam se destacar em sua equipe.

— Você alguma vez achou intimidante trabalhar com esses caras?

— Ah, não, os caras são ótimos, eles me procuram para cuidar de suas lesões e não importa que eu seja a única mulher com quem trabalham. Para eles, sou apenas a treinadora. É isso. Eles nunca têm nenhum problema quando vêm me ver.

Leda pensou em termos de treinamento.

— Ashley, você tem exatamente o que é preciso para essa missão. A função da CST é uma mistura especial de habilidades técnicas, habilidades para resolução de problemas e de inteligência emocional. Não é algo que qualquer pessoa possa fazer, mas algo em que mais de um tipo de pessoa pode se sobressair. Você não precisa ser extrovertida para ser boa nisso. Conheço a comunidade de Operações Especiais por causa de outro trabalho que fiz e você é exatamente o tipo de "profissional tranquilo" que eles estão procurando. Suas habilidades físicas são óbvias, qualquer pessoa pode ver isso, mas você tem uma confiança tranquila que eles respeitarão e que exigem que se tenha em campo. Isso é tudo o que você precisa. Acredite nisso e não deixe que ninguém lhe diga o contrário.

Ashley olhou para ela e, como de costume, não disse nada. Leda tinha uma década de experiência nas Forças Armadas, servia na patente muito superior de major e tinha muito mais experiência com a comunidade de operações especiais do que qualquer uma de suas companheiras de equipe. Era uma mulher que sabia o que estava falando. Isso dava algum conforto a Ashley, mesmo que não dissipasse todas as suas dúvidas.

Naquela hora, ela fazia outra promessa — não diferente daquela que fizera a Jason tarde da noite, na cozinha do rancho onde moravam — de ir com tudo na seleção para a CST e não desistir.

— Está bem — disse ela. — Não deixarei. Eu prometo. Agora vamos acabar com isso e descobrir se conseguimos!

5

Aprovadas

★ ★ ★

Na manhã seguinte, doloridas, mas esperançosas, as mulheres embarcaram num ônibus para o Centro e Escola de Guerra Especial JFK, em Fort Bragg, para saber seu destino. Elas podiam estar mancando, machucadas e exaustas, mas a adrenalina as mantinha atentas.

As mulheres soldados ocuparam o auditório do Bank Hall, assim chamado em homenagem a um pioneiro das Operações Especiais do Exército, o coronel Aaron Bank, conhecido como "o pai dos Green Berets". Era um lugar apropriado para as jovens desbravadoras, e todas elas conheciam a lenda do coronel Bank, um ex-oficial da Agência de Serviços Estratégicos (OS) que ajudou a treinar e equipar a resistência francesa na Segunda Guerra Mundial e depois comandou a Operação Cruz de Ferro, uma missão ousada para treinar membros da oposição alemã para capturar nazistas de alta patente, incluindo Adolf Hitler. (A missão foi abortada antes de ser lançada.) Bank sempre pensara que a base era o lugar ideal para uma escola de guerra especial, tendo escrito em suas memórias que "tudo do que precisávamos estava disponível em Fort Bragg", e batalhara com o Pentágono para que o centro fosse aberto em 1952. Esse inovador da guerra não convencional morreu vários anos antes, aos 101 anos.

O tom verde-azulado suave do teatro não condizia com as experiências em combate que geralmente eram compartilhadas em seu palco. Sem nada para fazer além de esperar, Ashley acalmou seus nervos tentando descobrir a ordem em que as aspirantes à CST seriam chamadas a entrar numa sala de aula ali perto para saber como tinham se saído na avaliação e seleção. Ela sabia que terminara todos os testes físicos à frente da turma e tinha motivos para estar otimista. Mas, apesar das garantias de Leda, ainda temia que sua personalidade menos enérgica de algum modo pesasse contra ela.

Estranhamente, nenhuma das mulheres que entrava na sala voltava; elas simplesmente desapareciam. "Devem estar saindo por portas que não podemos ver", supôs Ashley, "para que ninguém lhes pergunte como foi o resultado." Na verdade, refletiu ela, todo o ciclo de avaliações havia sido uma viagem pelo desconhecido, com instrutores que apenas lhes ordenavam tarefas e faziam anotações em seus blocos. Não houvera nenhum retorno delas em nenhum momento, nem gritos ou táticas de intimidação. Não foi nada do que ela esperava. Apenas uma avaliação fria, estéril, sobre se ela tinha o que era necessário para participar de uma missão. Ou se não tinha, preocupou-se Ashley. Os minutos passavam.

— Tenente White! — ouviu Ashley de repente, vindo do outro lado da sala.

Finalmente era a sua vez. Coração batendo forte, ela se esforçou para manter o rosto sem expressão e entrou na grande sala de aula onde o instrutor que a observara ao longo do último dia estava sentado com uma pilha de papéis numa escrivaninha à sua frente, um dos quais tinha o seu nome. Pelo canto dos olhos, Ashley viu companheiras que conhecera durante a semana sentadas diante de escrivaninhas espalhadas pela sala, mas o espaço era tão amplo que era impossível ouvir o que estava sendo dito. De qualquer modo, seus olhos permaneciam grudados nos do instrutor sentado diante dela.

Ele começou com uma observação positiva sobre seu desempenho — "excelentes força e resistência física em marchas e corridas; forte pontuação em treinamento físico" — antes de apresentar uma lista de suas fraquezas: "Necessidade de exercer mais liderança vocal; ser mais incisiva ao liderar um grupo." A perfeccionista que existe dentro de Ashley ouviu cada falha que ele mencionou, alto e claramente, e deixou de ouvir os êxitos.

– Você se classificou nos 10% superiores de todas as candidatas, tenente White – finalizou ele. – Parabéns.

E era isso. Dois meses árduos para conquistar o apoio de Jason, cuidar da papelada e se preparar física e mentalmente, depois dar duro em campo e tudo terminara num instante. Enfrentando uma mistura de animação e fadiga, ela agradeceu ao treinador e seguiu em direção à porta lateral que ele lhe apontara. Deu uma rápida olhada para trás e viu várias candidatas saindo por outra porta. Seu caminho a levou à entrada principal do Bank Hall, onde ela abriu a porta da frente e encontrou o sol revigorante de março. Ashley estava segurando uma pasta com a imagem da Bronze Bruce – a estátua de mais de seis metros de um soldado das Forças Especiais que era o primeiro memorial dos Estados Unidos à Guerra do Vietnã – em alto-relevo. A estátua de verdade se erguia sobre a Memorial Plaza do Comando de Operações Especiais do Exército, e seu pedestal listava os nomes de soldados de operações especiais mortos em ação. No alto da pasta, estava impresso: "2ª tenente White Ashley I." – por causa de seu nome do meio, Irene. Dentro havia um certificado.

Exército dos Estados Unidos
Centro e Escola de Guerra Especial John F. Kennedy
A todos que virem a presente felicitação
Faça-se saber que a 2ª Tenente Ashley I. White
Concluiu a Fase 1 da Avaliação & Seleção para a
Equipe de Apoio Cultural

Ashley estava dentro. Segurar os papéis fazia tudo aquilo parecer real.

Por fim, ela abriu um sorriso grande, magnético, do tipo que vai de orelha a orelha e desafia os outros a não retribuí-lo. Era a primeira coisa que Jason reparara nela naquela festa com pizzas do ROTC tantos anos antes, durante o primeiro ano dela na Ken State.

Assim que ela saiu pela porta da frente, ouviu uma explosiva aclamação. Todas as mulheres que foram selecionadas estavam agora alvoroçadas num grupo cada vez maior no gramado. Lane, a soldado da Guarda e veterana do Iraque vinda de Nevada, estava ali, embora elas ainda não se conhecessem. Não era surpresa que Leda e Anne estivessem ali também. Toda vez que a porta se abria e surgia uma nova companheira que sobrevivera à semana extenuante, o grupo crescente gritava felicitações.

Leda correu para abraçar Ashley.

— Eu sabia que você estava dentro — parabenizou a companheira. — Está vendo? Eu disse que você tem o que é preciso.

Ashley apenas sorriu. Esperava ter algum dia a oportunidade de dizer a Leda o quando seu incentivo significara para ela.

O fato de a jovem tenente da Guarda Nacional ter tido um resultado tão bom falava por si só. É claro que, por ser uma White, Ashley ainda queria ter chegado em primeiro em tudo, mas, considerando o calibre da competição, ela venceria. E, a partir de então, poderia se concentrar em se tornar mais forte, mais rápida e mais bem preparada fisicamente antes de os novos treinamentos formais da CST começarem, no mês seguinte.

Só havia um problema. O curso de treinamento estava marcado para começar mais ou menos na mesma época de seu casamento, e ela e Jason já haviam adiado uma vez a cerimônia na igreja. Ela não tinha a menor intenção de fazer isto de novo. Além disso, já escolhera o vestido de noiva branco e sem alças de seus sonhos e, naquele momento, uma costureira em Ohio estava ocupada fazendo o longo bordado de contas.

"Vou dar um jeito", prometeu a si mesma. Por hora, ela aproveitaria o dia. Mal podia esperar para telefonar para Jason e lhe contar a boa notícia. Ela o deixaria orgulhoso, como ela própria estava.

A Guerra de Ashley

* * *

A mesma série de avaliações estressantes aconteceu dois meses depois, no mesmo teatro do Bank Hall, em Fort Bragg. Dessa vez, para os soldados do serviço ativo.

Esse grupo – que incluía Kate, Tristan, Rigby e Amber – concluíra a avaliação e seleção num programa separado da Guarda e das reservas. Depois de selecionadas, todas as integrantes da equipe da CST se reuniriam para treinar como uma única turma, mas, para propósitos de programação, os soldados da Guarda e reserva disputaram o programa separadamente.

Mais cedo, naquela manhã, as cerca de cinquenta aspirantes à CST do serviço ativo ocuparam um antigo prédio de alojamentos que encontraram em Fort Bragg e passaram horas brigando com a sujeira encrustada, a lama e o suor que haviam acumulado durante uma semana em campo. Quando Kate ouviu um dos instrutores gritando na entrada da sala de aula, "Tenente Raimann!", ainda sentia o esplendor de vestir um uniforme limpo depois de seis dias penando. Tentando se manter calma e sem expressão, ela se sentou diante da escrivaninha do treinador e esperou.

– Então – disse o jovem praça ao começar a percorrer a pontuação de Kate em cada categoria em que ela fora testada. – Você não lê muito bem e com certeza também não escreve. Espera-se que os oficiais publiquem, você sabe, e você não tem habilidades de redação para isso.

Kate ficou magoada com a avaliação dele. Secretamente, alimentava o sonho de se tornar uma escritora depois que terminasse o serviço no Exército e se perguntou quem era ele para questionar sua capacidade. Mas ficou sentada em silêncio e não demonstrou nenhuma emoção, mãos dobradas sobre o colo, esperando ele continuar.

– Fisicamente você está apenas na média – prosseguiu ele. – Aqui há muitas garotas mais fortes do que você e muitas em melhor forma física. Você definitivamente está no meio do grupo. Na melhor das hipóteses.

Ele a encarou e, em seguida, empurrou a pasta do Centro de Guerra Especial JFK sobre a mesa para ela.

— Parabéns — disse —, você foi aceita.

Sem conseguir reprimir por mais tempo a emoção contida dos últimos meses, Kate deu um grande suspiro de alívio e felicidade. Ela apanhou a pasta e correu porta afora antes que o instrutor pudesse mudar de ideia. No caminho, sentiu uma pontada de tristeza quando olhou sobre o ombro as mulheres que estavam saindo por outra porta. Elas haviam se esforçado tanto quanto ela, mas não haviam conseguido. Nunca mais veria a maioria delas.

Do lado de fora, Kate ficou andando para lá e para cá ansiosa no mesmo gramado onde Leda, Anne e Ashley haviam estado pouco tempo antes, esperando suas companheiras surgirem. Ela foi uma das primeiras de seu grupo a ouvir a boa notícia.

No Bank Hall, Tristan continuava esperando sua vez, tentando parecer fria e estoica. Na verdade, estava agitada por dentro; sentia que a aposta só fizera aumentar desde que a seleção da CST começara.

"Eu sei dentro de mim que é isso que devo fazer", pensava. E são essas as pessoas com quem devo trabalhar. A única vez que ela se lembrava de ter sentido a certeza de que escolhera o caminho certo foi quando visitara West Point pela primeira vez. Mas Tristan se acostumara a decepções em sua carreira e, desde o momento em que vira pela primeira vez o cartaz da CST, em Oklahoma, não se permitira acreditar que a missão nem era sequer uma possibilidade. Agora que vira quem e o que o programa tinha a oferecer, não conseguia conter a alegria. Finalmente, encontrara sua turma; queria tanto essa oportunidade que temia desabar se a rejeitassem. "Estou tão perto", disse a si mesma. "Eles não podem dizer não."

Ali, sentada diante da escrivaninha do instrutor, na sala de aula gigante, ela estava prestes a descobrir.

O treinador não tirava os olhos de seus papéis enquanto conferia os diferentes eventos.

— Você não assumiu o comando no percurso de obstáculos — começou ele, pigarreando para se assegurar de que ela estava ouvindo.

Tristan se lembrava claramente do teste: os soldados tiveram que cavar com uma ferramenta para passar sob uma cerca de arame farpado prateada e se assegurarem de que todas as outras da equipe conseguiriam passar pelo túnel improvisado. — As pessoas precisavam de uma liderança e você congelou.

Ela era a líder da equipe naquele momento e, quando suas colegas ficaram presas na lama sob o arame farpado, não se agiu rápido o bastante para desenvolver um plano alternativo.

— E você se saiu bem na marcha com carga — continuou ele —, mas, no fim, quando *você* estava indo muito bem, liderando na frente do grupo, muitas soldados estavam se arrastando atrás de você. Você deveria ter motivado mais sua equipe.

Aquela última marcha mortal em que elas carregaram cerca de 18 quilos de equipamentos o dia inteiro incluiu uma parte em que as mulheres marcharam não como equipe, mas em seus próprios ritmos. Tristan disparava a correr toda vez que estava sozinha, passando como uma bala por quase todas as companheiras enquanto elas se esforçavam para segui-la. No fim da marcha de 32 quilômetros, o treinador ordenou às mulheres que terminassem como equipe. Algumas mancavam e outras lutavam para pôr um pé à frente do outro. Tristan se sentiu desconfortável gritando para elas vencerem a agonia e a fadiga quando claramente estavam motivadas e tentando fazer o melhor possível. Não queria fazê-las se sentir piores do que sabia que já estavam; achou que pareceria que estava se gabando.

Mas ela permaneceu em silêncio, sem ousar protestar contra a avaliação do treinador sobre suas habilidades de liderança.

Esperou calmamente que ele apresentasse o veredicto.

— Está bem, é isso — disse ele. — Parabéns, você está dentro.

Segundos depois, Tristan estava correndo pela sala e empurrando a porta da frente. Pela primeira vez desde que deixara a faculdade, sentia que finalmente estava no caminho certo.

Durante toda a duração da avaliação e seleção, as soldados tiveram que dispensar todos os aparelhos digitais ou eletrônicos – relógios de pulso, telefones, computadores pessoais – que as ligassem ao mundo externo, um desafio que para muitas era igual ao dos testes físicos do processo de seleção. Agora tinham seus aparelhos de volta e todas elas estavam ocupadas telefonando para mãe, pai, marido, namorado e amigos para informá-los de que haviam conseguido.

Kate, Rigby, Kristen e meia dúzia de outras já estavam reunidas no gramado e, aos gritos de "TRIS-TAN!", agarraram a nova colega e lhe deram um abraço em grupo improvisado. Sete das dez candidatas da sua tenda estavam entre as mais ou menos 25 soldados aprovadas. Era uma boa demonstração.

"A mente é um lugar", pensou Tristan, lembrando-se da inspiração do banheiro químico de Rigby. "Não desista mesmo."

Meia hora depois, o treinador conduziu o grupo de 25 selecionadas para a CST do serviço ativo até um ônibus fretado para ir a Fort Benning, Geórgia. Elas foram levadas para o que era oficialmente chamado de Centro de Reposição Conus, que todos conheciam como CRC. A semana prometia alguns dias de exames médicos e dentários, familiarização e qualificação para armas e entrega de uniformes e equipamentos. Nada de levantar muito peso, apenas um bocado de registro de equipamentos e mais papelada. Mas elas estavam em seu caminho, seguindo para uma experiência que poucas mulheres – se é que alguma – já tiveram nas Forças Armadas americanas.

Kate encontrou um assento perto do meio do ônibus, sentindo um bem-estar exultante por ter passado num teste de vida cujo resultado era incerto. Amber, a interrogadora e veterana da Bósnia, estava do outro lado do corredor, saboreando um dos momentos mais importantes de sua vida. Ela supôs que muitas das outras recém-nomeadas CSTs estavam experimentando a mesma sensação de triunfo e euforia, sabendo que estavam prestes a ter a melhor oportunidade que poderiam de servir numa guerra com os Rangers e as Forças

Especiais, mesmo que não pudessem oficialmente *ser* nem uma coisa nem outra. Não longe dali estava Kimberly Blake, o soldado em boa forma física que conhecera rapidamente no elevador do Landmark. Kimberly, uma oficial de polícia do Exército que fora enviada ao Afeganistão, em 2005, e depois se apresentara como voluntária para ir com os fuzileiros navais para revistar mulheres afegãs numa missão de três dias, chegara a Camp Mackall certa de que seria selecionada. Depois, caiu na realidade: aquelas garotas corriam três quilômetros em 13 minutos, marchavam sem se cansar e, assim como Kimberly, estavam acostumadas a ser a número um. Ela se sentiu compelida a melhorar seu desempenho e, ao chegar ao Bank Hall naquela tarde, não sabia realmente se seria escolhida. Naquele momento, descansava a cabeça no encosto da poltrona e tentava ignorar todo o barulho do ônibus para que finalmente, depois de uma semana de grande estresse e privação de sono, pudesse ter um pouco de descanso muito necessário.

Quando o ônibus fretado, luxuoso para os padrões militares, iniciou a viagem de sete horas para a Geórgia, um filme começou a passar nas telinhas retráteis distribuídas por todo o ônibus.

– Sério? – comentou Kate com Cassie Spaulding, uma colega oficial de polícia do Exército que ela conhecera no salão de café da manhã do Landmark Inn. Ela balançou a cabeça e começou a rir. – *Falcão Negro em perigo* é o que vão passar para nós? Eu adoro isso.

Todas as mulheres no ônibus já haviam visto o filme pelo menos uma vez, mas, naquele ambiente, a sensação era mais forte do que nunca. Baseado num livro sobre uma fracassada missão para capturar um chefe militar somali em Mogadíscio, o filme acompanha equipes da Força Delta e dos Seals, incluindo o então capitão Eric Olson, comandando a ação na capital somali enquanto os Rangers, designados para dar segurança à missão, lutam bravamente para abrir caminho, quarteirão após quarteirão, depois de se verem presos nas ruas da cidade. A operação pode ter sido um desastre, mas a luta foi corajosa.

Eram *esses* os caras com os quais logo elas estariam indo à guerra, para apoiar. Os homens com os quais sairiam em missão. Era com soldados e Seals desse calibre que elas estariam indo para a batalha todo dia. Ou toda noite.

Kate se acomodou confortavelmente em sua poltrona para ver Eric Bana mais uma vez. Por enquanto, a imagem que ela tinha dos Rangers na guerra continuava numa tela. Logo estaria na vida real.

Cassie, a companheira da polícia do Exército de Kate, estava sentada a apenas duas fileiras de distância. Chegara à Carolina do Norte vindo de uma base do Exército no meio do nada, nas profundezas do Alasca, tão longe quanto alguém poderia ir sem sair dos Estados Unidos.

Um ano antes, Cassie voltara do Iraque, onde sua unidade era encarregada de cuidar de postos de inspeção de segurança e fazer revistas. Ela ingressara no Exército ávida para encontrar seus irmãos e irmãs de armas, contudo se tornou o ano mais solitário de sua vida. Ser mulher era um fardo especial na guerra. "A percepção é a realidade", dizia o ditado, e ela achava que nenhuma socialização entre homens e mulheres era incentivada por comandantes, para evitar até mesmo um indício de situação comprometedora. Cassie não podia nem falar com um colega oficial sobre a comida que lhes era servida no refeitório sem levantar suspeitas de seu oficial de comando. Ele prestava atenção em cada conversa que tinha com soldados de outras unidades, que eram quase todos homens, é claro, e depois lhe perguntava sobre os assuntos das discussões. Então, toda noite, Cassie ficava sentava no chão, sozinha, durante horas, fazendo palavras cruzadas de revistas que seu pai lhe enviava em pacotes de suprimentos.

Aquilo era um hábitat não natural e solitário para uma criatura social como ela, mas, de certa maneira, Cassie sempre se sentira uma estranha. Fora uma criança privilegiada, uma menina americana de vida confortável, filha de uma mãe canadense apolítica e decididamente nada militar e um pai americano fortemente empreendedor, um republicano fã de Reagan que vendia carros esportivos e lhe deu uma Chevy Silverado em seu aniversário de 16 anos. (Ele lhe ofereceu um Ford Mustang, mas ela lhe garantiu que preferiria a camionete.) Cassie crescera no Canadá, no México e nos Estados Unidos, já que seus pais perseguiam o sonho americano por toda a América do Norte. Sobressaía-se em competições de tênis na adolescência, indo para a quadra sempre que não estava no bosque atrás de sua casa, brincando de caçada humana noite adentro com um bando de meninos da vizinhança. De início, sentia um medo profundo ao ficar horas esperando, sozinha no bosque escuro e assustador, tentando evitar ser capturada pelos outros, mas sabia que os meninos a olhariam com desprezo e a rotulariam de "uma menina" se admitisse qualquer temor. Então, treinava a si mesma para não demonstrar nenhuma fraqueza, nunca. Permaneceria escondida, seja lá o que acontecesse. De jeito nenhum deixaria os meninos pensarem que eram mais valentes do que ela.

Mais tarde, na escola de ensino médio da Flórida, Cassie sentia ciúmes do namorado, um *quarterback* que era um astro, exibido em campo com fanfarra e glória toda semana. Ser mulher é uma droga, pensava. Tudo que é divertido, ousado e nobre fica fora de alcance. E, aos 19 anos, ela descobriu que isso incluía o sonho de se tornar soldado da infantaria. Também não podia ir para a Escola Ranger. O fato de seu gênero sexual – um simples acidente biológico – tornar seu sonho inalcançável a deixava louca. Por que não nasci homem, perguntava-se com frequência, para fazer o que realmente quero fazer? Ver rapazes em sua sala no ROTC que nem sequer *queriam* ingressar na infantaria sendo designados para a divisão só aumentava seu sentimento da injustiça daquilo tudo. Soava como um tapa na cara o fato de o Exército escolher homens que queriam se tornar paramédicos, em vez dela, que fora escolhida como comandante de batalhão do ROTC e ansiava apenas por lutar como soldado da infantaria.

Por fim, depois de se formar na University of Central Florida, a integrante da união estudantil feminina especializada em estudos sobre mulheres ingressou no Corpo da Polícia Militar do Exército pensando que seria o mais próximo que conseguiria chegar de um combate de verdade. Quando ouviu falar do programa da CST, três anos depois, soube imediatamente que faria qualquer coisa necessária para conquistar um lugar na nova equipe. Telefonou para todo mundo que pensou que poderia ajudá-la, preencheu o formulário de inscrição no mesmo dia em que o recebeu e depois escreveu um texto, não solicitado, explicando todos os motivos pelos quais tinha exatamente a experiência certa para essa nova designação. Tinha treinamento como policial militar, experiência em combate no Iraque e estudara o papel das mulheres no Afeganistão. Ninguém se esforçaria mais do que ela naquele trabalho, prometeu.

Durante todo o processo de seleção, Cassie teve certeza de que conseguiria. Na primeira manhã no Landmark, quando uma candidata lhe perguntou se estava nervosa, ela respondeu sucintamente: "Não vou me permitir ficar nervosa e você também não deveria." A expressão nos olhos da companheira sentada à mesma mesa indicava que a resposta só a deixara mais ansiosa. Péssimo, pensou Cassie. Este é o único lugar onde qualquer pessoa deveria querer estar agora.

Confiança nunca fora um problema para ela; na verdade, o excesso de confiança era geralmente o problema e ela sabia disso. Ela também não se desculpava por saber o que queria ou por ter uma ambição igual à de uma turma inteira de MBA em Harvard. Estava em seu DNA: desde menina, seu pai lhe ensinara a ir atrás do que queria. A garota determinada, teimosa como o diabo, era claramente *sua* filha, aquela cuja viagem à Europa ele financiara, aquela que ele ensinara a ler o *Wall Street Journal* todos os dias para saber o que estava acontecendo no mundo, aquela com quem ele assistia à Fox News toda noite depois do jantar, antes de discutir os acontecimentos do dia.

Agora, tantos anos depois, ela estava sentada com suas novas companheiras de equipe num ônibus fretado a caminho do CRC, com *Falcão Negro em perigo* passando no fundo. Cassie pegou o telefone e mandou uma mensagem de texto para a pessoa que considerava seu melhor amigo no mundo inteiro.

"Pai", escreveu ela, "fui selecionada. É a realização da qual eu mais me orgulho na vida até agora."

A resposta veio um minuto depois:

A Guerra de Ashley

"Sabia que você conseguiria", escreveu ele. "Não tinha nenhuma dúvida."

Após algumas horas de viagem, o ônibus parou num posto de gasolina da Interestadual 95 Sul.

As mulheres correram até a loja de conveniência para comprar sanduíches no Subway e aproveitar o luxo de dispor de saneamento básico. A visão de duas dúzias de jovens impecáveis de uniforme fez todas as cabeças se virarem dentro da pequena loja.

A primeira-tenente Sarah Walden apanhou um Gatorade e uma barra de proteína e entrou numa longa e lenta fila de pagamento atrás das companheiras. Pouco tempo antes, ela despertara de um cochilo em que o som de rotores de helicópteros em *Falcão Negro em perigo* se misturara a um sonho confuso num campo de batalha. Agora, ouvia um homem do outro lado da loja de conveniência gritando:

— Ei, vocês são enfermeiras do Exército?

Sarah riu. Ela previu que não seria a última vez que ouviriam essa pergunta.

Sarah ingressara no ROTC e depois no Exército porque queria servir numa organização cujos valores refletissem aqueles que seus pais haviam incutido em sua alma desde a infância: servir aos outros, autodisciplina, autoconfiança e um desejo de fazer parte de algo maior do que si mesma. Todo ano, eles ensinavam Sarah e seu irmão a sobreviver usando apenas seus instintos e a riqueza da natureza, passando metade do verão completamente afastados das facilidades da vida moderna, numa cabana no norte do estado de Nova York. Ali, não apenas ficava desconectada de TV, telefone e internet, como também faltava rede de esgoto e água. Eles cultivavam seus próprios legumes no duro solo das montanhas Adirondack e caminhavam horas todos os dias.

Sarah se parecia com a jovem Megan Follows, estrela do filme *Os amores de Anne*. Quando menina, adorava, lia e decorava os livros de Lucy Maud Montgomery nos quais o filme se baseava. Inspirada pela agressiva e independente Anne Shirley, Sarah, de início, queria ser freira, não apenas por causa de sua fé, mas porque queria reformar a Igreja estando dentro dela. Um dia, anunciou à mãe que pretendia se tornar a primeira mulher sacerdote da Igreja Católica. Já um pouco mais velha, Sarah sonhava em se tornar soldado e médica. Ao chegar à adolescência, percebeu que não podia ser as três coisas – freira, soldado e médica –, e então se acomodou nas duas últimas e se inscreveu para o ROTC, a fim de ajudar a preparar o caminho para seus estudos de medicina e arcar com os investimentos. Seu pai, que passara quatro anos na Marinha, costumava circular pela casa chamando-a de "coronel-doutora Walden".

Não foi surpresa para ninguém quando Sarah passou com distinção no ROTC. Forçar-se até o limite, tanto físico quanto mental, era algo natural e, além disso, excitante. No segundo ano da faculdade, ela decidiu que não queria passar o verão na escola de paraquedismo do Exército, que representava o caminho tradicional para os cadetes. Em vez disso, queria fazer o curso de ataque aéreo, mais exigente. De início, o coronel que dirigia seu programa no ROTC recusou o pedido. Ele a via como uma líder promissora e queria que ela tivesse êxito – e passasse – em qualquer curso de treinamento do Exército para o qual se inscrevesse naquele verão. A escola de paraquedismo, disse ele, oferecia o melhor – e menos arriscado – caminho para seu avanço. Porém, o major que servia abaixo dele viu que Sarah falava sério e acreditou que ela tinha garra para concluir o que se determinasse a fazer.

– Se você realmente quer – disse o major quando ela apelou a ele –, farei o que puder para apoiá-la, mas com uma condição: você não pode fracassar. Prometa-me isso e eu falarei com o coronel.

Alguns dias depois, ele chamou Sarah de lado, depois de uma tarde de treinamento físico.

– Você vai para a escola de ataque aéreo, Walden – disse ele. – Não estrague isso.

Depois de ter seu desejo atendido, Sarah experimentou uma nova sensação: o temor muito real de falhar. Imediatamente, ela deu início a semanas de pesquisa e preparação intensivas num percurso de obstáculos no terreno de West Point, que ficava perto. No primeiro dos dez dias de curso, viu apenas seis mulheres entre os mais de cem soldados presentes às aulas. No último dia, apesar de sofrer hiponatremia numa marcha com carga depois de beber tanta água que expulsou todos os seus eletrólitos, Sarah se tornou a única mulher a concluir o curso. Ela não conseguiu evitar uma pontada de satisfação quando o soldado que entreouvira insistindo com seus colegas que mulheres não deveriam sequer ser permitidas no Exército foi retirado durante a última marcha. Sarah voltou para seu posto no ROTC com a cabeça lá no alto. A preparação era uma recompensa em si mesma, como seus pais sempre lhe haviam ensinado; ela havia ido até o fim.

Sarah acabou percebendo que os médicos do Exército tinham pouca exposição à linha de frente nas guerras que os Estados Unidos estavam lutando e, cada vez mais, era ali que queria estar. Ela abandonou o sonho da escola de medicina e, assim como Kate e Cassie, foi para a divisão onde acreditava que chegaria mais perto da ação: a polícia do Exército. Quando logo ficou sabendo que sua nova unidade, baseada na Europa, não seria mobilizada, sentiu-se totalmente inútil. Não é para isso que ingressei no Exército, pensou. Diferentemente de alguns de seus comandantes e colegas soldados, não queria ficar fora das duas guerras que os Estados Unidos estavam lutando. Ela se inscreveu porque queria estar *dentro*.

Então, finalmente, tinha uma designação em que poderia realmente fazer uso de suas habilidades de sobrevivência bem afiadas. Com as CSTs, encontrara seu caminho para a guerra, como seus amigos previram. Isso poderia não parecer atraente para os não iniciados, mas Sarah estava empolgada porque o Afeganistão seria seu bilhete para sair da Europa.

Três horas depois, o ônibus entrou em Fort Benning, "Lar da Infantaria" e quartel-general do 75º Regimento Ranger. A instalação de

73 mil hectares abrigava quase 30 mil militares do serviço ativo, e as mulheres estavam programadas para ficar ali uma semana.

Quando o ônibus se aproximou do portão principal do prédio onde estavam programadas para ficar, as mulheres o encontraram sem alguém que as atendesse e trancado. Claramente, ninguém previa a chegada das CSTs.

Contornando a pé a cerca do prédio, as mulheres, que estavam cansadas, perceberam que alguém teria que fazer alguma coisa se elas quisessem dormir pelo menos um pouco aquela noite. E elas estavam desesperadas por um descanso.

– Parece que vamos ter que arrombar os portões – disse alguém.

– Eu vou por baixo da cerca! – gritou Tristan, começando a remexer seu corpo pequeno sob o arame enquanto Kate a ajudava a passar. Depois de entrarem, as duas abriram os portões e conduziram as companheiras para dentro.

"Primeira noite e já estamos aprontando", pensou Kate, sorrindo para si mesma. Já posso imaginar a cara das pessoas encarregadas quando virem quem invadiu o prédio aquela noite.

6

Dias de Treinamento

★ ★ ★

No fim de maio, as mulheres estavam de volta ao Bank Hall, prontas para o primeiro dia da Fase 2 do treinamento para as missões que começariam em menos de três meses. A sala estava em burburinho.

— Está bem, ouçam! — gritou o treinador.

Ele estava em pé, de uniforme, na frente da sala de aula espaçosa onde mais ou menos sessenta recém-cunhadas integrantes da CST – todas elas mulheres-alfa vindas de todo lugar – haviam tomado seus assentos. Muitas se conheciam da avaliação e seleção e haviam se abraçado e se cumprimentado batendo uma palma da mão erguida na outra. Soldados que não se conheciam faziam um gesto com a cabeça e apertavam as mãos para se apresentarem.

Sentada ao lado da porta ainda aberta da sala de aula estava Lane, soldado da Guarda vinda de Nevada; ela podia ouvir as vozes dos soldados passando no corredor a caminho de outras salas de aula. Ao verem a grande reunião de soldados femininos ali dentro, alguns paravam para enfiar a cabeça na sala e dar uma olhada melhor. Lane entreouviu um soldado perguntando a outro:

— O que é essa brigada de coque no cabelo?

"Eles não sabem a metade", pensou ela.

Então, as mulheres estavam sentadas em silêncio, atentas, diante de uma bandeira americana e um quadro branco gigante. A manhã de abertura no Centro e Escola de Guerra Especial marcava a primeira vez em que a turma inteira se reunia. Era também a primeira vez em que as melhores candidatas do serviço ativo do Exército, da Guarda e das reservistas se reuniam como uma equipe de operações especiais exclusivamente feminina, a fim de treinar para a guerra.

Mas havia uma informação não relacionada a combates na agenda antes de a aula começar.

– Antes de seguirmos – anunciou o instrutor – quero dar os parabéns à tenente White por seu casamento na semana passada.

Os soldados aplaudiram e festejaram ruidosamente enquanto Ashley ficava rubra de constrangimento. Apenas alguns dias antes ela estivera diante de mais de cem de seus amigos e parentes mais queridos, de saltos altos vermelhos brilhantes e vestido branco bordado de contas, prometera amar o capitão Jason Stumpf "na alegria e na tristeza, na riqueza e na pobreza, na saúde e na doença, até que a morte os separasse". Uma festa animada seguiu-se à cerimônia e durou até as primeiras horas da manhã. Ali estava ela, em "lua de mel" no meio de um bando de soldados a caminho da guerra. Ashley sonhara em dar uma escapada para a Jamaica com o marido, mas os dois já haviam adiado uma vez a viagem por causa da ida dele ao Afeganistão e, então, pela segunda vez, por causa da ida dela. Assim que ela voltasse da guerra, eles iriam ao Caribe, sem mais adiamentos.

Depois disso, o instrutor partiu para o trabalho, explicando que aquela sala do Bank Hall seria a casa das CSTs durante as próximas seis semanas. O dia começaria às 6h30 na academia e terminaria às 15 horas. O primeiro curso se referiria à "dinâmica humana", o que incluía assuntos como "comunicação entre culturas", cultura e língua afegãs, o papel das mulheres na história do Afeganistão e vida rural *versus* vida urbana. Em seguida: treinamento em negociação e mediação, táticas de interrogação e busca e estratégias mentais para ajudar a lidar com estresse de combate. Haveria avaliações psicológicas e de colegas, culminando com um exercício para encerrar a sessão. Ao fim de sua apresentação, o treinador lembrou às CSTs – quase reconsiderando – que chegar até ali não significava que elas estavam no programa. A qualquer momento poderiam ser solicitadas a ir embora se os instrutores decidissem que não estavam à altura.

De novo é como o primeiro dia de aula na escola, pensou Lane consigo mesma. Mas, depois dos últimos dois meses de preparação, ela estava pronta para qualquer coisa. Vamos lá, disse para si mesma, abrindo o caderno de anotações.

O instrutor, em seguida, apresentou uma descrição de "Arsof", a labiríntica e misteriosa palavra usada para as tropas de combate de elite formalmente conhecidas como Forças de Operações Especiais do Exército. As mulheres estavam prestes a se tornar facilitadoras de algumas das equipes mais audazes e sofisticadas das forças americanas. Ao fim do curso, prosseguiu o professor explicando, elas seriam solicitadas a escolher entre as Forças Especiais – os Green Berets e suas Operações de Estabilidade em Vilas – e o Regimento Ranger – os soldados de ações diretas. No fim, os instrutores do curso fariam uma última chamada para suas designações, mas parte do processo de treinamento da CST era entender a diferença entre as forças de operações especiais e o papel da CST no apoio.

– VSOs – disse o treinador, sua voz atravessando as fileiras de escrivaninhas cinza impecavelmente arrumadas – são operações de estabilidade em vilas. São a peça central de nossa estratégia de contrainsurgência.

A contrainsurgência (Coin) era a principal característica das forças americanas sob o comando do general McChystal e continuou a fazer parte da estratégia dos Estados Unidos depois que ele saiu, em 2010. Embora a praticabilidade da contrainsurgência tenha sido questionada tanto publicamente quanto em círculos militares no verão de 2011, quando as CSTs estavam se preparando para suas primeiras missões, grande parte da estratégia da Coin continuou em vigor ao lado da estratégia de contraterrorismo, ou CT, que exigia encontrar os insurgentes nos lugares onde viviam. Estes, é claro, eram os lugares para onde as CSTs seriam enviadas: as vilas e os complexos.

O professor prosseguiu explicando que as missões VSO foram criadas para promover a estabilidade em áreas rurais estrategicamente críticas – geralmente remotas e hostis – que os insurgentes haviam passado a dominar. Essas operações se direcionavam no "centro de gravidade": a população local. Os Green Berets, que conduziam as missões VSOs, viviam entre afegãos e se especializavam em entender o terreno político e de segurança local para fortalecer o trabalho de líderes da comunidade. Para isso, associavam-se aos idosos das vilas, a fim de lhes dar os recursos necessários para oferecerem projetos de trabalho em troca de dinheiro, sessões de treinamento agrícola e serviços médicos. E equipavam e treinavam homens para formarem equipes de polícia locais, a fim de proteger a vila de ataques de insurgentes. Quando a segurança, a governança local e a estabilidade melhorassem, dizia a teoria da contrainsurgência, os cidadãos de uma comunidade ficariam mais conectados entre si e com seu governo e, portanto, menos propensos a apoiar a insurgência.

Os Green Berets são conhecidos há muito tempo como "soldados diplomatas", já que grande parte de seu trabalho exige habilidades de língua e uma compreensão cultural da zona de guerra em que lutam. Mas recebem também um treinamento intensivo em ação direta e habilidades de combate, ganhando apelidos como "comedores de cobra" e "bastardos barbudos". A maioria das CSTs acabaria nessas equipes de estabilidade em vilas, onde seu trabalho consistiria em conhecer e conversar com mulheres locais de maneiras que os homens não podiam por causa das tradições culturais que separam os gêneros. As soldados ajudariam as Forças Especiais para que entendessem melhor a dinâmica do poder e da política locais e as necessidades da comunidade enquanto buscassem conquistar "corações e mentes".

Mas um pequeno número de mulheres iria para o outro lado das forças especiais do Exército e se juntaria ao 75º Regimento Ranger em sua função de ação direta. Os Rangers se centram exclusivamente na parte "limpar" dos princípios "limpar, manter, construir" da contrainsurgência – uma abreviação popularizada inicialmente num testemunho ao Congresso da então secretária de Estado Condoleezza Rice. Eles não são responsáveis por cortejar e conquistar líderes locais; seu trabalho é remover de áreas disputadas os homens que apoiam a insurgência e ameaçam a população civil. As CSTs que trabalhariam com os Rangers seriam responsáveis por construir relações cruciais com mulheres locais, que revelariam as informações necessárias para ajudar a capturar insurgentes. Esse trabalho seria feito dentro da casa das mulheres afegãs e aconteceria em meio às incursões noturnas destinadas a capturar fabricantes de armas, combatentes, organizadores, financiadores e líderes da insurgência com os quais as mulheres viviam como mães, esposas, irmãs, filhas e avós. A ideia por trás das missões era enfraquecer a insurgência e dar aos trabalhos de "manter e construir" das Forças Armadas — os aspectos menos "cinéticos" da guerra — uma chance de êxito por meio da criação de espaço para conquistar populações locais através do fortalecimento de serviços locais e da redução das ameaças à segurança. Os homens do Regimento Ranger eram mobilizados continuamente desde o 11 de Setembro e saíam toda noite nessas operações, assim como faziam outros soldados de operações especiais. Com o passar dos anos, essas incursões haviam se tornado cada vez mais impopulares junto ao governo afegão a seu povo. Mesmo aqueles que eram favoráveis às incursões, considerando-as uma ferramenta crítica para extirpar os insurgentes mais intransigentes e perigosos, temiam que as incursões tivessem o potencial de criar mais terroristas, em vez de erradicá-los. Grande parte do papel da CST, portanto, era ser culturalmente sensível a esse momento delicado e altamente imprevisível da batalha, além de ser assertivo e pensar rápido o bastante para encontrar as informações necessárias no meio desse tipo de batalha muito dinâmico e imprevisível.

Esperava-se que cada estudante mantivesse um diário e o levasse para a aula todo dia para fazer anotações sobre suas respostas a atividades do curso, leituras e discussões. O diário receberia uma nota no fim. Treinadores ofereceriam uma lista recomendada de títulos populares, como *Metade do céu*, de Nicholas Kristof e Sheryl WuDunn; *Cabul no inverno*, de Ann Jones; *A terceira xícara de chá*, de Greg Mortenson, e o romance best-seller de Khaled Hosseini, *A Thousand Splendid Suns*.

No início do curso, as CSTs receberam um treinamento em pachto, uma das duas línguas nativas do Afeganistão (a outra é o dari). O pachto seria a que ouviriam com mais frequência em suas missões. É claro que elas recorreriam a intérpretes para se comunicarem com as mulheres afegãs, mas poder dizer algumas palavras básicas seria uma demonstração rápida e forte de boa vontade e respeito. Então, elas aprenderam a dizer "salaam aleikum", o tradicional cumprimento de paz, bem como os equivalentes em pachto de "meu nome é" – *zamaa num*; "por favor" – *mehrabani*; "como vai você" – *tsenga yast*; "obrigado" – *manana*; e "mulher" – *shedza*. Um professor americano-afegão ofereceu às mulheres um manual sobre o código pachtunwali e um catálogo de comportamentos inaceitáveis:

- Não coma em público durante o Ramadá.
- Não agite ou apresse um afegão.
- Não ria alto em público.
- Não balance ou aponte o dedo.

À medida que o curso avançou, uma das estudantes começou a colecionar suas citações favoritas em seu caderno de anotações. Uma delas caracterizava o próprio novíssimo programa da CST: "É como construir um avião em pleno voo."

O programa de treinamento para as mulheres facilitadoras não chegava nem perto da preparação formal dos homens das Forças Especiais ou do Regimento Ranger. Tornar-se um especialista em operações especiais e guerra não convencional exige um treinamento extremo e extenso: para os Green Berets, alguma coisa entre 18 e 36 meses, e para membros da força de ataque de elite do regimento, pouco menos de um ano. Após esse demorado processo de preparação e seleção, apenas aproximadamente um em cada quatro candidatos é aprovado. Mas a realidade é que os Estados Unidos estavam lutando uma guerra longa, custosa e impopular no Afeganistão e líderes como o almirante McRaven queriam encontrar qualquer vantagem, qualquer ferramenta útil que pudessem para melhorar as perspectivas daquela luta. Comandantes estavam impacientes para contar com as habilidades que os soldados femininos poderiam oferecer e queriam as mulheres lá fora fazendo *logo* seu trabalho.

Todas as CSTs tinham consciência de que seu protocolo de treinamento era uma obra em progresso e atribuíam isso ao fato de ser um programa novo. À parte o treinamento da língua e a educação cultural básica, grande parte do trabalho do curso pareceu a uma das CSTs "um bocado de estudos em livros para pessoas que estavam a caminho da guerra". Claire Russo, que desde o início participara da formulação do programa, expressou num memorando suas preocupações sobre como o programa de treinamento favorecia "aulas de cultura" em detrimento daquelas que ensinavam "habilidades difíceis, como táticas de interrogação, engajamento e movimentos táticos básicos". Russo sabia que a cultura varia significativamente "de vila para vila, de vale para vale e de província para província" e queria que as mulheres tivessem um amplo conhecimento geral. Contudo, queria que elas fossem treinadas também para defender suas vidas e proteger suas companheiras de equipe. "É crucial que as estudantes saiam das aulas da CST com o conjunto de habilidades que precisam para executar a missão e para sobreviver enquanto fazem isso", escrevera ela.

Mas não era apenas para a comunidade afegã que as mulheres precisavam se preparar; elas também tinham que conquistar a aceitação dos homens americanos com os quais estariam servindo. Desde o início, os instrutores deixaram claro que as CSTs estariam enfrentando sua própria versão feminina de fogo amigo quando fossem enviadas, em agosto. Muitos soldados que apoiariam não desejariam ter nada a ver com elas, advertiram. Os treinadores deram a mensagem em casa: "Eles vão odiar vocês e vocês terão que estar preparadas para isso." Não era apenas o fato de que elas teriam que "vender" sua capacidade, como cada facilitador fazia, para um corpo de veteranos testados em batalhas, alguns agora em sua décima ou décima primeira guerra em um número quase igual de anos. Como uma parcela constantemente crescente de responsabilidade pela luta no Afeganistão, no Iraque e em outros redutos de terrorismo no mundo recaía sobre seus ombros, as Forças de Operações Especiais tinham então a seu alcance quase todo tipo de armamento e apoio de inteligência possível. A captura dramática, um mês antes, de Osama bin Laden, realizada por uma equipe de Seals da Marinha, só fizera aumentar a fascinação com as forças de operações especiais na imaginação americana e a impressão de que poderiam executar qualquer missão que as Forças Armadas convencionais e os líderes em Washington jogassem em seu caminho, não importando o quanto suas chances fossem difíceis. As CSTs eram apenas o mais novo grupo entre muitos "facilitadores" que serviam numa função de apoio a esses combatentes; havia especialistas em remoção de material bélico explosivo, operações de apoio de informação, em meteorologia e em comunicação, para citar apenas alguns.

Mas as CSTs tinham uma grande diferença: seu gênero, que as tornava altamente suspeitas e visíveis. Um dos objetivos do curso de treinamento era preparar as mulheres para a campanha para conquistar corações e mentes quando chegassem ao Afeganistão. Os instrutores imaginaram uma série de cenários de desempenho de funções que as punham em situações que elas poderiam encontrar no teatro de guerra.

Num exercício, foram solicitadas a informar a um líder das Forças Especiais sobre as vantagens e contribuições que a CST traria para sua missão. A ideia era deixar as mulheres confortáveis para explicar seu trabalho e ajudá-las a desenvolver uma estratégia para a assimilação de suas novas equipes.

– Quem quer ser uma voluntária para esse? – perguntou o instrutor.

Amber levantou a mão.

Ela caminhou até a frente da sala e estendeu a mão para o soldado das Forças Especiais que interpretava um relutante líder de equipe que estava ali para testar sua determinação. Ele tinha cabelo grisalho, olhos claros e parecia alguns anos mais velho do que Amber.

— Pode falar — disse ele, num tom nada convidativo. Amber se sentou a uma mesinha diante da turma.

— Considerando o atual clima político no Afeganistão e o desejo de respeitar a cultura afegã, a capacidade da CST pode ser uma ajuda real — começou a ela. — Nesse momento, o senhor não consegue ter acesso a cinquenta por cento da população, portanto não pode ter um quadro bem definido sobre o que está acontecendo na comunidade. Também não está obtendo informações que poderia ter no lado da inteligência.

O soldado permanecia sentado e com o rosto inexpressivo. Parecia entediado.

Ela inspirou, recarregou-se internamente e continuou:

— Eu sei que a inteligência e o conhecimento local são críticos para a missão das Forças Especiais e realmente ajudaremos a fazer diferença lá porque podemos conversar com mulheres e crianças e, ao mesmo tempo, sermos respeitosas com a cultura afegã. Podemos ajudar vocês a saber mais sobre o que está acontecendo na área, bem como sobre os desafios que as famílias locais estão enfrentando e o tipo de serviço de que mais precisam. Também trago do treinamento em Monterey o conhecimento da língua persa, que é parecida com o dari; portanto, posso atuar como intérprete junto a populações que falam dari sem utilizar nenhum de seus recursos de intérprete.

Ela esperou uma resposta, mas o soldado estava inabalável. Ele deixou alguns instantes desconfortáveis passarem e em seguida perguntou:

— Por que eu deveria lhe dar recursos de que precisamos para nós mesmos? Você não está trazendo nada para a mesa que não possamos fazer sem você; então, por que deveríamos apoiá-la nessa missão?

Amber sabia que ele estava ali para testá-la; era o objetivo do exercício. Ela prometera a si mesma que se manteria calma, não importasse a provocação. Mas nada que dizia estava adiantando e seu parceiro de cena dava a impressão de que não tinha absolutamente nenhum interesse no que tinha a dizer, já que conhecia o mundo das Forças Especiais muito melhor do que ela. A atitude dele era irritante e Amber podia sentir seu sangue ficando mais quente.

Ela tentou novamente.

— Nós estamos aqui para apoiar o trabalho importante que vocês estão fazendo e queremos favorecer a missão – disse ela. – Achamos que será útil falar com as mulheres e ajudar vocês a ter uma visão sobre o que elas veem, fazem e sabem.

Nada.

Então, finalmente, ele disse:

— Não sei bem por que vocês estão aqui. Não precisamos disso. O que eu preciso é que cada posição preciosa que tenho em minha equipe vá para pessoas que sejam cruciais para a missão. Isso aí parece muito trabalho para muito pouco benefício. E, além disso, vamos acabar tendo que cuidar de você. Você acha que pode sair conosco? Você não vai conseguir nem nos acompanhar lá fora. Vamos começar a marchar e você vai sair da formação e, então, *nós* seremos aqueles que terão que deixar a missão de lado para cuidar de *você*.

Amber sentia a raiva subindo em seu estômago. "Mantenha a calma", aconselhou a si mesma. *Não a perca, você sabe que é exatamente o que eles esperam que aconteça.*

— Como está seu nível de preparo físico? – perguntou ele, quase a insultando.

— Eu corri uma maratona há seis meses – retrucou ela. – Posso correr um quilômetro e meio em menos de seis minutos. Faço CrossFit todo dia, às vezes duas vezes por dia. O preparo físico é fundamental para servir em operações especiais e levo isso muito a sério.

Ela ouvia sua própria voz aumentando e lutava para controlá-la.

— Olha, as mulheres têm uma constituição física diferente dos homens. Isso é um simples fato. Você vai ser apenas uma responsabilidade – concluiu ele.

Pronto. Amber ouviu a palavra *responsabilidade* e foi como se um botão tivesse sido apertado em sua mente e despertado um vulcão de frustração que ela já não podia conter. Desde que ingressara no Exército, mais de uma década antes, os homens soltavam essa palavra ligando-a a soldados femininos, não obstante elas fossem, na verdade, competentes e preparadas fisicamente. Como muitas de suas colegas, ela passara a detestar essas suposições. Mas para Amber isso ia além de um simples ressentimento.

Quando era uma soldado de primeira classe de 19 anos trabalhando como analista de inteligência na Bósnia, ela tentara em diversas ocasiões convencer os caras das operações especiais a levá-la em suas missões para capturar homens indiciados por crimes de guerra. "Eu levo um intérprete comigo", dizia, "e podemos falar com as mulheres e ajudar vocês a encontrar os caras." Basicamente, Amber tentava improvisar sua própria versão de Equipe de Apoio Cultural anos antes de ser oficialmente criada. Os soldados, homens maduros e inteligentes de trinta e poucos anos, ouviam suas súplicas pacientemente, mas explicavam que ela "seria apenas uma responsabilidade" para o trabalho deles. E Amber sabia o que eles queriam dizer. Não era nada pessoal; a verdade é que ela simplesmente *não era* forte o bastante para estar lá. Isso foi um alerta para ela, e aquelas palavras – "você será apenas uma responsabilidade – tornaram-se seu motivador. A partir daquela viagem ela passou a se dedicar a ficar mais forte, mais rápida e mais resistente do que a maioria dos homens de seu tamanho e idade. Sabia que tinha que ser melhor do que eles para ser levada a sério e passara os últimos dez anos fortalecendo seu corpo e sua mente, a fim de estar pronta para qualquer desafio capaz de levá-la à luta.

Ter feito aquilo tudo e *ainda* ouvir que era uma responsabilidade nesse programa novinho em folha era demais. Sua frustração transbordou.

– Você não me conhece – respondeu ela, de início calma, mas a voz crescendo. – Você não sabe do que eu sou fisicamente capaz.

Por uma fração de segundo, ela considerou parar ali e calar a boca antes de se meter realmente em problemas, mas continuou:

— Eu garanto a você que posso superá-lo num teste de treinamento físico.

Então, ela estava se inclinando para a frente na cadeira, se aproximando da cara dele.

— Garanto, a não ser que você faça três quilômetros em onze minutos, que posso correr mais rápido do que você. E posso garantir, a não ser que você possa fazer cem flexões de braços em dois minutos, que posso fazer mais flexões.

O soldado a encarou de volta. A CST estava fazendo exatamente o que ele esperava.

— *E mais*, aposto que posso fazer mais abdominais do que você — acrescentou Amber.

Kate, assistindo a algumas fileiras de distância, congelou em seu assento. Tinha a impressão de estar vendo um carro arremetendo contra um muro de tijolos bem diante de seus olhos, mas em câmera lenta. Parte dela sentia que Amber deveria fechar o bico, mas outra parte estava grata e aliviada por alguém, finalmente, decidir impedir que falassem toda aquela bobagem. Estava cansada de lamentar ser uma patriota bem preparada fisicamente, faminta por batalha, que queria servir ao seu país. Que se danasse o fato de ser mulher! E agora, parada diante da turma inteira, Amber estava falando por todas elas. Podia não ser uma atuação elegante, mas com toda certeza estava satisfazendo.

Todas as habituais conversas paralelas haviam parado. A sala estava em silêncio. Por meio segundo, Kate se perguntou se o Green Beret aceitaria o desafio e derrubaria Amber no chão com seu punho.

— Não, não, não, *de jeito nenhum* você consegue fazer tantas flexões. Vocês, garotas, nem precisam fazer tudo isso na versão feminina do teste de treinamento físico – disse ele. – Vamos lá. Seja realista.

— Ah, sim, eu posso – rebateu Amber. – Podemos sair agora para um teste de treinamento físico. Vamos.

Ela se levantou e empurrou a cadeira para longe da mesinha, os pés da mesa raspando o chão de ladrilhos. Sabia que estava fazendo *justo* o que não devia, mas não conseguia parar. Se alguém está lhe provocando, dizendo que você não consegue fazer alguma coisa, e você *sabe* que consegue, como pode ficar sentado ali cuspindo palavras se pode fazer com que suas ações provem que está correto?

Ela o encarou e em seguida apontou para o chão.

– Vamos, agora. Vamos fazer flexões aqui.

Amber gritou para a turma:

– Alguém me arruma um cronômetro, vamos fazer flexões de braços!

O Green Beret a encarou de volta sem acreditar.

– Isso é totalmente ridículo, não vou fazer flexões aqui no meio da sala. Você está saindo da linha, soldado.

– Está bem – reagiu Amber. – Mas vamos deixar claro que é *você* quem está dizendo não.

O Green Beret não fez nada além de lançar um cáustico olhar de repulsa e, por fim, os instrutores intervieram.

– Está bem – anunciou uma treinadora num tom mais suave do que aquele que se ouvira nos últimos dez minutos. – Por que vocês não se sentam e continuam?

O momento se prolongou em todo o seu embaraçoso silêncio enquanto Amber voltava para sua cadeira.

– Temos outra voluntária? – perguntou a professora.

Quando Amber se sentou quieta, remoendo-se de raiva e constrangimento, Lane lhe passou um bilhete.

"Muito bem", dizia. "Isso foi por todas nós."

O sentimento era compartilhado por todas, é claro. Sarah, a oficial de polícia do Exército que servira na Europa e abandonara o sonho de se tornar médica lá para poder ficar mais perto da batalha, entendia as frustrações de Amber, mas achava que ela deveria ter sido mais diplomática. Humildade e tato, e não táticas de durona, teriam êxito; ser agressiva com esses caras só os afastaria ainda mais.

Mesmo que algumas discordassem da tática de Amber, elas sabiam como era mergulhar em frustração quando outras pessoas punham limites a você. Na verdade, o desejo de romper esses limites era, antes de tudo, o motivo pelo qual a maioria delas se apresentara para a avaliação e seleção.

Mais tarde, durante um intervalo para beber água no campo de tiro, onde as mulheres estavam praticando com suas Berettas M9, algumas companheiras de equipe de Amber e seus treinadores procuraram um lugar com sombra para se protegerem do sol de verão da Carolina do Norte. Foi quando uma mulher mais velha que elas haviam conhecido mais cedo no curso se aproximou do grupo de CSTs suadas.

— Eu só quero que vocês saibam o quanto estamos orgulhosos de vocês – disse a mulher. – Na minha opinião, vocês merecem uma Boina Verde e serão as primeiras garotas a ter uma.

Amber estava constrangida demais até para olhar para seus treinadores.

— É por isso que eles não querem mulheres aqui. Esses caras passam *anos* sendo treinados para se tornarem Green Berets, eles testam a si mesmos fisicamente, mentalmente e o que mais puderem, e alguém acha que algumas semanas de treinamento são algum tipo de equivalente? Que merecemos alguma coisa próxima dos louvores que esses caras recebem? Nesse momento, nós não passamos de marinheiros de primeira viagem. Não chegamos nem *perto* do que eles fazem.

E essa era a dificuldade. Amber queria ver as operações especiais abertas para as mulheres e acreditava que todas elas deveriam ter a oportunidade de ir para a Escola Ranger, mas só se não houvesse nenhum atalho, nenhuma facilitação de nenhuma exigência, os mesmos padrões para todos. E todos teriam a chance de atender aos padrões.

A Guerra de Ashley

O mês do treinamento acelerado passou e, no início de julho, depois de quatro semanas de aulas, a hora da decisão estava se aproximando. A escolha era, em essência, entre o trabalho paciente, persistente e criativo de construir relações – o lado estabilidade-das-vilas das Forças Especiais – e a tarefa agressiva, em ritmo veloz, fisicamente intensa e potencialmente bem mais perigosa de estar lá quando as portas fossem arrombadas – o lado do Regimento Ranger.

A essa altura, quase todas elas sabiam instintivamente qual "lado da casa" queriam. A maioria se inclinava para as Forças Especiais, mas não todas.

As personalidades mais agressivas e extrovertidas, como Cassie, sentiam que pertenciam ao Regimento Ranger. Ela sabia que seria inspirada, e não intimidada, por aqueles soldados, e tinha confiança de que seria capaz de segurar a barra com eles em campo. Desde aquela infame encenação de papéis, todo mundo supunha – corretamente – que Amber queria ir nessa direção também. Lane era outra que estava curiosa com o lado da ação direta.

Todas elas sabiam que os Rangers tendiam a ser bem mais jovens do que os Green Berets e, consequentemente, às vezes, menos maduros. Os Rangers também tinham uma identidade forte; todos os cerca de três mil homens do 75º Regimento Ranger usavam uma boina de cor castanha. As mulheres teriam que mostrar que podiam se encaixar nesses caras que viviam para a guerra. O preparo físico também era crucial. Os Rangers marchavam em direção a seus alvos com alguma coisa entre 22 e 31 quilos de equipamentos nas costas, geralmente na calada da noite, quilômetros sem fim e quase sempre em terreno traiçoeiro. Um passo em falso sério ou uma dificuldade de acompanhá-los poderia custar literalmente a vida – a própria vida ou, o que ainda era pior em suas mentes, a de um companheiro. As únicas mulheres que os Rangers estavam dispostos a considerar levar com eles eram soldados cujo preparo físico estivera acima da média nos testes e que se mostravam capazes de manter o passo e permanecer em formação. Eles também precisavam de mulheres agressivas para querer sair em incursões noturnas, mas amáveis para se conectarem com mulheres e crianças afegãs durante alguns dos momentos mais difíceis de suas vidas. E tinham que ser maduras para entender que, embora estivessem ali para ajudar, sua missão não era disputar uma eleição nem abrir um centro feminino. Seu trabalho era ser o lado mais suave do lado mais duro da guerra.

Perto do fim do curso, representantes dos dois tipos de missão se reuniram com as CSTs para instruí-las. O representante do Regimento Ranger exibiu um excelente vídeo gravado das imagens verdes dos óculos de visão noturna que ilustrava as incursões de ação direta nas quais eles eram especializados.

— Estamos procurando os soldados que mais se destacam — anunciou o sargento-major — e queremos que vocês venham trabalhar conosco. Precisamos das melhores pessoas que pudermos conseguir.

Ele era um cara corpulento, cheio de energia. Em pé diante da turma, começou a delinear as características que estavam buscando.

— Estamos *realmente* animados por ter vocês nessa missão — disse — porque vocês vão a lugares onde não podemos ir e falam com pessoas com as quais não podemos falar. Vocês vão contribuir imensamente e precisamos que façam o trabalho. Estejam certas de que, se o lugar de vocês for conosco, nós as encontraremos.

Sentada a uma escrivaninha a algumas fileiras de distância do líder Ranger, Tristan mal podia acreditar no que estava ouvindo. "Ai, meu Deus, vamos ser recrutadas", pensou. O Ranger fortão estava apresentando o argumento de Amber de que elas realmente tinham algo a contribuir para a missão, com a ajuda de multimídia de alta tecnologia, para mostrar a elas a intensidade — e a onda de adrenalina — da luta da qual participariam.

Tristan sabia que o lugar delas era com os fodões dos Rangers. Meses antes, ela recusara um trabalho para treinar mulheres em sua base em Fort Sill porque não viu nenhum motivo pelo qual seria melhor nisso do que qualquer homem. Ela não era um soldado, era um soldado que por acaso era mulher, e tudo o que queria era estar num trabalho – e num lugar – que tivesse importância para a missão. E isso *não* era treinar mulheres, era estar com os Rangers perseguindo insurgentes nas colinas do Afeganistão.

O coração de Kate, sua colega em West Point, estava batendo forte durante a oferta de recrutamento porque, no fundo, ela sabia que aquele vídeo irado era a cara dela. Kate adorava táticas, adorava lutar e queria vestir o uniforme e pegar terroristas. Chegara a sonhar naquela noite, no verde da visão noturna, que usava seu corpo pequeno como vantagem para os Rangers, passando por um túnel para chegar a um alvo e pegar um bandido.

Kimberly, a policial militar, só pensava numa coisa depois de assistir ao vídeo.

"Eu quero fazer isso *agora*." Ela, assim como algumas outras, estava obcecada.

Finalmente, chegou o dia em que elas souberam qual seria sua designação e houve poucas surpresas. Entre aquelas aprovadas para os Rangers estavam Leda Reston, Tristan Marsden, Sarah Walden, Amber Treadmont, Kate Raimann, Lane Mason, Anne Jeremy, Kimberly Blake e Ashley White.

Quando ouviu seu nome seguido das palavras "Regimento Ranger", Ashley, de início, ficou surpresa, em seguida teve um forte sentimento de satisfação e, depois, apreensão. Ela queria aquele desafio e até confidenciara a Kristen, companheira de equipe, que esperava conseguir a designação, embora ainda tivesse preocupações com sua capacidade de se encaixar. Minutos depois do anúncio, a nova equipe – o primeiro grupo totalmente feminino do Exército a se juntar oficialmente ao Regimento Ranger para missões e combates todas as noites como facilitadoras – foi até uma mesa de piquenique do lado de fora do Bank Hall para discutir os detalhes do treinamento pré-

-missão com Leda, sua nova oficial encarregada. Do grupo original de sessenta, havia agora apenas vinte. "As alfas das alfas", alguém brincou.

Havia mais um desafio para Ashley enfrentar após os dois meses do treinamento de avaliação e seleção que a assustava. Tinha que dar a notícia a Jason.

Quando Ashley chegou em casa, Jason já estava na sala a esperando. Ele recebera sua mensagem de texto sobre o Regimento Ranger, mas, quando ela entrou pela porta com uma companheira da CST e anunciou que um grupo designado para o Regimento estava indo ao Mash House jantar, ele soube que a longa conversa teria que esperar. A euforia de Ashley facilitou a ele guardar as perguntas – por hora. Ela estava tão feliz e animada; ele se sentiu dividido entre um extremo sentimento de orgulho pela esposa fodona e a intensa preocupação com aquilo no qual ela estava se metendo.

No jantar daquela noite, Jason era novamente o único homem sentado a uma mesa comprida com mais de uma dúzia de soldados femininos saradas. Sentado a uma ponta da mesa, ao lado de Ashley, ele se pegou observando-a intensamente. Algo estava diferente e, apesar de sua ansiedade com os motivos por trás do jantar, ele estava sentindo um orgulho profundo. Lá estava ela, sua esposa normalmente reservada e quieta, com um grupo de mulheres que nem conhecia até dois meses atrás, e ela estava no centro da conversa, intervindo em histórias das outras mulheres e fazendo piadas com elas. Ele estava surpreso com o modo como ela se sentia confortável com suas novas companheiras de equipe. E com sua popularidade. Ouviu de muitas delas histórias sobre o desempenho de Ashley nos meses anteriores: como ela tentara ajudar outras garotas a aprender a descer rápido por uma corda na academia, como sua pontuação no treinamento físico impressionara os treinadores, que poucas vezes haviam visto uma mulher com uma pontuação tão alta na escala dos homens. E não eram só suas proezas físicas que as inspiravam, mas também sua generosidade. Garotas contaram histórias sobre seus biscoitos e sanduíches, sobre as meias e os calçados que Ashley emprestou sem que elas precisassem sequer pedir. Ele percebeu que essa coisa de CST estava se revelando uma espécie de irmandade. Era algo que nunca imaginara que mulheres poderiam ter nas Forças Armadas, que dirá com a participação de sua própria esposa.

Por fim, o casal se viu sozinho, indo para casa na Chevy, camionete de Jason, e o assunto que eles haviam deixado de lado voltou rugindo:

— Então, como você está se sentindo com tudo isso? — perguntou Ashley.

Jason hesitou, escolheu as palavras com cuidado e calibrou seu tom, num esforço para disfarçar seus verdadeiros sentimentos:

— Eu não sei, Ash, esses caras pegam pesado. Eu adoro os Rangers e admiro muito o que eles fazem. Você sabe que eu queria ir para a Escola Ranger. Mas é pauleira para eles. Eles não são contratados para dar abraços e serem "culturalmente sensíveis". Esses caras são animais quando estão em campo. É para isso que são treinados.

— Eu sei — respondeu Ashley —, mas esses caras têm um plano para nós; eles realmente nos querem lá e acham que podemos fazer diferença.

Quanto mais ela falava, mais certo ele estava de que ela não entendia completamente onde estava se metendo. Jason sentiu sua ansiedade aumentando. Então, eles já haviam chegado em casa e saltado da camionete, mas não haviam nem passado da entrada para a sala de estar quando a conversa ficou quente e irada.

— Ash, esses caras vão à procura de luta — disse Jason. — É assim que ganham a vida. Você entende? Esse é o trabalho deles. A contagem de corpos é alta... quando eu estava em Camp Salerno, via a bandeira deles a meio mastro o tempo todo porque os caras estavam sendo mortos. Você não precisa estar lá para isso.

Depois, Jason estava andando pela sala.

— O que aconteceu com a coisa humanitária? Quando você decidiu que essa coisa da ação direta era o que você queria fazer? Isso não parece certo.

Agora era a vez dela de ceder à raiva.

— *Você* é aquele que sempre me disse que eu posso fazer qualquer coisa – disse ela. – Isso era apenas se fosse para um trabalho que você aprovasse? Por que você, entre *todas as pessoas*, quer me impedir agora? Eu tinha acabado de terminar a escola quando você foi enviado. Eu nunca lhe disse para não ir ao Afeganistão, embora tenha ficado aqui sozinha nesta casa durante um ano e nunca tenha reclamado com você. Agora que eu quero cumprir *meu* dever e ter minha ação em campo de batalha, você diz que *é perigoso demais*?

— Você está sendo egoísta, Jason – disse ela. Ela não estava exatamente gritando, mas sua voz estava mais alta e mais cheia de mágoa. – E você sabe disso.

Jason conteve a vontade de dar um murro na parede da sala. Sentiu-se ainda pior quando viu as lágrimas de Ashley começando a cair.

Ela passou correndo por sua coleção de Minnies, entrou no quarto e bateu a porta.

Ali, sozinho no sofá, ele tentou se acalmar. Olhava para o relógio enquanto as horas passavam e a noite também. Nunca antes, durante todos os anos de namoro ou no pouco tempo de seu casamento muito feliz, eles haviam dormido em quartos separados.

Assim que o sol começou a nascer, ele telefonou para seu pai, em Pittsburgh. Não contou todos os detalhes, mas explicou que Ashley queria ser enviada para algum tipo de missão especial, o que o estava deixando excessivamente nervoso. Seu pai, que dirigia o negócio de mercearia da família, sempre fora seu modelo. Estava passando por um momento difícil também, depois de dar entrada nos procedimentos para se divorciar de sua mãe. Isso não surpreendera Jason – o casamento deles era um desafio há algum tempo –, mas o entristecera e, ultimamente, ele vinha pensando bastante no amor duradouro e em como mantê-lo.

— Jason, isso é algo que você realmente não quer fazer – respondeu, por fim, Ralph Stumpf. – Você não quer impedir sua esposa. Confie em mim nisso. Se fizer isso, se impedir uma pessoa, ela acaba alimentando um rancor. Deixe Ashley ser o que é, quem ela quer ser, e apoie, assim como ela o apoiou, mesmo naqueles tempos difíceis em que teve medo de que algo lhe acontecesse quando você estava no Afeganistão.

– Olha – continuou ele –, eu nunca tive a experiência de uma guerra, você sabe muito mais sobre isso do que eu. Mas você quer que daqui a cinquenta anos Ashley olhe para seus filhos e netos e sinta que perdeu uma das oportunidades mais importantes que poderia ter tido porque você não quis que ela fosse? Você quer mesmo correr o risco de que ela possa ter esse sentimento de arrependimento, perguntando-se como teriam sido as coisas se tivesse tido essa experiência? Todo mundo diz "nada de arrependimentos", mas *todo mundo* se arrepende, e, se ela desistir disso por você, sempre que olhar sua vida para trás estará faltando alguma coisa. E esse programa será sempre o "se pelo menos".

– Ouça, pai – disse Jason, sabendo que não podia contestar o bom senso do argumento de seu pai nem a profunda experiência pessoal da qual provinha. Mas ele ainda não estava disposto a ceder. – Eis o "se". Se ela não fizer esse programa, ainda estará aqui. Começamos uma família. Seguimos adiante com nossas vidas.

– Espere aí, Jason – respondeu seu pai. – Vocês se amam tanto, isso é óbvio. Vocês terão décadas juntos e os filhos e netos virão. Você terá uma esposa feliz e uma vida feliz, como diz o ditado. Você verá. Tudo isso virá com o tempo.

Jason desligou o telefone, vestiu a roupa de corrida, abriu a porta da frente e desceu a rua. Sabia em seu coração que ela tinha que ir, quer ele quisesse ou não, e mesmo que estivesse certo.

Quando voltou, ela ainda estava no quarto com a porta fechada.

– Ash – disse ele, entrando no quarto –, olha, sinto muito, eu sei que estava sendo egoísta. Eu não farei você escolher, é só que...

Ela o interrompeu.

– Ouça – disse ela, sentando-se na cama com cara de quem também não havia dormido. – Sei que você sabe muito mais sobre tudo isso do que eu. Sei que você disparou artilharia com esses caras e os conhece e sabe o que eles fazem. E, se você quer que eu pare o programa, vou lá segunda-feira e digo a eles que estou fora. É isso. Nunca mais vou falar sobre isso. Prometo. Eu amo e respeito muito você a esse ponto.

– Não. – Jason balançou a cabeça. – Eu pensei nisso a noite inteira e conversei com meu pai de manhã cedo. Não se trata do que eu penso. Você quer trabalhar com esses caras, isso é quem *você* é. Você conseguiu essa chance. E sei que se fosse eu indo trabalhar com o Regimento Ranger você me apoiaria. Eu não gosto disso, você sabe, mas você tem meu apoio incondicional.

Ashley lhe ofereceu um sorriso de orelha a orelha.

– Só me prometa que você terá cuidado e não tentará ser uma heroína. Que você não correrá mais riscos do que tiver que correr.

– Eu prometo – disse ela. – Eu prometo.

Ele rezou para que ela conseguisse manter essa promessa.

7

Diamantes entre Diamantes

★ ★ ★

— Está bem, soldados, parem com essa agitação! – gritou o sargento Scottie Marks. As vinte soldados das CSTs aprovadas para o Regimento Ranger estavam circulando pelas mesas da sala de aula na instalação de treinamento usada pelo Comando Conjunto de Operações Especiais.

— Sentem-se, e rápido!

Ele mexeu num interruptor, e uma tela desceu do teto se desenrolando. A sala ficou em silêncio e um vídeo granulado começou. Figuras se moviam por um campo escuro na neblina verde dos óculos de visão noturna. Um grupo de Rangers estava no meio de uma missão para capturar um insurgente numa vila afegã.

— Isso é o que vocês farão – disse ele às mulheres. – Noite após noite. E é para isso que serão os próximos oito dias: preparar vocês para essas missões.

As CSTs olhavam fixamente enquanto Marks falava sobre treinar suas mentes para as necessidades da guerra da qual elas estavam prestes a participar. O tempo todo ele mascava um pedaço de fumo alojado dentro da bochecha esquerda.

— O combate é o jogo de aposta mais alta da face da Terra porque no fim ou você tem vencedores, ou tem mortos – disse ele. – Eu não quero morrer e sei que vocês também não. Eu quero ser o vencedor mais mortífero do mundo inteiro. E vocês devem querer o mesmo.

Era o discurso de abertura da semana de treinamento pré-missão – PMT, na forma abreviada – dos Rangers e ninguém se movia um centímetro em sua cadeira. O silêncio era tanto que Lane pensou que suas colegas de sala seriam capazes de ouvir o som de sua respiração. Perguntou-se se Tristan e Ashley estariam tão amedrontadas quanto ela. Lane lançou um olhar furtivo para Amber, algumas cadeiras adiante, e ficou apenas um pouco surpresa por sua colega de equipe fominha parecer mais feliz e mais engajada do que ela estivera nas últimas semanas.

Marks, um veterano de cabelo castanho-avermelhado de mais de doze ações em campo de batalha como Ranger no Iraque ou no Afeganistão, continuou:

– Vocês são CSTs e têm um trabalho muito específico para fazer em campo de batalha. Vocês têm que tornar menos grave qualquer que seja a situação para a qual sejam chamadas e se envolver com as mulheres e crianças.

Naquela hora, ele estava se movendo pela sala, ao estilo Oprah, usando sua considerável presença física para enfatizar a urgência de suas palavras e tirar as mulheres de suas zonas de conforto.

– Mas nós não estamos na guerra para dar cobertores e abraços. Eu preciso que vocês descubram onde estão os bandidos, o mais rápido que puderem. Meu trabalho é preparar vocês para se sentar a 45 centímetros do possível inimigo todas as noites, fazer seu trabalho e continuar vivas. Isso significa que vocês precisam estar prontas para pegar suas armas e usá-las direito. Vocês têm que estar preparadas para puxar o gatilho e matar sem hesitação. E têm que estar prontas para apanhar um colega soldado que foi baleado ou atingido por uma explosão enquanto ainda estiverem recebendo tiros, e tirá-lo dali.

Ele estava falando num ritmo que soava como um gravador tocando numa velocidade uma vez e meia maior do que o normal.

– A guerra é o caos. Isso significa que vocês podem estar sozinhas numa sala com vinte mulheres, uma das quais é, na verdade, um homem fortemente armado disfarçado. Nove em cada dez vezes vocês terão outros soldados com vocês, dando segurança. Mas há um por cento de chance de estarem nessa sala sozinhas. E precisam estar prontas para reagir se esse homem beligerante tentar dominar vocês. Nesse momento, é melhor que sejam capazes de puxar a arma e atirar na cara de alguém sem pensar nisso.

— No fim das contas, nosso mundo vive e morre por uma arma — continuou ele. — É esse o ponto principal. O trabalho de vocês não é ser um Ranger e vocês não fazem parte da equipe de assalto Ranger. Vocês não estão lá para serem combatentes armadas. Mas vamos pôr vocês em situações em que terão que fazer essa troca de CST para matadora num piscar de olhos. Não importa o quanto o momento pareça bom, tranquilo e até seguro — prosseguiu ele —, vocês estão *sempre* no meio de uma luta. A qualquer momento, o mundo vai virar uma merda e vocês têm que manter isso na frente do cérebro. Precisam ter uma mentalidade de segurança o tempo todo, dia e noite. Isso também é uma parte do trabalho.

Enquanto andava e falava, Marx se fixava nos olhos de suas alunas. Ele estava surpreso e até inspirado com o que via. Já fizera alguma variação desse discurso sobre "mentalidade de combate" centenas de vezes como treinador Ranger, mas nunca tinha visto um único estudante deslizar para a ponta da cadeira e encará-lo tão intensamente, como se cada músculo do seu corpo estivesse participando e escutando. Ele podia *sentir* a intensidade da atenção; elas davam a impressão de serem caminhantes no deserto que finalmente haviam encontrado água. Essas garotas estão interessadas, admirou-se ele enquanto examinava seus rostos ávidos. Então, Scottie sentia o fardo de sua tarefa ao perceber que tinha pouco mais de uma semana — uma fração do tempo que normalmente tinha para treinar os Rangers — para deixar aquele grupo cem por cento pronto para a comunidade na qual estava prestes a ingressar.

— Vocês vão sair à noite com caras que passaram boa parte de suas vidas na guerra — ele as lembrou. — Eles sabem que são os melhores e sabem o quanto são importantes. Se os Rangers foram enviados para um teatro de combate é porque as coisas estão ruins. Se os Rangers estão em sua sala de estar, isso significa que as coisas estão realmente bem ruins. E, caso vocês não tenham notado, nós não somos conhecidos por sermos as pessoas mais sutis do mundo. Tendemos a dizer a vocês exatamente que porra é essa que estamos pensando e estamos nos lixando para quem você é, vamos falar o que pensamos. Também não estamos acostumados a falhar. Estamos acostumados a trabalhar duro o bastante para sermos os melhores no que fazemos. Ponto.

"Meu trabalho é preparar vocês para ter êxito. Para ter a blindagem mental necessária para fazer o trabalho que seu país pediu a vocês com a resiliência que precisarão para atravessar os próximos oito meses. Vocês têm que encontrar esse interruptor que lhes permite saber que estão em guerra. E, depois, têm que desligá-lo de novo quando seu tempo no campo de batalha acabar."

Marks suavizou ligeiramente o tom para a última parte do discurso.

– Vocês, cada uma de vocês nessa sala, são importantes para nós. Vocês não são soldados anônimos. Olhem o calibre da CST sentada ao seu lado e depois olhem em volta nessa sala – ele apontou para os outros treinadores Rangers que estavam encostados na parede, lado a lado. – Vocês têm os melhores do regimento em pé diante de vocês. Foram selecionadas para ir com o Regimento Ranger porque são as melhores das melhores. E todos nós estamos empolgados para deixar vocês prontas para ir à guerra.

Depois de semanas sendo preparadas para a rejeição e o ressentimento de seus colegas soldados, nenhuma mulher na sala deixou de notar que a maré estava mudando. "Merda", pensou Lane, "esses caras, na verdade, estão do nosso lado."

Scottie Marks havia visto muitos combates antes de deixar o campo de batalha e assumir a responsabilidade de ajudar a treinar futuros Rangers para a guerra.

A Guerra de Ashley

Quando era um jovem soldado de primeira classe do Exército, ele saltou de paraquedas no Iraque, como parte da Operação Liberdade Iraquiana, em 2003. Estava entre os últimos a deixar o país, sete anos depois, no rastro da Operação Novo Amanhecer, como sargento de primeira classe condecorado. Seu batismo de fogo havia sido a interminável e letal luta quarteirão a quarteirão por Fallujah, em 2003 e 2004. Marks havia visto cada fase da guerra e cada mudança de estratégia em campo de batalha durante suas nove ações no Iraque, desde o início muito caótico até o fim extremamente controlado. Trabalhando sob o comando do general McChrystal durante muitos de seus anos no Iraque, ele e seus companheiros vivenciaram diretamente o modo como as incursões ocasionais haviam se tornado a rotina normal todas as noites sob o novo mandato contra o terror.

Servir como soldado estava no DNA de Scottie; ele decidiu se tornar fuzileiro naval aos seis anos de idade. Cresceu nos campos sossegados de Katy, Texas, andando de bicicleta e brincando com armas. Onde quer que fosse, encontrava problemas, cujos encantos irresistíveis saboreava. Na adolescência, bebia cerveja antes de ir para a escola. Mais tarde, trocou-a por Gentleman Jack, a bebida favorita de seu avô, que se autodescrevia como um cara durão e dizia a Scottie que homens de verdade só bebiam uísque. À noite, o jovem Scottie acampava em seu quarto assistindo a *Night Court* e mascando fumo Copenhagen. Ele tinha uma linhagem forte: sua bisavó era uma velha *cajun* que fumava um cigarro atrás do outro. Quando as cinzas ficavam longas demais, simplesmente as batia no chão e as esfregava no carpete com o chinelo.

Sua mãe o deu à luz quando mal saíra da adolescência. Seu pai foi embora quando ele era pequeno. A mãe odiava armas e se recusava a permiti-las dentro de casa, o que só fez aumentar a paixão do menino pelas armas proibidas. Certa tarde, quando tinha 12 anos, Scottie "pegou emprestada" a antiga pistola do pai e a levou para o rio atrás de casa. Foi o início de seu caso de amor com as armas de fogo pelo resto da vida. Um ano depois, ele e um companheiro roubaram a arma do irmão de um amigo e foram para uma galeria de escoamento dar uns tiros. Foi muito divertido, mas o que os garotos não perceberam foi que um assovio baixo vindo da arma era, na verdade, o som de uma bala voltando na direção deles. Scottie foi atingido no braço por um fragmento de uma pedra ou de uma bala – ele nunca descobriu ao certo – e começou a sangrar com certa intensidade. O temor da ira de sua mãe pesou mais do que a dor que sentia; então, em vez de confessar a travessura e pedir a ajuda dela, ele fez o amigo estender uma colher sobre uma chama e fechar o ferimento com o metal quando ele derreteu. Sua mãe não ficou sabendo.

Os modelos de Scottie eram todos fuzileiros navais e heróis de guerra. Seu avô, um veterano da brutal campanha em Guadalcanal, liderou seus colegas fuzileiros navais na Segunda Guerra Mundial e na Coreia. Encerrou a carreira como sargento-major de comando em Camp Lejeune. Um tio de Scottie realizou missões de reconhecimento no Vietnã – precursoras das incursões mais elaboradas que as Forças de Operações Especiais realizam hoje regularmente. Scottie nunca teve dúvida de que seguiria os passos deles e ingressaria no Corpo de Fuzileiros Navais.

Mas, então, algo o levou a tomar um rumo diferente. Em 1993, Scottie foi ver o filme de ação *O atirador*, em que um sargento mestre da artilharia bastante hábil, interpretado por Tom Berenger, resolve o problema com um tiro perfeito de seu fuzil M4. Um novo sonho entrou em foco. Quando tinha quase a idade para se alistar, compartilhou seus planos com um amigo da família próximo, um soldado do Exército que era membro do Regimento Ranger.

— Os fuzileiros navais não têm nada disso – disse o homem mais velho a Scottie. – Você quer ser um atirador de reconhecimento? Isso não vai acontecer com os *Jarheads* [fuzileiros navais]. O que você quer fazer é se tornar um Ranger.

Então ele indicou a Scottie o livro *To Fight with Intrepidity*, que narra toda a história dos Rangers do Exército dos Estados Unidos, a partir de 1622, quando patrulhavam colônias e faziam advertências precoces sobre ataques que estavam por vir, e indo até a Segunda Guerra Mundial e os feitos heroicos dos Marauders de Merrill e dos Rangers de Darby, que seguiam o modelo dos comandos britânicos. Scottie foi fisgado.

Ele se alistou no Exército em 21 de fevereiro de 2001. Sete meses depois, em 11 de setembro, estava treinando como Ranger quando ele e o resto do mundo souberam que aviões haviam batido no World Trade Center e no Pentágono. Em rápida sucessão, os Estados Unidos lançaram não uma, mas duas guerras, primeiro no Afeganistão e, 16 meses depois, no Iraque. E nas duas frentes foram os Rangers que abriram o caminho. O campo de batalha mudara radicalmente desde a Guerra do Golfo, uma década antes, e a demanda por operações especiais duplicou, em seguida triplicou e, depois, continuou aumentando exponencialmente. Scottie foi para o Afeganistão em 2002 e logo se viu vivendo num ciclo de guerra: vários meses em batalha, alguns meses em casa para mais treinamentos e depois de volta à guerra. Ele de fato estava servindo "na ponta da lança", como sempre sonhara.

Em 2006, a mudança do general McChrystal para ações imediatas mirando insurgentes de alto valor – o que McChrystal chamava de "F3EA", ou "encontre, conserte, termine, explore e analise" ["find, fix, finish, exploit, and analyze"] – mudara tudo para o Regimento Ranger, que agora se ligava quase exclusivamente na execução dessas incursões. Como líder de equipe, Scottie Marks aprendeu a se mover rapidamente, sem muita preparação prévia, na luta para mirar e capturar. Nas primeiras mobilizações, sua unidade tinha bastante tempo para aprimorar as operações; era possível dedicar muitos homens e muito planejamento a uma única incursão. Tudo isso mudou quando a insurgência no Iraque explodiu, tornando-se uma máquina mortífera eficiente.

Quando McChrystal e seus homens replanejaram a operação do Comando Conjunto de Operações Especiais, líderes de equipe como Marks já não dispunham do luxo de dois ou três dias para montar uma operação e atingir um alvo. Agora, tinham quinze minutos para criar um plano. Toda noite, o sargento do pelotão pedia à equipe de Scottie para planejar as operações – às vezes era uma missão, outras vezes uma série inteira de missões – e apresentá-las era seu trabalho. À medida que os anos passaram, Scottie Marks começou a se sentir mais em casa em sua cama portátil estreita no quartel-general de operações especiais do general McChrystal, em Balad, Iraque, do que na cama *king-size* de sua casa perto de Fort Benning. Sentia falta da guerra quando estava longe; aquela era sua única e verdadeira casa.

Mas, certa noite, em 2010, Marks e sua equipe se envolveram numa troca de tiros com insurgentes quando estavam a caminho de um prédio que precisavam proteger para outra equipe de operações especiais. Quando saiu a toda velocidade do veículo, abaixando-se para evitar balas que passavam zunindo por ele, Scottie estourou o joelho direito e foi obrigado a seguir mancando, com a ajuda de um companheiro de equipe, até a posição atrás do prédio que pretendia vigiar. Conseguiu cumprir a missão da noite, que foi um sucesso – sua equipe localizou e capturou os homens que atiraram neles –, mas, logo depois, Marks foi removido para o Kuwait, onde passou por uma cirurgia para realinhar o joelho. A cirurgia também foi um sucesso, mas seu tempo de descer de helicópteros por uma corda, de arrombar portas e saltar de aviões havia oficialmente acabado. Sua nova atribuição era permanecer em Fort Benning e usar o conhecimento e *expertise* consideráveis que adquirira em campo para treinar a próxima geração de Rangers. Enquanto alguns de seus colegas treinadores reclamavam da função, Scottie achava imensamente gratificante. Seu corpo podia ter tido combates o bastante após quase 48 meses no Iraque e no Afeganistão, combinados, mas sua mente e seu coração jamais desistiriam. Ali, ele podia ser um guardião do regimento, apanhando os caras novos e treinando-os para serem soldados superiores. Era a segunda melhor coisa depois de ser um líder de equipe em batalha.

Scottie descobriu que tinha o dom de identificar talentos e que adorava extrair o melhor dos jovens sedentos que treinava. E nunca perdeu o desejo de ser o melhor atirador de precisão do Exército; quando não estava ensinando, continuava treinando a si mesmo para ser tão bom de pontaria quanto Berenger em *O atirador*. Participou de um monte de competições de tiro para caras de operações especiais em serviço ativo e venceu. Acabou realizando seu sonho ensinando atribuições: dirigindo o recém-reformulado programa de treinamento em tiro ao alvo para a avaliação e seleção de Rangers. Como preparação para seu trabalho, ele e outro Ranger viajaram pelo país para encontrar os melhores professores de tiro ao alvo dos Estados Unidos e aprender com eles, voltaram a Fort Benning para usar esse conhecimento para desenvolver novas ferramentas de treinamento e lições que atenderiam às necessidades do campo de batalha sempre em transformação. Scottie aproveitara inteiramente o processo de aprendizado sobre a arte de atirar e sobre a pedagogia por trás disso. Logo, seu orgulho de poder ensinar um soldado do Exército de 18 anos a ser um Ranger altamente qualificado era quase tão grandioso quanto os momentos que viveu em seus tempos de guerra.

Então, quando chegou a hora de treinar soldados femininos para torná-las facilitadoras dos Rangers, não foi surpresa que um dos primeiros nomes a vir à tona no quartel-general do Regimento Ranger tenha sido o de Scottie Marks. O que seus chefes não sabiam era que Marks realmente vira a necessidade de um programa como o das CSTs quando enfrentara a al-Qaeda no Iraque. Em seus primeiros anos como Ranger, ele e seus colegas soldados tinham pouco contato direto com mulheres das Forças Armadas. Mas, depois que foi para o Iraque, Marks se pegava pensando que seu trabalho seria muito mais fácil se pudesse contar com soldados femininos que pudessem conversar com outras mulheres, revistá-las e reunir informações úteis. Em 2003, sua unidade perdeu três homens para uma mulher-bomba grávida, e, em 2006, como líder de um esquadrão de armas, teve muito trabalho para interrogar mulheres iraquianas que sua equipe encontrara em incursões. Ele sabia que as iraquianas, amedrontadas, ficavam ainda mais aterrorizadas com sua presença na casa delas e continuou pensando como seria melhor para todos se mulheres estivessem interrogando.

Semanas antes de o primeiro grupo de CSTs estar pronto para o treinamento, Marks estava instruindo novos Rangers como chefe de tiro ao alvo do Rasp, o altamente respeitado Programa de Avaliação e Seleção Ranger [Ranger Assessment and Selection Program]. E, então, certa manhã, seu comandante lhe informou que ele passaria as próximas semanas organizando um novo programa para soldados femininos que iriam para o Afeganistão com uma equipe de Rangers para a qual seriam facilitadoras. Quando Scottie perguntou para que deveria prepará-las, a resposta foi tão ampla quanto prática: "Elas precisam ser capazes de fazer o que todos os outros fazem."

É claro que ele não foi para Fort Bragg sem algumas gozações de seus companheiros. "Você vai ter que treinar *garotas*?", perguntavam. "Sério, cara? Que droga." Mas Marks não estava pensando na questão do gênero sexual; ele trabalhara com muitos "facilitadores" ao longo de seus dez anos e mais de doze ações com os Rangers – caras que procuravam e desativavam explosivos e tipos de operações psicológicas táticas – e calculou que essas garotas não podiam ser tão diferentes. Elas haviam conseguido chegar até ali, não podiam ser tão ruins.

Então, alguns meses depois, Scottie estava em Bragg preparando essa primeira equipe exclusivamente feminina de facilitadores do Exército num curso que ele e alguns companheiros de equipe haviam elaborado. Seria uma semana de surpresas para o veterano treinador e seus colegas. O primeiro sinal de que as coisas eram diferentes foi o foco formidável que as mulheres mostraram em sala de aula na primeira conversa de Scottie sobre a "mentalidade de combate". Aquelas mulheres não estavam brincando, elas não se inquietavam nem ficavam cutucando uma à outra com o cotovelo. Pareciam bem felizes por estarem ali e cem por cento prontas para ir.

Contudo, veio o teste de treinamento físico. Scottie havia visto muitas delas chegando e sabia que eram fortes; na verdade, esse era um fator que influenciara imensamente a seleção delas para o lado Ranger do programa. Ele marcou a distância para o primeiro teste de corrida de duas milhas [3,2 quilômetros] e, momentos depois de terminar sua prova, uma das CSTs estava diante da cara dele.

– Sargento, esse percurso não é de duas milhas – disparou ela. – Eu sei qual é o meu tempo em duas milhas. Não é 12 e 25, é 12 e 30.

– Você quer pôr seus equipamentos de novo e fazer isso mais uma vez? – retorquiu Scottie.

Ele parecia irritado, mas, na verdade, sentia um grande respeito por aquela soldado. Essas garotas são *intensas*, pensou. Elas lhe lembravam os homens aos quais estavam prestes a se juntar. Scottie foi lá, mediu a distância do percurso e, de fato, a soldado estava certa: tinha colossais cinco metros a menos. Ela não pusera os equipamentos de volta, mas provara bem seu argumento. As CSTs não queriam nem saídas fáceis nem atalhos – mesmo que fosse uma questão de poucos segundos.

No fim do terceiro dia de treinamento, Scottie Marks era alguém que acreditava na CST.

– Essas garotas são as melhores que eu já vi na minha vida – disse ele a um colega. – Elas serão um negócio lucrativo para nós, vão comprovar esse programa. São inteligentes, rápidas e podem fazer coisas que outras mulheres não podem.

Ele pensou nos mitos ultrajantes que soldados rotineiramente repetiam sobre os soldados afro-americanos antes da ordem executiva do presidente Truman, em 1948, para acabar com a segregação nas Forças Armadas – que incluía a afirmação de que eles eram covardes e péssimos combatentes. Cinquenta anos de guerra haviam provado ao povo americano a coragem heroica daqueles soldados e Scottie Marks se viu supondo que um dia a mesma coisa seria dita sobre aquelas mulheres pioneiras.

Depois do teste de corrida, as CSTs enfrentaram uma sessão brutal de CrossFit com equipamento completo – mais de 18 quilos – e Scottie as viu puxando ferro acima do queixo e fazendo flexão após flexão. Em seguida, os treinadores decidiram testar os limites das mulheres um pouco mais e levaram o grupo até uma corda de quase oito metros que pendia de uma viga na academia.

— Isso é um aquecimento para a descida rápida na corda, que virá mais tarde — anunciou Scottie. — Preparem-se e façam uma fila.

— Acho que muitas de vocês não conseguirão fazer isso — comentou um dos treinadores. — Mas vamos fazer uma tentativa.

Ele demonstrou a técnica, chamando atenção para o movimento de braços e pernas e para o modo como eles funcionavam coordenados enquanto subia na corda. Em seguida, desceu com agilidade pela corda grossa, trançada, usando a mesma técnica, agora invertida. Parecia simples.

Agora era a vez das CSTs.

A primeira garota, uma soldado em boa forma física que sempre se orgulhava de sua força, começou a subir na corda, mas caiu de volta ao chão depois de percorrer menos de um terço do caminho. Ela balançou a cabeça ao chegar no chão.

— Merda — resmungou, afastando-se em seguida, enquanto a próxima garota agarrava a corda e começava a subir.

A outra foi até a metade, mas ficou sem força também e caiu no chão. A terceira mulher, alta e magra, mas com menos força no tronco, iniciou a subida com força, mas parou quando seus braços se recusaram a carregá-la mais adiante e os músculos internos da coxa cederam. Pesada com tanto equipamento, ela se pendurou na corda por um momento e, por fim, a largou. E, então, foi a vez de Ashley White.

Marks esperava pouco daquela que ele chamava de "loira quieta megatron", ou, como um professor cochichou, "meiga o bastante para ser recepcionista da Disneylândia". A jovem angelical de Ohio, com um rosto tão americano quanto torta de maçã, aproximou-se da corda sem dizer uma palavra e lentamente, bastante concentrada, começou a escalar. Subiu, subiu e lá se foi. Chegou ao alto da corda, tocou o teto e desceu rapidamente. E o mais impressionante: fez isto usando apenas os braços. Chegou embaixo e repetiu a subida, o toque e a descida. Então, como se fosse pouco, foi pela terceira vez. Ao retornar ao solo abaixo da corda, ela enxugou o suor das mãos nas pernas da calça do uniforme e, despreocupadamente, retornou para seu lugar na fila.

Caramba, pensou Scottie. Seus companheiros Rangers estavam olhando, admirados com o talento de Ashley e ao mesmo tempo se divertindo com a reação de Scottie.

Ashley viu as reações de espanto de seus instrutores e suas companheiras de equipe e, de repente, sentiu-se constrangida.

– Eu não consegui descobrir como usar as pernas – explicou ela, referindo-se a seu estilo improvisado. – É mais fácil usar os braços.

Ela balançou as pernas enquanto falava para aliviar uma câimbra muscular e olhou para seus tênis Asics brancos.

– Bem, White, surpreendendo a todos nós – comentou Marks, virando-se em seguida para as CSTs que ainda não haviam tentado subir na corda. – Mas ouçam todas: vocês *devem* usar as pernas, do contrário vão ficar cansadas quando fizerem a descida rápida na corda. Não tentem a técnica de White em casa! Quem é a próxima? Está bem, vamos.

Por um momento as outras ficaram ali paradas, mudas, até que Tristan caminhou em direção à corda e o exercício continuou. Amber, a colega de quarto de Ashley no treinamento, aproximou-se e deu um tapinha em suas costas.

– Cara, não sei como você conseguiu fazer aquilo – disse ela. – Se eu conseguisse escalar assim, estaria contando para *todo mundo*!

A única pessoa que não ficou surpresa com a demonstração de força de Ashley foi Leda, que vinha monitorando em silêncio o progresso da companheira desde março. O tempo todo ela sabia que Ashley era uma jovem soldado com um talento especial que ainda não havia sido totalmente explorado. Ela estava feliz por ver que as outras CSTs estavam impressionadas com a proeza da companheira e observou que a confiança de Ashley estava aumentando. Parecia que, finalmente, ela estava percebendo que de fato merecia um lugar no ninho das mulheres de alto desempenho.

A própria Leda não se saiu tão bem na descida rápida na corda dois dias depois, quando os treinadores levaram as mulheres para uma área de teste que se assemelhava mais às condições do mundo real. Usando uma blindagem para o corpo, ela subiu na plataforma de 18 metros de altura – o equivalente aproximado ao último piso de um prédio de vários andares – e se preparou para descer. Mas, por um momento, a adrenalina tomou conta daquela soldado veterana e, em vez de agarrar a corda e deslizar firmemente para baixo, como fizera nos treinos anteriores, ela começou a descer rápido, mal segurou a corda com as mãos e voou por todo o comprimento, batendo em cheio no chão. Marks correu até ela, viu ossos ressaltados em sua perna num ângulo que decididamente não era natural e pensou: "Quebrou, com certeza." Mas anos de guerra haviam tornado as situações urgentes seu hábitat e ele nunca perdia sua mentalidade de combate.

— Parece que você está bem, Leda – disse ele, confortando-a, enquanto o paramédico que estava por perto corria até eles.

Pálida, Leda tentava avaliar a situação.

— Não olhe para sua perna, Reston – ordenou Scottie num tom gentil, porém enérgico. – Me diga o que você almoçou.

— Frango – respondeu ela imediatamente com uma voz calma, mas entre dentes trincados. – Sinto muito sobre isso, sargento. Eu vou ficar bem.

Ela também estivera na guerra e sabia como era crucial controlar os nervos e manter a compostura, não importando o quão terrível fosse a situação.

Os paramédicos removeram Leda e Scottie se virou de novo para a corda.

— Está bem, próxima a subir! – gritou ele para Lane, que estava em pé na plataforma, esperando sua vez. Sem hesitar, ela agarrou a corda e começou a subir, mas, no meio do caminho, a soltou. Dessa vez, Mark estava pronto; ele viu as mãos dela começando a deslizar e se lançou para apanhá-la antes que atingisse o chão. "Que diabo está acontecendo aqui?", pensou. Em seguida veio Tristan, que conseguiu fazer quase todo o percurso, mas a três metros do chão também caiu da corda. Sofreu uma pequena contusão, mas estava em pé minutos depois.

Por fim, elas terminaram a descida rápida na corda que havia sido tão estressante para Scottie quanto para as soldados. No salão de jantar naquela noite, ele confessou sua ansiedade a um grupo de CSTs que incluía Tristan, Sarah e Kate:

— Eu já estive em mais de doze ações de combate e *nunca* fiquei mais assustado do que quando tentei ensinar a vocês a descida rápida na corda. Eu estava com o coração na boca o tempo todo!

Sarah cochichou para Kate:

— Agora eles vão dizer: "Está vendo? Garotas não conseguem fazer isso." Só espero que percebam que tudo do que precisamos é de mais treinamento, pelo menos mais do que um dia. Essa é a primeira vez que algumas de nós tentamos fazer isso. E daí se algumas se machucaram? Eu *sei* que os caras se machucam o tempo todo fazendo isso. Ninguém nunca diz que isso significa que nenhum homem consegue fazer a descida rápida na corda.

Na verdade, as CSTs haviam sido lembradas apenas alguns meses antes sobre como a descida rápida na corda pode ser mortal, quando assistiam a *Falcão Negro em perigo* no ônibus a caminho de Fort Benning. No filme, um Ranger vai descer na corda para sair de um helicóptero que está enfrentando fogo de granadas lançadas por foguetes, mas escorrega, cai no chão e fica sangrando no meio de ruas repletas de fogo hostil. O acidente foi o primeiro de uma série de calamidades que atormentaram as forças americanas num dia trágico que terminou com 18 soldados mortos em ação.

O dia seguinte começou com algumas horas de "fogo seco" – disparar armas sem munição – e aprendendo a sequência "ajuste, forma e função" para assegurar que as armas funcionassem direito e conforme o esperado. As mulheres treinariam com um fuzil de assalto M4 e uma pistola M9, as armas que os Rangers usam em campo. O fuzil era a principal arma deles, e a pistola, uma reserva caso as coisas se complicassem quando eles estivessem num espaço pequeno ou fechado, como uma sala de estar, e se vissem de repente sob ataque.

Em seguida, elas foram para o campo de tiro, um lugar desolado num terreno amplo repleto de faixas de terra. As mulheres assumiram seus lugares sob o céu azul-claro da Carolina do Norte, ficaram diante de alvos que eram silhuetas de papel marrom e castanho, miraram e começaram a atirar.

Scottie começou demonstrando a postura correta e a posição apropriada dos pés para disparar o M4. Em seguida, passou pela fileira, corrigindo as alunas. Ele disse a Lane para separar mais os pés e manter a mão esquerda firme no guarda-mão, um pouco abaixo do cano, enquanto recarregava rapidamente o pente com a direita.

— Tente de novo — disse ele, antes de continuar passando pela fileira de CSTs para checar as outras mulheres e demonstrar a técnica apropriada.

Depois de trabalhar com todas elas, ele voltou ao começo da fileira e ficou surpreso com o que viu: Lane estava fazendo os movimentos exatamente como ele lhe dissera para fazer.

— Espere aí, Mason — ele falou num impulso —, o que está acontecendo aí? Você está fazendo certo! Como assim?!

— Assim é mais fácil, sargento — ela respondeu sem rodeios, tão surpresa com sua pergunta quanto ele estava por sua obediência à instrução.

"Uau", pensou Marks. "Isso é novo. Elas realmente ouvem e depois fazem direito."

Há anos, Scottie instruía aspirantes a Rangers no campo de tiro e via quando eles faziam exatamente o que ele lhes dissera para não fazer. Há muito tempo, chegara à conclusão de que todos aqueles jovens soldados aprendiam a atirar vendo Mel Gibson em *Máquina mortífera* e, portanto, não tinham a menor ideia de como usar corretamente uma arma. "Os homens jovens dos Estados Unidos", concluiu ele, "estavam convencidos de que sabiam três coisas de cor desde que nasceram: disparar suas armas, dirigir seus veículos e fazer amor com suas mulheres." Scottie só precisava lhes ensinar uma dessas habilidades cruciais na vida, mas isto demorava o dobro do tempo que deveria e desperdiçava grande parte de sua preciosa paciência. Ali, ele se via no campo de tiro com soldados que precisavam exatamente de um ajuste, seguido de um bocado de prática, para começar a melhorar suas habilidades e se tornarem atiradores decentes. Era isso. Não havia nenhum ego para combater, nenhuma resistência do tipo "bem, meu pai me ensinou assim, então deve estar certo".

Inacreditável, pensou.

As CSTs se dividiram em pares e, agachadas no chão com seus cadernos de anotações como se estivessem entrevistando as mulheres que encontrariam, se prepararam para um cenário em que as mulheres vêm a ser homens de burca e elas precisam sacar as armas e atirar. Ele fez com que elas repetissem várias vezes os movimentos, começando numa posição sentada, passando para os quadris e em seguida sacando a arma para se defenderem a partir do chão.

Lutar contra o instinto delas era o primeiro desafio de Marks.

— Largue a caneta! — gritou ele para uma CST enquanto fingia dominá-la num ataque. — Você tem uma pistola. Saque-a, mire e atire!

Algumas, como Cassie, Kate, Kimberly e Sarah, estavam confortáveis com a pistola Beretta M9 porque haviam treinado com ela durante anos como policial do Exército. Mas Marks logo viu que precisaria passar mais tempo com várias outras que haviam passado muito menos horas lidando com uma arma.

Ashley, que Marks pensava ser "a garota mais meiga do mundo", ainda estava lutando com a técnica de contato direto. Ela podia ser quieta como uma pedra e incrivelmente gentil, mas Scottie via em seus olhos o brilho de um soldado de verdade e queria extrair dela a "assassina". Ashley estava brigando com a pistola, mas ele pensou que a novidade da técnica de atirar de perto poderia desconcertá-la; ela parecia bastante confortável ao disparar uma arma. Ele só precisava ajudá-la a atacar sua fonte de preocupação e praticar o bastante para sentir confiança em sua capacidade. Trabalhou para desenvolver os músculos da mão dela, instruindo-a a segurar a arma usando apenas o polegar e o dedo médio, para, em seguida, puxar o gatilho. Depois de 45 minutos fazendo isso repetidamente, Ashley perguntou se podia, por favor, parar um instante para esticar o antebraço com câimbra. Marks lhe deu um momento para se esticar e em seguida ela voltou.

— Você tem que desenvolver os músculos do antebraço, White — disse ele.

— Está bem; obrigada, sargento — respondeu Ashley entre dentes trincados.

Mas ainda faltava alguma coisa. Então, num lampejo, Scottie se lembrou de uma técnica especial que aprendera com Mike Seeklander, um amigo e atirador experiente que escrevera vários livros para treinamento com armas manuais e era especializado em tiro em contato direto.

— Está bem, meninas — disse ele —, observem com atenção.

Usando Ashley como modelo, ele olhou fixamente em seus olhos.

— Primeiro, você tem que sacar a arma rapidamente. White, você tem que estar pronta para me matar. Fique furiosa, porra! Furiosa o bastante para me dar um soco na cara e querer me ver morto. Porque se você não me pegar, eu vou. Desse jeito...

E com isso ele se lançou na direção de Ashley.

— Se uma pessoa está segurando sua arma, você tem que empurrar a cara dela, pôr o braço atrás da cabeça, jogar o corpo para baixo e para o lado e ficar embaixo da arma para esmurrar e atirar na região pélvica — disse ele, dirigindo-se para toda a plateia de coque e rabo de cavalo. — Assim você evita pôr a mão na frente do cano, porque se apertar o gatilho muito rapidamente vai acabar atirando na palma da própria mão.

Em seguida, ele repetiu a ação, dessa vez com mais entusiasmo.

— Tudo que você precisa fazer é passar sua arma por baixo, assim.

Ele levou a arma num arco para trás como se escovasse seu imaginário cabelo longo e lustroso e em seguida desceu as mãos para as laterais do corpo, onde estas se encontraram na cintura antes de rapidamente erguê-las de novo e mirar no atacante.

— Agora vocês dizem: "Eu sou bonita e adoro atirar." Pensem em *As panteras* e apertem o gatilho!

Com isso, ele deu conta do recado. Quando acabaram de rir, Ashley e as outras repetiram o movimento, manifestando sua força e derrubando o atacante.

— Vamos lá, White – provocou Marks. – Fique *agressiva*, me empurre para trás. Eu estou aqui na sua cara! – gritou para ela. – Fique séria. Me empurre para longe e saque a arma.

— Entendido, sargento – disse ela, agora gritando em resposta. – Eu sou bonita e adoro atirar.

— Mais raiva, White, você consegue fazer isso?

As bochechas e a testa dela começaram a ficar rubras e estava claro que ele já a incitara o bastante. Quando ele se lançou sobre Ashley de novo, ela mostrou raiva de verdade. Suas sobrancelhas se estreitaram e a boca se apertou quando o empurrou para trás com força suficiente para desequilibrá-lo e sacou a pistola em quatro movimentos.

— É *isso*, White! – gritou ele. – Excelente. É isso que estou procurando. Eu sabia que tinha isso em você.

Uma das maiores preocupações de Scottie era com o quanto as CSTs eram duras consigo mesmas. Quer fosse na linha de tiro ou nos cenários em que interpretavam papéis, fazendo revistas e interrogando, as mulheres ficavam cada vez mais atormentadas pela frustração quando não melhoravam rapidamente. Ele precisou de quase uma semana inteira para encontrar a fonte da frustração que de início atribuíra a um antiquado perfeccionismo. Quando percebeu o que estava acontecendo, quase no fim da semana, reuniu o grupo inteiro para umas palavras de estímulo.

— Está bem, eu estou vendo vocês todas castigando a si próprias aí e finalmente entendi – disse ele. – Nunca antes estiveram no meio de um bando de filhos da puta agressivos tão bons quanto vocês. Cada uma de vocês está acostumada a ser a melhor de sua unidade, indiscutivelmente, sem deixar dúvida. E agora, de repente, não são.

Algumas CSTs concordaram com a cabeça, sem pensar.

— Ouçam – disse ele –, cada soldado que pegamos é um diamante. Ela é uma atleta. Ela é impressionante. É por isso que vocês estão aqui. Essa é primeira vez que qualquer uma de vocês, em suas carreiras no Exército, se vê numa pilha de diamantes. Vocês estão putas da vida, vocês se sentem péssimas porque a garota ao lado está se saindo melhor do que vocês em alguma coisa. Mas vocês, agora, são um diamante entre diamantes. E vocês têm que parar de ficar frustradas consigo mesmas. Vocês *vão* falhar em algumas coisas. Isso acontece quando vocês estão com pessoas tão boas assim. Alguém é melhor do que vocês em alguma coisa e não gostam disso? Descubram por que e façam melhor da próxima vez. Agora voltem ao trabalho.

Mais tarde, caminhando de volta ao seu alojamento e refletindo sobre sua conversa, Marks sorriu para si mesmo. "Talvez, no fim das contas", pensou ele, "essas garotas não sejam tão diferentes dos homens com os quais lutei."

À noite, sentindo-se acabadas, as mulheres repassavam os acontecimentos do dia e discutiam o trabalho que ainda estava por vir. Antes de desmaiarem de exaustão, algumas delas criticavam umas às outras – não suas ações, mas suas atitudes e, particularmente, a falta de fé em sua própria capacidade. Certa noite, Cassie disse a Tristan que tinha de ser mais ousada no campo de tiro.

— Tristan, você *tem* que ter isso quando estiver lá – disse ela num tom que beirava o entojo. – Ponha esse homem para fora! Pare de agir como uma bicha!

Kate, cujo quarto ficava do outro lado do corredor, em frente ao de Ashley e Amber, entreouvia com frequência Amber brincando com Ashley e incentivando-a a ser mais agressiva, tentando claramente extrair a alfa que existia dentro dela. Kate se perguntou como é que todas elas equiparavam a ideia de firmeza à versão masculina dessa característica enquanto Ashley era clara e decidida na hora de agir. Ali estava alguém que era atlética ao extremo e boa no que fazia. Mas elas estavam tão acostumadas a ver a competência acompanhada por demonstrações de masculinidade e agressão que se preocupavam se sua companheira de equipe teria êxito no teatro de guerra. "Todas nós compramos essa ideia", pensou Kate. "Ashley parece tão confortável em sua própria pele. E estamos todas zombando dela por isso."

Na maior parte do tempo, porém, as mulheres lembravam umas às outras sobre suas conquistas: o tempo da corrida, a velocidade ao sacar uma arma, o número de flexões de braços, a habilidade para subir na corda. Ao fim de um dia particularmente difícil, Kate resumiu:

— Todo mundo tem algo que outra garota não tem. É isto que nos torna uma equipe.

À medida que a semana passou, as mulheres se tornaram mais próximas entre si e de seus instrutores. Marchavam com o equipamento completo à noite, disparavam armas e sofriam com a malhação pesada toda manhã. Outra frustração de Marks, que ele nunca articulava publicamente, era de que seus colegas instrutores tinham muito pouco tempo para preparar as mulheres. Então eles comprimiram o correspondente a um mês de aprendizado em menos de duas semanas: a encenação de papéis, os tiros, as revistas, as interrogações, a preparação da mente para a guerra. Embora elas tenham tido algumas horas de treinamento com o dispositivo de visão noturna, ele teve que espremer a maior parte disso durante o dia. Ele e os outros treinadores podiam querer mais tempo, mas não tinham, então, improvisaram.

Marks e os outros treinadores reconheciam que as garotas queriam participar das operações especiais com cada parte de seus cérebros e corpos. Naquele momento, elas eram sua equipe, pensou ele, assim como todos aqueles aspirantes a Ranger que ele formara para a fase seguinte de seleção eram seus garotos. Marks ficou tão surpreso quanto qualquer um com a verdadeira tristeza que ele e outros Rangers começaram a sentir quando a semana chegou ao último dia.

E, então, era a hora de sua conversa de encerramento:

— Está bem, meninas, eu quero que vocês se lembrem de ir lá fora e serem ótimas. Sejam *incríveis*, porque vocês são. Não se esqueçam de nada do que aprendemos esta semana. Não façam bobagem e lembrem-se sempre de que nas Forças Armadas percepção é realidade. Portanto, não arrumem confusão com seu companheiro Ranger. Saiam com sua companheira da CST na hora de comer e em todas as outras horas do dia. Fiquem longe de problemas. E, pelo amor de Deus, continuem na academia de ginástica. Essa vai ser a primeira maneira pela qual os caras com os quais vocês vão servir avaliarão vocês; portanto, malhem *realmente* pra valer todo dia e mostrem a eles o que é um trabalho sério, assim como vocês mostraram aqui. Agora, vão e façam ainda melhor lá fora com seu batalhão Ranger. Mostrem que vocês pertencem àquilo. Façam seu trabalho e eles as respeitarão e tornarão vocês parte da equipe. Cumpram seu dever e eles levarão vocês em missão toda noite. Eu sei que vocês farão diferença lá fora.

Em seguida, ele caminhou até o quadro branco e começou a escrever.

— Esse é o número do meu telefone – disse. – Se alguma coisa der errado no Afeganistão, se alguém for mau com vocês, eu vou foder com ele. E estou falando sério. É só me ligar.

— Agora vão e façam seu trabalho – prosseguiu ele. – Sejam *ótimas*.

"*Isso* é o que eu sempre sonhei para quando entrasse para o Exército", pensou Kate. Ela não era a única que sentia que aquela havia sido a melhor semana de sua carreira militar até então.

Alguns dias depois, quando as CSTs estavam aproveitando duas semanas de licença antes da ação em campo de batalha, uma notícia trágica tomou conta das manchetes. Em 6 de agosto de 2011, uma granada lançada por foguete explodiu um helicóptero Chinook CH-47 do Exército na parte Leste do Afeganistão. Trinta e oito americanos e afegãos morreram, incluindo 22 membros da Equipe 6 dos Seals da Marinha. Os Seals, de acordo com relatos do Pentágono, haviam saído como parte de uma equipe que apoiava os Rangers numa missão para capturar insurgentes reunidos num complexo no vale Tangi, na província de Wardak. Foi o pior dia de baixas dos Estados Unidos em dez anos de guerra no Afeganistão e o pior dia da história da unidade especial de guerra da Marinha.

Lane estava em sua cidade, em Nevada, visitando o irmão e um grupo de amigos dele quando viu a chamada da notícia na TV. Ninguém mais parecia notar. No meio de sua preparação para a guerra no Afeganistão, ela não podia acreditar na pouca atenção que eles davam a todos aqueles mortos na guerra.

— Vocês todos precisam se ligar — disse ela ao irmão e aos outros na sala, apontando para a TV, embora o noticiário tivesse passado para outra reportagem. — É com esses caras que eu vou estar lá. Esse país ainda está em guerra, apesar de ninguém nem se lembrar disto.

Na Carolina do Norte, Jason e Ashley estavam terminando o café da manhã quando a notícia estourou. O primeiro instinto de Jason foi aumentar o volume, mas, então, mudou de canal rapidamente. Sua mulher estava em casa para apenas mais duas semanas e ele queria se concentrar no tempo que estariam juntos. Desistira de uma vaga no curso de carreira de capitães de manobra, de cinco meses, antes chamado de curso avançado de oficial da infantaria, para ficar em casa com Ashley até ela partir. A artilharia, unidade de Jason, tinha que lutar duro para conseguir essas vagas para seus homens e Jason pressionara para assegurar uma vaga no curso de julho. Mas, quando descobriu que Ashley partiria em agosto, decidiu que tinha que recusá-la. Sua mulher estava indo para o Afeganistão com as operações especiais e de jeito nenhum ele a deixaria durante aquelas últimas semanas antes de ser enviada. A decisão de ficar era fácil; mais difícil era dizer a seu oficial executivo e aos outros comandantes que o haviam apoiado que sua esposa era o motivo pelo qual ele não estava aceitando a valorizada posição.

Seus superiores não ficaram felizes e manifestaram isto. "Não perca essa chance única", disseram. "Você não percebe que essa decisão não é boa para sua carreira como oficial?"

Ele acabou procurando o comandante do seu batalhão, um homem que conhecia de seus tempos no Afeganistão e um líder que tinha uma carreira – e um casamento – que ele respeitava.

– Ei, Stumpf, deixe-me explicar isso a você da seguinte maneira – respondeu o comandante, quando Jason lhe contou sobre a situação. – Se alguém julgar você pela decisão que está prestes a tomar, foda-se.

Jason nunca tinha ouvido seu comandante falar um palavrão em todo o tempo que servira subordinado a ele, nem no meio da guerra no Afeganistão.

– Está bem, senhor, então irei em frente, reverterei minha decisão e farei o curso de artilharia, em setembro, em Fort Sill – disse Jason, referindo-se a um curso que seria útil, porém mais tradicional, e que, consequentemente, ajudaria menos na trajetória de sua carreira. – Isso me dará um mês a mais com minha mulher.

– Imagino que eu faria a mesma coisa – respondeu o comandante. – Sua mulher está indo para o Afeganistão. Vocês dois estão recém-casados. Aproveite o último mês antes de ela ir para lá.

Ashley ficou furiosa quando Jason lhe disse o que fizera.

– Eu sei por que você fez isso, mas não precisava – insistiu ela. – Eu iria vê-lo nos fins de semana.

– Ash, seja realista – respondeu ele. – Você estaria ocupada demais e eu estaria completamente envolvido com um curso de carreira. Não daria certo. Você sabe.

– E, além disso – disse ele –, eu não tomei a decisão por você. Tomei por nós.

Outra decisão difícil estava relacionada aos pais de Ashley, Bob e Debbie. Ela lhes contara pouco sobre a CST porque não

A Guerra de Ashley ★ 165

podia suportar vê-los preocupados. De início, Jason tentou mudar a cabeça dela, exortando-a a contar a eles pelo menos *alguma coisa* sobre o programa, já que eles sempre foram tão próximos. Mas ele sabia quando era hora de ficar de fora, então prometeu que não diria nada a eles.

Ela fez a confidência a seu querido irmão Josh. Quando eles eram pequenos, Josh levava suas irmãzinhas para o lago perto da casa em Ohio. Recentemente, o trio havia viajado à Flórida para a expedição de pesca noturna num barco de passeio gigante. Ashley e Brittany fisgaram seus peixes de água salgada durante a excursão e os irmãos estavam adorando a pesca bem-sucedida.

Durante a viagem de pouco mais de 30 quilômetros de volta a Pompano Beach, Josh e Ashley se sentaram sozinhos na frente do barco, vendo a proa cortar seu caminho no oceano.

— Vai ser um pouco inseguro o lugar para onde estou indo — começou ela. — Jason acabou de voltar, você sabe, e ele me disse que as unidades da Guarda são um pouco desorganizadas lá. Eu não faria muita diferença para eles se fosse para o Kuwait. Então me inscrevi para uma missão especial, nova, para a qual a Guarda me incentivou a me apresentar como voluntária. Eu estarei com os Rangers, não chutando portas ou coisa assim, mas como facilitadora. Vou para áreas mais perigosas, chegando bem mais perto do combate real, mas estarei com os melhores dos melhores. E estou indo com um grupo incrível de garotas que passaram nesse processo de seleção e treinamento bem difícil. É uma equipe incrível.

Ele não dizia uma palavra; então, ela fez uma pausa e perguntou:
— O que você acha?

Josh sabia que ela estava contando a ele, e só a ele, porque sabia que entenderia e não tentaria impedi-la. Desde criança ele queria ingressar nas Forças Armadas e, no último ano do ensino médio, chegara a ser aceito em West Point. Mas, quando a carta de aprovação chegou, sua namorada na época, agora esposa, foi brutalmente honesta com Josh: ele poderia ingressar no Exército se quisesse, mas ela não queria uma vida de esposa de militar, com bebês agarrados na cintura e um marido na guerra.

— Eu não posso fazer isso – disse Kate. — Não fui feita para esse tipo de vida.

Então, Josh encontrou outra maneira de servir: como soldado da cavalaria estadual, enfrentando o perigo do desconhecido toda noite, mas em casa, nos Estados Unidos.

Josh sabia o quanto sua aprovação e sua bênção eram importantes para Ashley. Ele não tinha coragem de tentar dissuadi-la e, de todo modo, sabia que isso seria impossível. Ele próprio arriscava a vida toda noite em seu trabalho. Quem era ele para dizer que ela devia ficar em casa, sã e salva, quando o dever chamava?

— Faça isso, Ash – disse ele. — Você é muito boa no que faz. Eu não posso dizer que não ficarei preocupado com você todos os dias, que não ficarei assustado a cada segundo de sua ação. Mas apoio você e entendo por que isso é tão importante.

Agora era a vez dele de ficar em silêncio.

— Na verdade – continuou ele –, eu invejo você. Gostaria de ter tido a oportunidade que você tem à sua frente agora. Você vai se sair muito bem e fazer coisas muito importantes.

E, sim, ele prometeu não contar os detalhes a seus pais.

Algumas semanas depois, Josh, Kate e a filhinha deles, Evelyn, além de Bob, Brittany e Debbie White, despediram-se de Ashley em Fayetteville pouco antes da ação em campo de batalha.

Dois dias depois, foi a vez de Jason ver sua esposa partir para a guerra. Eles foram na camionete dele para o Landmark, onde as CSTs se encontrariam para seguir até a Base Pope da Força Aérea, nos arredores de Fayetteville. Ele tentou ter uma conversa informal no caminho e ela também. Ela o lembrou que deixara na porta da geladeira uma lista de coisas de casa que queria que ele fizesse enquanto estivesse fora.

Jason parou o carro diante da porta da frente do Landmark, o mesmo lugar onde, cinco meses antes, haviam começado as primeiras

A Guerra de Ashley

aventuras de Ashley na avaliação e seleção. Ele tirou a mochila e a bolsa de lona dela da carroceria e as pousou no chão, junto à porta.

— Está bem, é isso – disse ela, parada diante da entrada do hotel.

— Você tem certeza de que não quer que a ajude a levar as bolsas para dentro? – perguntou.

— Não, não, não – insistiu ela. – Pode ir agora.

Ele viu que ela fazia um esforço para permanecer forte e não chorar na frente dele e das outras garotas. Aquele não era um grupo que recebia bem lágrimas. E ele sabia que Ashley queria manter a compostura para ele tanto quanto para ela própria.

Ele a abraçou e lhe deu um beijo de despedida

— Eu ligo para você da Alemanha – disse ela. – Acho que tudo bem você saber quando estaremos partindo para o Afeganistão.

— Meu bem, eu acho que você não estará ameaçando a segurança da operação me dizendo quando vocês estarão levantando voo. Acho que não vão rastrear isso! – disse ele. – Não diga bobagem e fique calma. Você vai ficar bem.

— Está bem, eu lhe mando uma mensagem de texto e começo a lhe enviar e-mails quando puder – disse ela.

O silêncio era desconfortável.

— O que você vai fazer o resto do dia?

Jason sorriu. "Que importância tem isso?", pensou. "Você está prestes a ir para a guerra."

— Ah, você sabe, o de sempre: botar gasolina no carro, cortar a grama, pôr a roupa pra lavar...

Sua voz ficou embargada quando ele percebeu que agora teria que fazer todas essas coisas sem ela.

— Talvez pegar uma pizza. Não sei.

A última vez que as coisas haviam ficado estranhas assim tinha sido quando Jason estava prestes a entrar num avião para ir à guerra. *Não tenho a menor ideia do que as pessoas fazem quando se veem do outro lado da situação*, ele estava pensando.

Então, ele a abraçou e a beijou mais uma vez.

— Não seja uma heroína — disse ele. — Você não tem nada para provar. Você foi e fez algo que eu nunca fiz: participar das operações especiais e trabalhar com o Regimento Ranger. Você não tem que provar nada a mim. Só me prometa que vai voltar para casa.

— Está bem — respondeu ela. — Eu ficarei bem.

Jason entrou na camionete e se afastou devagar.

Pelo espelho retrovisor, viu Ashley apanhando as bolsas e desaparecendo pela porta de correr de vidro do hotel. Ele encostou o carro num posto de gasolina próximo e telefonou para o pai.

— Toda vez que eu vir um C-17 nas próximas horas, vou ficar olhando para cima e imaginando se é Ashley. É terrível ficar desse lado da ação, nunca pensei no que ela passou quando foi me deixar — disse ele. — Eu me sinto como o pai que fica em casa. Eu é que devia estar indo.

Assim que chegou em casa, ele se sentou na cozinha em tom amarelo claro, onde, duas noites antes, ela cozinhara salmão e batatas para o jantar. Apanhou um calendário para começar a contar os meses que faltavam para ela voltar em segurança para ele.

— No fim de agosto, elas estarão terminando de passar por todo o procedimento interno — calculou. — Quando chegarem à base e realmente iniciarem o trabalho, será setembro. Os batalhões serão trocados em setembro/outubro; então isso consumirá algumas semanas enquanto os novos caras se instalam. Aí, estaremos olhando para os meses de inverno, quando o ritmo das operações fica bem mais lento.

Ele estava fazendo pequenos rabiscos no calendário enquanto pensava em voz alta:

— Se conseguirmos fazer isso até o inverno, até a primeira geada difícil e a neve, quando os combates diminuem, estaremos bem. Temos que fazer isso até novembro.

II

Ação em Campo de Batalha

8

Chegada, Afeganistão

★ ★ ★

Cassie sacolejava sentada em seu assento enquanto o pesado C-17 voava a leste para a Base Aérea de Ramstein, na Alemanha. Cada uma das CSTs recebera uma carta pouco antes da formatura. Cassie, então, pensava no conteúdo da carta enquanto seguia para a guerra com quase vinte companheiras de armas. Era uma carta pessoal impressa em papel cinza e branco, da capitã Tara Matthews, que gerenciara o programa de treinamento em sala de aula das CSTs naquele verão. Por quase três anos, Matthews servira em operações especiais como líder de equipe em assuntos civis. Voltara para Fort Bragg depois de ser enviada ao Afeganistão e dirigira o programa de treinamento no verão.

Matthews era pró-ativa e eficiente, mas as CSTs não haviam percebido se ela possuía alguma opinião bem sustentada sobre o programa pioneiro ou se considerava o lugar que o programa teria na longa marcha das mulheres para o combate. Então, bem no fim do curso, surpreendera as estudantes compartilhando aquela carta, justo quando elas estavam prestes a iniciar suas incursões no Afeganistão. Matthews era mais velha do que muitas das CSTs, mas tinha apenas alguns anos a mais. Porém, ao lerem suas palavras, elas ouviram a voz de alguém que havia visto muita coisa e queria agora compartilhar o que sabia com um grupo de mulheres com o qual obviamente sentia uma forte ligação.

Cassie lera e relera a carta encontrada dentro da pasta que guardava seu certificado de formatura e, embora fosse dirigida a todo o grupo, sentia como se Matthews estivesse falando diretamente para ela de maneira muito pessoal:

"Os efeitos finais desse programa sobre as próximas gerações ainda serão vistos.

"Obrigada a vocês por se mostrarem à altura do desafio de serem guerreiras no Exército de hoje. Não sei se reconhecem que sua presença aqui foi prevista pelas gerações de mulheres que nos precederam no serviço militar à Nação e que trilham um caminho antes de uma geração mais eficiente e testada que se esforçará para seguir vocês e nos levar para o futuro.

"A missão ainda não seguiu seu curso. Não limitem suas ações em busca de sucesso. Tomem um curso calculado e uma posição ampla dentro de suas linhas de operação. Mostrem a todos nós do que vocês são capazes."

"É exatamente isso o que pretendo fazer", prometeu Cassie em silêncio.

"Saibam também que os olhos do Exército e, cada vez mais, da Nação estão sobre vocês. Esta é uma oportunidade de fracasso tanto quanto de êxito. Não ignorem as vozes de oposição. Estudem-nas e derrotem as palavras e preconceitos delas com uma ação brilhante."

Cassie tinha um forte sentimento, desde o começo – talvez mais do que a maioria das outras mulheres –, de que as CSTs eram, quer gostassem ou não, um grupo de desbravadoras que deveriam por bem não bagunçar as coisas para aquelas que viriam depois. E era intimidada pelas mulheres que haviam ido antes delas, em especial por uma soldado que saíra com os Rangers em missões muito antes de o programa CST existir. As entrelinhas da carta da capitã Matthews eram claras: se uma delas falhasse lá fora, não seria apenas um erro dela, mas de "todas as mulheres". Em seu coração, Cassie se via como apenas mais uma soldado que estava participando da antiga luta para estar à altura de seu potencial como guerreira. Ela não se via como um *soldado feminino*, apenas como um soldado. Mas sua trajetória lhe mostrara que ainda havia um longo caminho a percorrer até que as mulheres militares tivessem as mesmas oportunidades dos homens, desde servir na infantaria até frequentar a Escola Ranger para tentar se tornar um membro pleno das Forças de Operações Especiais.

Como muitas mulheres do curso da capitã Matthews, Cassie se condicionara a engolir as decepções e canalizar essa energia para se tornar melhor e mais forte. Mas nada diminuíra a frustração que sentia por seu potencial sufocado. Até se juntar às CSTs. O verão que acabara de passar havia sido o melhor de sua vida: ela, Tristan, Kristan, Isabel — uma oficial de inteligência baseada na Coreia que havia sido sua colega de quarto na seleção e ali era sua amiga mais próxima —, além de algumas das outras garotas solteiras, haviam passado quase todas as noites juntas, saindo para jantar e de vez em quando indo a um bar nos fins de semana. Então, depois, combinavam de jantar e malhar juntas durante a semana. Ela estava muito distante daquelas noites solitárias fazendo palavras cruzadas sobre o chão no Iraque.

Cassie e suas companheiras de equipe haviam passado a entender umas às outras de maneiras que ninguém mais podia ou provavelmente jamais poderia. Criaram um vínculo baseado na amizade e no respeito, consolidado pelo fato de que nunca haviam conhecido pessoas como elas próprias. Mulheres as achavam estranhas pela razão de quererem ir à guerra. Os homens as achavam ameaçadoras. Por muito tempo, Cassie pensou que aquela era uma realidade que apenas ela vivenciara, mas então conheceu suas novas companheiras.

E, então, essa "banda de irmãs" que ela passara a amar estava prestes a se dividir e se espalhar por postos avançados fora do país, em duplas ou trios. Elas não se veriam durante meses e, talvez, em nenhum momento durante toda a ação em campo de batalha de oito meses. Cassie estava ansiosa para chegar à sua base e começar a sair em missões, mas não queria pensar em dizer adeus a suas companheiras de equipe. Juntas, elas estavam fazendo história e, embora a maioria delas permanecesse concentrada em objetivos pessoais – e não no pano de fundo maior contra o qual suas trajetórias seriam encenadas –, Cassie se via como uma das poucas que estavam bastante conscientes do momento. Talvez fosse sua especialização em estudos sobre mulheres ou, possivelmente, o fato de ser cadete do ROTC. Ou, talvez, fosse a mochila a seus pés cheia de livros, como *Guerra*, de Sebastian Junger, *O único sobrevivente*, de Marcus Luttrell, e *The Mission, the Men, and Me*, de Pete Blaber, que acompanhava pelotões de soldados ou unidades de operações especiais em algumas das batalhas mais difíceis que tropas americanas enfrentaram. Seja lá o que fosse, Cassie não podia deixar de sentir que a mobilização no Afeganistão era algo sobre o qual alguém algum dia iria querer saber.

Cassie ganhara a infeliz tarefa de *chalk commander*, o que significa que era basicamente a supervisora do grupo no avião. Era sua função certificar-se de que todos os nomes da lista de passageiros estavam na aeronave e no voo do dia seguinte para o Campo de Aviação de Bragram, no Afeganistão. Ela liderava o grupo de mulheres embarcando no C-17 e, portanto, foi uma das primeiras a sentir os olhares curiosos dos soldados que estavam à caça de espaço e assentos em rede ao longo das laterais do avião. Um enorme engradado de carga com suprimentos para as tropas no Afeganistão ocupava a parte do meio do avião.

— O que está acontecendo? — perguntou um deles quando Cassie se acomodou em seu lugar na frente, perto da escada que levava à cabine. — Vocês são enfermeiras? Esse *é* o voo para Ramstein, certo?

— Não exatamente, e sim, é esse — respondeu Carrie, oferecendo-lhe um meio sorriso que indicava o fim da conversa. As CSTs estavam agora acostumadas a serem tachadas de enfermeiras ou jogadoras de time de softball. No momento, estavam mais preocupadas em pregar um pouco os olhos do que em se explicarem. Assim que o avião decolou, a maioria delas estendeu seus colchonetes e ponchos sobre o chão de metal congelante e logo todas estavam dormindo.

Nove horas depois, quando o avião desceu, elas desembarcaram em Ramstein, perto do Landstuhl Regional Medical Center, o maior hospital dos Estados Unidos fora do país. Muitos dos soldados mais gravemente feridos no Iraque e no Afeganistão paravam ali para um tratamento de emergência e assistência antes de irem para casa.

As CSTs dormiram à noite no Rhine Ordnance Barracks, um posto militar intermediário perto de Ramstein. Ou melhor, tentaram dormir. Depois que as luzes se apagaram, um coro de vozes masculinas rompeu o silêncio da noite. Cassie, Sarah, Amber e Kate, cujos quartos eram colados, reviraram os olhos no escuro.

— Minha garota faz uma dança sensual, mas, porra, ela só fica lá na cama! — gritou um cara para outro com uma voz que chegou facilmente aos aposentos das mulheres.

— Ah, eu sou uma garota má — foi a resposta, emitida numa voz aguda destinada a soar como se fosse de uma daquelas "garotas".

— Você é muito duro — continuou o segundo, prolongando alegremente a última palavra.

— Deixe já a boca aberta — replicou o outro, descendo a voz algumas oitavas.

Para Amber, aquilo foi a gota d'água após um longo dia. Ela precisava descansar e aqueles palhaços estavam se colocando entre ela e seu muito necessário sono.

— Ei, vocês, Casanovas, que tal calar a boca e ir para a cama! — respondeu ela com sua mais alta voz de oficial. — Algumas pessoas estão tentando dormir aqui!

Nem mais uma palavra foi ouvida até as CSTs acordarem ao raiar do dia seguinte.

Elas embarcaram num avião de transporte para um voo de seis horas e meia, de Ramstein e do mundo que conheciam para o Campo de Aviação de Bagram, a maior base militar dos Estados Unidos no Afeganistão, e para a guerra que as aguardava do outro lado dos portões pesadamente fortificados. O Ambien [sedativo] dominou o voo, juntamente com os fones de ouvido, enquanto as mulheres se esticavam na área de carga para aproveitar o último resto de descanso que podiam. Quando estavam acordadas, as CSTs contavam piadas e comentavam com sarcasmo suas pontuações de softball fictícias e que sua função seria na verdade a de "Coffee" Support Team [Equipe de Apoio de "Café"] do Regimento Ranger. Ou que alguns pensariam que as letras significavam "Casual Sex Team" ["Equipe de Sexo Casual"]. As risadas mantiveram afastada a realidade de que era para o combate que elas estavam indo e não mais para treinamentos ou aquecimentos. Como uma das CSTs escreveu para um amigo: "Eu jamais poderia imaginar como seria uma ação em campo de batalha, mas pensei que ficaria bem mais nervosa do que estava. Acho que me sinto pronta para começar e confio em meu treinamento e em meu bom discernimento para fazer a coisa certa. Será uma curva de aprendizado acentuada e não tenho dúvida de que gritarão comigo alguma vezes, mas sei que isso faz parte do processo de aprendizado."

Por fim, elas chegaram ao Afeganistão.

"É tão estranho", disse Sarah a si mesma depois que o avião estava na pista. Ela achou toda aquela rotina desconcertante. Não parecia nem um pouco uma guerra – ninguém estava atirando no nosso avião quando aterrissamos, nenhuma bala ricocheteou no C-17 quando desembarcamos nossas coisas. Parecia quase normal.

Os soviéticos construíram o Campo de Aviação de Bagram nos anos 1980, durante sua guerra contra o Afeganistão. Localizado apenas 104 quilômetros ao norte da capital, Cabul, era a principal base aérea, mas depois que os russos se retiraram, derrotados, entrou em decadência. Os americanos começaram a usar a instalação abandonada logo depois de entrarem no país, em 2001, após os ataques do 11 de Setembro. Na época, a instalação estava arruinada, dizimada por sua geografia problemática: fincada entre Cabul, que o Talibá controlava, e a província de Panjshir, no norte, a última faixa do país que o Talibá não controlava. Anos de combates brutais entre russos e afegãos – e, mais tarde, entre o Talibã e a Aliança do Norte – haviam destruído grande parte dos vinhedos viçosos que antes cercavam a antiga cidade de Bagram.

Ao longo da década que se seguiu ao 11 de Setembro, centenas de milhões de dólares dos Estados Unidos e seus aliados foram despejados no campo de aviação, levando a um aumento repentino da construção, tão intenso que uma empresa turca fez uma fábrica de cimento na base para acompanhar a rápida expansão de hangares, pistas de pouso, alojamentos, escritórios e prédios de apoio. Quando as CSTs chegaram, no fim de agosto de 2011, Bagram se metamorfoseara numa cidade independente, com uma rua principal de trânsito engarrafado, ladeada por árvores, conhecida como Disney Drive. A agora imensa base de cerca de 2.400 hectares se tornara uma cidade de Forças Armadas e empreiteiras que abrigava uma colmeia de diferentes tipos de alojamentos, desde cabanas e tendas até dormitórios formais, e cinco grandes academias de ginástica, nove instalações para refeições, dois cafés Green Bean, dois Pizza Hut, dois Subways e um Popeye's Chicken. A base também oferecia um centro de traumatologia de primeira linha para tratamento dos soldados mais feridos e uma casa de detenção para abrigar supostos talibãs e combatentes da al-Qaeda.

Bagram também atende às necessidades emocionais dos soldados, oferecendo dois centros das United Service Organizations (USOs), instituídas pelo Congresso e criadas durante a Segunda Guerra Mundial para elevar o ânimo de membros das Forças Armadas a caminho da batalha e das famílias que aguardavam seu retorno. O presidente Franklin D. Roosevelt concebeu as USOs em 1941, assim que a guerra começou a parecer iminente; três meses depois, o ator de Hollywood Bob Hope reuniu um grupo de celebridades e, juntos, fizeram um show inesquecível para os aeronautas baseados em March Field, Califórnia. Então, a guerra começou e também a imensa ação em campo de batalha de homens de todos os Estados Unidos. Em 1943, Hope e alguns outros entretiveram soldados que lutavam na Europa e no Norte da África e, assim, começou a tradição das viagens das USOs, que nunca parou. Ao longo dos anos, alguns dos maiores nomes de suas épocas, de Lena Horne e John Wayne a Lou Rawls, Sheryl Crow, Toby Keith, Ben Stiller e Stephen Colbert, participaram das viagens das USOs para apoiar os soldados. Um dos centros das USOs em Bagram tem o nome de um ex-astro de futebol americano do Arizona Cardinals, Pat Tillman, que abriu mão de uma promissora carreira na NFL para ingressar nos Rangers depois dos ataques do 11 de Setembro e foi tragicamente morto três anos depois por fogo amigo, no Leste do Afeganistão.

Sarah olhou com desânimo para os excessos desprezíveis de uma cidade fortificada repleta de conveniências do Primeiro Mundo, plantada no meio de um dos países mais pobres e mais assolado por conflitos. Ela crescera numa família que lhe ensinara a viver com simplicidade, sem confortos desnecessários, e o que via era desmoralizante. Sentiu-se enojada com aquilo.

"Pessoas ali na base estavam vivendo como porcos", pensou. Não é de admirar que digam que os afegãos se ressentem à nossa presença. Quem não se ressentiria?

Para as CSTs, assim como para milhões de outros soldados, Bagram era o último gosto de Estados Unidos no caminho para a guerra. As mulheres que iam para o Regimento Ranger ficariam ali apenas alguns dias, o suficiente para apanhar equipamentos, receber informes e processar a papelada. Elas receberiam suas designações finais e – o que era o mais importante de tudo – saberiam com qual CST fariam par.

Elas também seriam apresentadas ao Centro de Operações Conjuntas, ou JOC, um centro nervoso em tempo de guerra onde recebiam informes de inteligência gerais sobre o tipo de missão que as aguardava e as várias ameaças que enfrentariam. A maioria das bases onde serviriam teria isso. No início da década de guerra dos Estados Unidos, barreiras burocráticas impediram que informações vitais chegassem a soldados que serviram no Iraque e no Afeganistão. Esse bloqueio de informações fazia parte daquilo com o qual McChrystal lidara como comandante do Comando Conjunto de Operações Especiais. Não existia nenhum sistema central para coletar, conferir e coordenar a inteligência que estava sendo diariamente descoberta nas cada vez mais numerosas incursões de operações especiais contra redes de insurgentes. Isso significava que informações valiosas permaneciam em escritórios, enterradas sob pilhas de relatórios, enchendo gavetas de escrivaninhas ou, pior, consignadas ao lixo. Com frequência, nunca chegavam às pessoas das áreas que poderiam entendê-las melhor e estar em posição de utilizar os muitos detalhes que continham – até as menores partículas de dados que poderiam salvar vidas. Os JOCs surgiram para melhorar o fluxo de informações construindo estruturas e sistemas locais em que a inteligência podia ser reunida, compartilhada e utilizada em tempo real em unidades de operações especiais e agências ultrassecretas do governo. Esses postos de alta tecnologia podiam ser encontrados em várias regiões do Afeganistão, assentados no meio de cidades e vilas que ficavam sem eletricidade regularmente – quando a tinham – e que, com frequência, não tinham água corrente. Quando as CSTs chegaram, os JOCs desempenhavam um papel central e vital na paisagem em tempo de guerra.

Sarah nunca fora enviada ao Iraque ou ao Afeganistão, e se maravilhou com o movimentado centro eletrônico que tinha olhos sobre todo o país. Ela contou trinta monitores de TV e bem mais de cem computadores. Em cada estação ficavam delegados de um monte de agências do governo, cada uma com seu acrônimo. Em turnos que duravam o dia e a noite inteiros, eles se debruçavam sobre cada partícula de informação que chegava, a interpretavam e a distribuíam. Sarah se esforçou para aprender a linguagem do lugar: havia o TOC (Centro de Operações Táticas), o CFSOCC (Comando Componente de Operações de Forças Especiais Combinadas), os BUBs e os CUBs (Informes Atualizados de Batalha e Informes Atualizados de Comandante, respectivamente).

Kate, enquanto isso, estava impressionada porque os comandantes superiores encarregados das operações especiais haviam utilizado um tempo precioso dedicado a organizar e conduzir a luta para receber as CSTs quando elas chegaram a Bagram. Parecia que a chegada das mulheres ao Afeganistão era nova e incomum o bastante para justificar essa recepção especial de alto nível. Ela não imaginava que muitos dos outros facilitadores recebiam o mesmo tipo de atenção, e encontrou um pouco de conforto no apoio que o programa recebeu desses homens, a maioria dos quais passara a década anterior em batalha, fosse ali ou no Iraque. *Se acontecer de todas as outras pessoas nos odiarem, pelo menos os caras de cima entendem o valor de nos ter aqui*, pensou ela.

Leda, ainda se recuperando de lesões do treinamento pré-missão e atuando a partir de seu computador na Virgínia, escrevera suas sugestões para as duplas de CSTs e as submeteu ao sargento-major que supervisionava o programa a partir do quartel-general do Comando Conjunto de Operações Especiais em Fort Bragg. Ela queria juntar os soldados menos experientes com os mais experientes, de modo que as veteranas pudessem treinar as novatas para os desafios táticos e culturais que enfrentariam. O papel de oficial encarregada ficou temporariamente com Anne Jeremy, e, então, com todas elas reunidas em Bragram, ela compartilhava as designações de equipe com as poucas que ainda não as tinham recebido.

— Ashley e Lane — disse Anne —, vocês irão para o sul. Eu me juntarei a vocês dentro de alguns dias, assim que terminar a papelada que tenho que fazer aqui.

Ashley iria para Kandahar. Ela ficou chateada quando recebeu a notícia e, embora tenha dito muito pouco, não conseguiu esconder de suas colegas a ansiedade que sentiu. Estava escrito em todo o seu rosto.

Kandahar, no Sul do Afeganistão, era território do Talibã, local do surgimento político do mulá Mohammad Omar, em 1996, como líder do movimento. Enquanto o Talibã lutava abrindo caminho para o norte e tomava o controle da maior parte do país, incluindo a capital, Cabul, o mulá Omar permanecia em Kandahar e conduzia seu novo governo a partir de um complexo no sul.

A Guerra de Ashley   ★   181

Foi no Campo de Aviação de Kandahar (KAF), onde Lane e Ashley ficariam posicionadas, que o Talibã fez sua última resistência aos americanos, em novembro de 2001, antes de ser derrotado e forçado a recuar para os vales e vilas ao longo da fronteira com o Paquistão. Os insurgentes passaram vários anos se reagrupando depois de a primeira fase da guerra terminar e aos poucos ressurgiram para lutar com poder formidável mais uma vez. Agora, passados dez anos, eles tinham demonstrado a seus inimigos – as Forças Armadas mais sofisticadas e poderosas do mundo – que não precisavam controlar as bases físicas para a narrativa atual. O Talibã sabia que tinha simplesmente que sobreviver a seus oponentes, explodi-los e assassinar os civis que eles suspeitavam que trabalhavam com o governo afegão e os estrangeiros que ajudavam a apoiá-lo. A crescente capacidade do Talibã de matar e ferir civis afegãos e lançar ataques espetaculares aos Estados Unidos e a tropas do Otan era parte do motivo pelo qual o presidente Obama anunciara a intensificação em dezembro de 2009. Quando as CSTs de ação direta chegaram a Bagram, no verão de 2011, o campo de batalha em que elas se juntariam aos Rangers se tornara amplamente mais perigoso e imprevisível. Kandahar se tornara um dos mais notórios celeiros da insurgência, cenário de um número quase sem fim de ataques com IEDs que tiravam a vida de soldados americanos e os mutilavam.

Porém, havia outro motivo, mais pessoal, para a ansiedade de Ashley. Iria para a guerra com Lane, uma companheira da Guarda, e não com Amber, sua parceira no curso de treinamento no verão e no treinamento, com a qual esperava trabalhar. As designações das CSTs, conforme se viu, estavam mudando constantemente de acordo com as necessidades das equipes de operações especiais, e Anne avisou às garotas que era provável que mudassem novamente no futuro. O único conforto ao qual Ashley se apegara – de que ela serviria com uma companheira próxima – agora se fora. Ela disse isso a Lane enquanto elas esperavam no campo de aviação o avião que as levaria ao sul.

Lane, de sua parte, sentiu-se culpada por decepcionar Ashley, embora, é claro, não tivesse nada a ver com a decisão. Ela não se esforçara para se apegar a ninguém naquele verão. Ninguém jamais a chamaria de malévola, mas ela compartilhava a atitude de Amber de não ligar para bobagens; na verdade, era ainda mais rude e inflexível quando se deparava com algo do qual discordava. Parte disso se devia ao modo como foi criada, com muita responsabilidade, pouca supervisão dos pais e apenas um irmão e seu treinador de atletismo para se apoiar. Mas outra parte da dureza e da atitude inflexível de Lane tinha origem em sua experiência de estupro. Ela permanecera fiel à promessa que fizera depois de se abrir com suas companheiras da Guarda sobre o incidente: jamais permitiria novamente que a fizessem de vítima ou se aproveitassem dela. Não importava quem fosse; ela nunca "baixaria o tom" ou permaneceria "amável" e quieta diante de algo que acreditasse estar errado, não importa o quão insignificante isso fosse. Mas Lane também se sentia como protetora de Ashley, não só porque era uma pessoa muito boa, mas porque representava um tipo de integridade que Lane nunca conhecera. Ashley vinha de uma família que lhe dava apoio e carinho, tinha um casamento que inspirava cada CST que a conhecia e a seu marido. Lane queria que toda aquela bondade permanecesse imaculada em meio à fealdade da guerra – isto, admitia a si mesma, para o seu próprio bem, assim como para o bem de Ashley. Portanto, o que quer que sua nova companheira de equipe pudesse sentir em relação a trabalhar com ela, Lane passou por cima e assumiu o papel de praça, determinada a proteger sua oficial, uma segunda-tenente de sorriso angelical e bom coração. Ela sabia que Ashley se sentia insegura em relação a Kandahar *e* a ela. Para tranquilizá-la, prometeu vigiar a retaguarda de sua parceira quando as coisas fugissem ao controle, como estava certa de que aconteceria.

De fato, as coisas estavam fugindo ao controle em toda parte. Aquele mês, agosto de 2011, em que as CSTs estavam ingressando em suas novas equipes, estava evoluindo para se tornar um dos mais mortíferos para as forças dos Estados Unidos desde que a guerra começara. Além dos americanos abatidos na queda do helicóptero Chinook, mais de quinze soldados haviam sido mortos em ações nas

A Guerra de Ashley

províncias de Kandahar, no sul, onde Ashley e Lane estariam, e Helmand, ali perto. Vários outros americanos deram suas vidas no Leste do Afeganistão, onde diversas CSTs estariam postadas. As mulheres haviam chegado ao Afeganistão num período particularmente mortífero na longa guerra. A entrega, pela Otan, das responsabilidades pela segurança às forças afegãs estava acontecendo, e o presidente Obama anunciara planos de encerrar a guerra, iniciando uma grande redução de tropas no fim daquele ano. Bin Laden estava morto e a maioria dos americanos raramente pensava no fato de que seu país estava em guerra. "Nós encontramos conforto em saber que a maré da guerra está baixando", dissera o presidente alguns meses antes. "Mesmo que haja dias sombrios pela frente no Afeganistão, a luz de uma paz segura pode ser vista a distância. Essas guerras longas chegarão a um fim responsável."

Mas, para as recém-cunhadas CSTs, a guerra estava prestes a começar. E, se o número de baixas daquele mês era algum indicador, uma luta sangrenta as aguardava.

Kate, que ficara tão ofendida com a resposta crítica a sua redação no fim da seleção da CST, escreveu um poema para marcar o início de seu desembarque:

> Estamos vivendo numa nuvem de poeira,
> Como uma neblina que se instalou quando não estávamos olhando e não se moverá.
> Parece cada vez mais espessa e o único modo de saber que se está dentro dela é a areia em seus olhos e a película cobrindo sua boca.
> Sinto-me como se estivesse na Lua ou presa num livro com muitos prédios e cenários significativos, mas todas as pessoas caminhando em volta são personagens que não têm nenhuma influência na trama,
> Como uma paisagem de sonho que é uma área de transição entre dois mundos.

Toda a minha história está atrás de mim, mas talvez meus momentos definidores estejam à frente.

Talvez, de fato.

Na noite seguinte, a papelada estava terminada e finalmente era hora de ir para a guerra.

Durante o voo para Kandahar, toda aquela rotina impressionou Lane, assim como acontecera com Sarah alguns dias antes. Depois de dez anos no Afeganistão, o sistema aéreo funcionava tranquilamente; as CSTs embarcaram para o voo de uma hora entre os dois postos avançados militares de rápido crescimento tão facilmente quanto viajantes do outro lado do mundo embarcavam num Delta Shuttle entre Washington e Nova York. Para tornar as coisas ainda mais estranhas, havia civis no voo que partiu de Bragam. Quando aterrissaram, Ashley e Lane abraçaram as outras CSTs que estavam no avião a caminho de suas próprias bases e saíram para a pista de pouso.

E o ataque aos sentidos começou.

– Uau – disse Ashley, tentando manter a compostura. – Realmente isso *cheira*.

A primeira onda de calor que as atingiu tinha um cheiro forte de diesel; invadiu os canais nasais, feriu os globos oculares e se insinuou nos pulmões. A segunda onda foi puramente humana.

– Cara, Jason me falou sobre isso, mas eu não acreditei que podia ser tão ruim – disse Ashley, cobrindo a boca e correndo para o veículo de transporte que as esperava na pista. "Pense em cheiro de diesel, cheiro de coisas queimando e cheiro de merda, tudo isto fluindo junto", dissera Jason, explicando em seguida como décadas de guerra haviam devastado a infraestrutura do país, incluindo o sistema de esgotos. As instalações temporárias que as Forças Armadas montaram – basicamente banheiros químicos desmontáveis – exigiam um bocado de manutenção, o que geralmente acabava sendo feito pela metade, na melhor das hipóteses. Mas mesmo Jason não poderia saber como suas palavras se revelariam prescientes.

— Ah, mal posso esperar para contar *isso* a ele — disse Ashley, enquanto ela e Lane chegavam ao acampamento onde morariam com os Rangers, que ficava na direção do vento que vinha do "lago de fezes", um lugar onde múltiplos sistemas sépticos vindos do Campo de Aviação de Kandahar despejavam o produto de 1.800 vasos sanitários portáteis — suficientes para servir a 30 mil militares e civis — numa enorme sopa de fezes de esgoto semitratado, cor de lama, que tinha mais ou menos o tamanho do lago Michigan. O fedor do lago de fezes era agravado pelo calor seco do verão de Kandahar.

Um jovem Ranger de aparência rude que usava o uniforme de ginástica do regimento, calção preto e camiseta castanha viera apanhá-las de camionete no campo de aviação e agora as deixava em seus alojamentos.

— Ei, bem-vindas — disse ele, com um ar casual. — Que bom que estão aqui!

"Ai, Deus, isso está realmente acontecendo", pensou Lane, impressionada com seu modo informal e receptivo. Ela se sentiu como se estivesse num filme. Um filme do qual gostaria de se lembrar um dia, quando fosse bem mais velha. No momento, queria apenas sobreviver — e se certificar de que ela e Ashley provassem seu valor rapidamente.

Um sargento-major estava ali para recebê-las quando saltaram do jipe, e ele era só trabalho.

— Bem-vindas — disse ele, indicando o alojamento. — É aqui que vocês ficarão. Vocês precisam apanhar seus equipamentos logo e estar todas prontas para ir amanhã. Quero vocês no helicóptero saindo em missão amanhã à noite. Se houver algum problema nisso, me falem.

A maneira como disse aquilo deixou claro que ele imporia às mulheres os mesmos padrões impostos a qualquer outra pessoa;

nenhum tratamento especial. Ele era extremamente sério em relação ao trabalho que seus Rangers faziam toda noite e queria se assegurar de que com elas seria também.

As duas mulheres sabiam que tipicamente os Rangers saem para sua primeira missão 36 horas depois de chegarem ao país e, desde as primeiras sessões no Landmark Inn, cada CST pressionara para que os mesmos padrões elevados fossem aplicados a elas. Ashley e Lane haviam discutido isso no avião que viera de Bragam. Não queriam facilidades; era melhor cumprir a primeira missão assim que possível.

– Estaremos prontas para ir, sargento-major – respondeu Lane sem hesitar.

Elas entraram no prédio reforçado – pelo menos não precisavam dormir em tendas, pensou Lane – que seria sua casa pelos próximos oito meses, e em suas novas acomodações: cadas uma delas tinha um quarto de 3,6 x 3,6 metros que compartilharia com uma colega de quarto ou duas. Subtraindo o espaço ocupado por beliches, cômodas e um armário de parede, restava pouco espaço para se mover. No fim do corredor ficava o banheiro: quatro vasos sanitários, quatro pias e três chuveiros. Apenas um corredor estreito separava os quartos de Ashley e Lane. Se elas gritassem, poderiam se comunicar uma com a outra sem sair da cama.

A primeira soldado que elas encontraram foi Meredith Rose, uma paramédica e veterana do Iraque que, conforme se revelou, soubera da missão CST no trabalho. Um comandante simplesmente lhe perguntara um dia se ela achava que poderia "correr por aí e capturar terroristas" com os caras das operações especiais. Meredith sabia que a única resposta a ser dada era "sim". Alguns dias depois, ela se mudou para Kandahar e começou a sair com os Rangers para revistar e interrogar mulheres. Desde então, estava ali.

Meredith não perdeu tempo para organizar uma visita das recém-chegadas aos alojamentos.

– Nós mesmas temos que limpar; portanto, mantenham suas sandálias por perto – disse Meredith, apontando para os chuveiros. –

Há algumas outras garotas morando aqui, vocês as conhecerão. Todas nós moramos nesse hall.

Ao entrar de novo em seu quarto, Ashley viu outra mulher jovem – uma morena, pequena, assim como ela, sentada numa das camas. Ashley estendeu a mão e se apresentou.

– Prazer em conhecê-la – respondeu a jovem. – Tracey Mack. Eu estou na artilharia de campo.

Ela apontou para Ashley a cama em frente à dela.

– Não é grande coisa, mas funciona – disse ela sobre o quartinho.

– Vocês estão com fome? – perguntou. – Não comeram ainda, comeram? Vou levar vocês a Boardwalk.

– Ao quê? – perguntou Ashley.

– Você vai ver – respondeu Tracey.

Aquela oficial de artilharia de campo enfrentara seu próprio desafio de se adaptar seis meses antes, quando chegou a Kandahar como uma segunda-tenente de 24 anos, inexperiente, servindo como especialista residente no Sistema de Foguetes de Artilharia de Alta Mobilidade, conhecido como Himars.

Filha de um veterano do Exército que trabalhara como policial militar, treinador de cães e investigador durante seus treze anos de carreira militar, Tracey ingressara no ROTC durante seu primeiro ano de faculdade. Depois da formatura, ficou arrasada ao receber sua designação para a divisão de artilharia de campo do Exército. Assim como Tristan, ela adorava a ideia de estar na luta, mas todos os trabalhos mais próximos da linha de frente ainda eram fechados para mulheres. Em vez de liderar pessoas em batalha, ela estaria administrando recortes de jornais, planilhas em Excel e máquinas de xerox no quartel-general. Quis o destino, porém, oferecer-lhe uma oportunidade: uma designação em Fort Bragg sob o comando de um coronel de mente particularmente aberta.

"Ei, estamos animados por vê-la em nossos registros", disse-lhe ele num e-mail. "Nossa unidade precisa de um líder, e sua bateria será enviada no ano que vem." Tracey agarrou a chance de ser uma líder de pelotão em terra, no nível de batalhão. Mesmo seis meses antes, apenas um punhado de mulheres nas Forças Armadas *inteiras* teria tido essa chance. E, então, ela era uma delas, ali no Afeganistão.

Quando chegou a Kandahar, na primavera de 2011, a pequena e alegre tenente Mack sabia que era um alvo fácil para os agressivos Rangers que viviam de acordo com o relógio de combate há uma década inteira. Imaginou que eles a veriam como uma garotinha sorridente, difícil de levar a sério. Ela, por sua vez, sentia-se intimidada pelos anos de experiência deles em campo de batalha e pelo intenso companheirismo nascido de todo esse tempo de luta juntos. Qualquer um desses homens teria morrido por outro, pensou ela, quer gostasse pessoalmente dele ou não. Eles haviam visto as entranhas de amigos e o cérebro de inimigos, sobrevivido a lutas que os transformaram em pessoas. Ela considerou tentar se tornar mais "masculina" e mais dura para se adaptar a ser menos alegre, menos simpática e muito menos brincalhona do que realmente era, mas, no fim, descobriu que ser falsa seria ainda pior do que ser excluída.

Então, Tracey se lançou numa missão para provar seu valor. Ficaria sozinha no seu canto toda noite no JOC e aprenderia os ritmos das missões vendo-os agir, em tempo real, pelas telas diante dela. Ela viu que os Rangers eram diretos e francos: a vida de seus companheiros estava em risco ali e tudo com o que se importavam era o que cada soldado trazia para a mesa, além da certeza de que até que ponto ele – ou ela, no caso de suas facilitadoras – podia fazer seu trabalho bem. Certa noite, os aviões que geralmente forneciam apoio aéreo aos Rangers foram impedidos de voar por causa das condições de tempo ruins e ela ofereceu seu sistema de artilharia. Depois de três meses tentando impor sua capacidade, Tracey finalmente pôde demonstrá-la, já que a artilharia guiada por GPS atingiu o alvo em cheio. Depois que os homens que a viram no JOC durante todos aqueles meses viram que ela podia mostrar resultados sob extrema pressão de combate – e podia aguentar gozações de vez em quando –, eles a aceitaram.

Então, ali estava ela, apresentando as novas garotas ao KAF. Ela se sentia enrijecida pelos últimos seis meses na guerra – havia visto muitas bandeiras erguidas a meio mastro quando os caras das operações especiais eram mortos por IEDs ou fogo inimigo. Admirou-se com o quanto Lane e Ashley pareciam jovens e inexperientes para ela naquele momento.

– O Boardwalk é onde comemos quando precisamos dar um tempo do DFAC – disse Tracey a Ashley, usando uma abreviatura militar para as instalações da base onde as pessoas comiam. O Boardwalk era o shopping geral e a praça de alimentação do KAF. Quer um cachorro-quente? Experimente o Nathan's Famous. Café com leite? Vá ao café canadense Tim Hortons. Hambúrgueres e muito mais podiam se encontrados na filial do T.G.I. Fridays em Kandahar, com direito a toldo vermelho cereja e branco.

Mas nenhuma alegria para o consumidor americano, nem baguetes com salmão, ou croissants com chocolate, ou ondas de arame farpado e barreiras Hesco poderiam manter afastadas as ameaças que permaneciam à espera fora da base fortificada. Eles viviam no coração do território talibã, cercados por uma insurgência cada vez mais ousada comprometida com sua luta.

– Pizza ou *gyros*? – perguntou Trace a Lane e sua nova colega de quarto, Ashley. Não havia mais nada aberto no momento – eram 22 horas. Ali perto estava pendurado um pôster que mostrava uma loira atraente de lábios vermelhos brilhosos segurando um sanduíche e olhando de maneira sedutora para a câmera com as palavras GYROS (YEEROS) for HEROES em grandes letras escuras, acima do localizador, KANDAHAR RESORT.

– Os *gyros* são realmente muito bons – disse Tracey.

– O que são *gyros* exatamente? – perguntou Ashley, encabulada. Tracey lhe mostrou uma carne de carneiro marrom envolvendo um espeto prateado em torno do qual a carne circulava sem parar. A longa fila de membros do serviço militar à espera do sanduíche grego no pão árabe, por sete dólares, atestava a popularidade.

– Está bem, vamos experimentar.

"Primeira refeição em Kandahar e já é uma aventura", pensou Lane enquanto elas voltavam para seus novos quartos para terminar de desfazer a bagagem e dormir.

Ela olhou para seu Timex preto.

"Amanhã, a essa hora, estaremos nos preparando para sair em missão...", pensou Lane. E ela se lembrou das palavras que a capitã Matthews deixara para elas:

Tomem um curso calculado e uma posição ampla dentro de suas linhas de operação. Mostrem a todos nós do que vocês são capazes.

Lane prometeu a si mesma que não faria por menos.

9

Operação "Encaixe"

★ ★ ★

— Ei, Ash, dê uma olhada! – gritou Lane.

Ela estava empurrando com as botas uma caixa grande para o quarto de Ashley. As garotas esperavam ansiosas essa caixa vinda de Fort Bragg. O papelão mostrava uma grande letra P circundada por um C, o logotipo da Crye Precision, uma empresa com sede em Nova York, fundada por dois formandos da Cooper Union, em 2000, para "revolucionar o soldado", criando uma nova linha de uniformes de camuflagem e roupas blindadas para as Forças de Operações Especiais do Exército dos Estados Unidos. Os Cryes foram criados para funcionar em cada ambiente para onde os soldados americanos eram enviados, de desertos a florestas, de pântanos a cidades, e em todo tipo de clima, altitude e condição de luz. Membros do Regimento Ranger usam Cryes toda noite em missão, e as CSTs haviam pressionado Leda para ter o mesmo uniforme. Ela, por sua vez, pressionara em favor de sua equipe. As CSTs pensaram que pareceriam ridículas vestindo seus "MultiCams" [uniformes de camuflagem] comuns do Exército. Como se já não se destacassem o bastante.

– Parece Natal – brincou Lane enquanto retirava os uniformes verde e marrom da caixa e começava a entregá-los a suas companheiras de equipe.

As duas riram, mas sua reverência aos Cryes era real. Elas estavam inegavelmente orgulhosas por terem a chance de vestir o uniforme usado pelos combatentes mais duros do Exército. E, com as suas joelheiras embutidas, os Cryes seriam de grande ajuda quando as CSTs ajoelhassem uma perna depois de sair correndo do helicóptero. A parte de cima do Crye era outro item apreciado, com cotoveleiras e material leve e respirável que minimiza o suor sob a blindagem. A roupa tem também uma gola alta, com zíper, que impede que equipamentos, como faixas de fuzis, rocem e irritem o pescoço do soldado. Os Rangers que punham as golas para fora faziam Lane se lembrar de John Travolta em *Os embalos de sábado à noite*, e durante semanas ela pensaria em Tony Manero na pista de dança ao embarcar no helicóptero com seu pelotão.

— Uh, Lane, olhe isso — disse Ashley, desfilando para lá e para cá no espaço minúsculo entre os beliches.

Ela estava afundando dentro de uma roupa de camuflagem que era pelo menos dois tamanhos acima do seu: a cintura contava sólidos vinte centímetros mais larga e o cinto chegou às axilas quando ela puxou a calça para cima. A blusa era tão apertada que parecia a parte de cima de uma roupa de mergulho. "Graças a Deus ninguém verá isso", pensou, já que ela sempre usaria outra blusa e a roupa de blindagem completa sobre aquela.

Ela parecia uma garotinha que pegara emprestada a roupa de camuflagem dos pais, e Lane quase se dobrou de tanto rir.

Lane tinha o problema oposto de Ashley: sua calça era apertada em lugares onde deveria ser frouxa e frouxa onde precisava ser apertada. A área em torno das virilhas, com um zíper que combinava nylon e algodão e um prático fecho de velcro para uma ação rápida, estava meio estufada porque algo que os fabricantes haviam pretendido cobrir estava faltando.

— Acho que eles não planejaram para que garotas vestissem isso — disse Lane, com um olhar inexpressivo.

Ashley saiu perguntando para ver se algum Ranger tinha sugestões para remediar o desafio de seu guarda-roupa. Teve sorte e conseguiu um simpático suspensório verde que, por hora, resolveu; a partir daquele momento, aquilo se tornou sua marca registrada.

É claro que esse problema de vestimenta dificilmente era o primeiro para as mulheres nas Forças Armadas. Na Segunda Guerra Mundial, o Corpo de Mulheres Auxiliares do Exército fora abastecido de uniformes feitos por fabricantes que só produziam roupas para homens. Os fabricantes de roupas femininas cobravam preços mais altos para cada item, e o Exército não estava disposto a pagar mais para vestir as moças. Uma mulher nos anos 1950 notou que os uniformes femininos pareciam ser feitos para "uma raça de gigantes". Mildred McAfee, a primeira diretora do Waves (Mulheres Aceitas para Serviço de Emergência Voluntário) na Marinha dos Estados Unidos, reclamou que "pareciam um traje de ópera cômica". Parecia que nada se encaixava na forma de uma mulher: as jaquetas tinham ombreiras pesadas e eram apertadas na área do peito; as saias eram estreitas demais para os quadris mais largos de uma mulher. Os sapatos e gravatas foram considerados nada femininos. O design básico podia não ser "tão ruim", disse uma militar, mas "o produto final não poderia ser pior de qualquer ponto de vista".

As coisas não melhoraram muito no Vietnã, onde os uniformes das mulheres amarrotavam no calor e se desintegravam depois das repetidas lavadas exigidas pela umidade tropical. A maioria das mulheres acabou vestindo uniforme de campanha masculino e botas, embora o uniforme oficial no teatro de guerra fosse um traje de duas peças complementado por saia e tênis. Quando a diretora do Corpo de Mulheres do Exército (WAC, na sigla em inglês) exigiu que as mulheres usassem trajes tradicionais, um major do Corpo protestou que os "WACs estão no Vietnã para fazer um trabalho e não para melhorar o moral das tropas masculinas". Por fim, um comandante interviu para reduzir a guerra de moda e permitiu que os WACs continuassem usando os uniformes de campanha tropicais, "se desejado". A maioria usou.

As coisas definitivamente haviam melhorado no século XXI desde os tempos dos tênis e saias obrigatórios, embora abundassem uniformes que vestiam de maneira estranha. Agora, em 2011, pelo menos as CSTs podiam usar a mesma roupa que os homens com os quais iam para o combate, mesmo que exigisse alguns ajustes para que funcionasse.

O obstáculo seguinte para as CSTs dizia respeito ao espaço de escritório. As mulheres haviam recebido uma sala no segundo andar do Centro de Operações Táticas ou TOC, longe das salas de equipe dos Rangers, no primeiro andar, o que significava que elas tinham que subir e descer escadas o dia inteiro para saber sobre missões, inteligência e qualquer outra coisa que estivesse acontecendo. Anne disse a um dos sargentos de pelotão dos Rangers que queria mudar suas companheiras de equipe para o andar de baixo.

– Honestamente, eu não sei se vocês podem trabalhar conosco. Somos uma espécie de gangue de malucos aqui embaixo – disse o Ranger, meio que brincando. De qualquer modo, acrescentou ele, não havia nenhum espaço livre perto das salas de equipe.

– Ah, tudo bem – respondeu Anne, sem desistir. – Vamos só ocupar o armário de vassouras.

E, então, as CSTs passaram um dia inteiro limpando um antigo armário de limpeza que, por acaso, ficava na porta ao lado da sala de informe e o transformaram na sede semioficial da Equipe de Apoio Cultural. Era grande o bastante para que coubessem algumas escrivaninhas e estações de computador e elas se instalaram ali. Ashley cercou seu computador de fotos de sua sobrinha bebê, Evelyn, de sua bonita irmã gêmea, Brittany, e de instantâneos que mostravam ela e Jason. Também tratou de manter todo mundo bem alimentado, como fizera no Bank Hall. Jason estava enviando regularmente pacotes de suprimentos cheios de todos os doces que ela adorava, especialmente Ursinhos Gummi e M&Ms, que Ashley guardava em grandes jarras distribuídas pelo escritório/armário para os visitantes aproveitarem. Sua mãe também enviava guloseimas, inclusive seus biscoitos caseiros de chocolate chip, que de algum modo conseguiam chegar ao Afeganistão ainda grudentos.

A Guerra de Ashley

Um dia Anne estava dizendo a Ashley como era boa a comida na base onde ela servira durante sua primeira viagem ao Afeganistão e Ashley teve uma ideia. "Se você nos conseguir uma panificadora...", disse ela. Nem bem a máquina chegou, a mãe de Ashley já estava enviando de Ohio misturas especiais para pão e todo tipo de ingrediente. Ashley estreou a máquina com uma fornada de pão com passas e todo o corredor logo sentiu o cheiro de pão recém-assado. Rangers passaram para experimentar as gostosuras e brincaram dizendo que as CSTs estavam tentando torturá-los com o cheiro de casa. Em Ohio, a Sra. White riria ao telefone com Ashley, durante seus telefonemas semanais, aos domingos, por sua filha estar assando pão, mesmo estando na guerra. Algumas coisas nunca mudavam.

Na realidade, tudo havia mudado, já que o dia se tornara noite e a noite se tornara dia. Toda "manhã" as CSTs acordavam às 13 ou 14 horas. Geralmente, iam direto para a academia fazer CrossFit, escalada em corda e elevação de pernas na barra. Elas faziam dezenas de afundos, depois uma série de halterofilismo e puxadas na barra. Em seguida, praticavam subida na corda. Ashley aumentara seu padrão de trinta puxadas na barra e se via mais forte a cada semana. Depois, quando o tempo e as instruções permitiam, vinha uma longa corrida em volta da base, às vezes com equipamento completo e, às vezes, apenas com a roupa de ginástica Ranger — camiseta e short pretos. Depois disso, era a hora do "café da manhã", que chegava quando a maioria de seus amigos e familiares estava em casa jantando. Antes de requisitarem uma camionete que podiam usar para uma ida rápida a algum dos lugares de refeição, as CSTs encomendavam caixas do cereal Special K e pacotes de farinha de aveia, que podiam comer no quarto ou na escrivaninha, enquanto trabalhavam no computador. Elas passavam o "dia" descobrindo o que a noite lhes reservava, participando de informes de inteligência e de pré-missão e preparando suas mentes e seus cartões de anotações para a missão da noite. Às 22 horas, elas estavam se preparando. Se tudo corresse bem e pelo menos perto do que esperavam, voltariam para a base no início da madrugada.

Em seguida, jantavam, o que geralmente era conhecido como café da manhã, e seguiam para o informe pós-missão. Quando terminava, era hora de relaxar, geralmente com um episódio das séries *Glee* ou *How I Met Your Mother* no computador de alguém no escritório. Ashley, com frequência, recorria ao filme *Missão madrinha de casamento* em seu recesso mental pós-missão. Depois, as CSTs faziam uma caminhada curta de volta a seus quartos, punham roupa de ginástica, malhavam e finalmente tiravam algumas horas de descanso. No dia seguinte, iniciavam toda a rotina de novo.

As mulheres rapidamente aprenderam que nenhuma noite era igual à anterior. Essa era a realidade da vida nas operações especiais. Esse era o motivo pelo qual os homens treinavam o ano inteiro e um dos motivos pelos quais os Rangers estavam tão apreensivos com a presença das CSTs junto deles. Além da questão do gênero sexual, o ciclo de treinamento bem menor e totalmente diferente delas as fazia parecer uma responsabilidade perigosa. "Você não se põe à altura da situação quando as coisas dão errado", dissera a sargento Marks às mulheres no treinamento pré-missão. "Você cai ao seu nível mais baixo de treinamento." A urgência, o medo e o ataque sensorial da guerra destroem os instintos de resposta da maioria das pessoas no calor do momento. Essa verdade tornava o treinamento permanente não apenas importante, mas essencial para a sobrevivência e o êxito no combate.

Mas as poucas semanas de treinamento em revista e interrogação tática estavam agora valendo a pena para as CSTs na guerra. Toda semana, elas compartilhavam pelos e-mails internos histórias sobre o que encontravam em lares afegãos, os diferentes cenários que haviam enfrentado em missão e como lidaram. Na parte Leste do Afeganistão, depois de mais ou menos uma semana, uma CST descobriu um AK-47 enterrado no chão sob uma mulher que ela estava revistando. Kimberly e sua parceira, na primeira noite dela fora com uma equipe de Seals decididamente céticos, haviam encontrado os itens de inteligência que a equipe buscava embrulhados comodamente numa fralda de bebê molhada. Certa noite, com um pelotão Ranger, Cassie foi chamada à frente da formação para ajudar a acalmar uma jovem cujo pai era conhecido como integrante de um grupo que planejava ataques a afegãos e americanos. As forças americanas e afegãs ainda não haviam revistado a casa, mas os Rangers não queriam entrar no complexo enquanto a garota estivesse gritando em níveis de doer os ouvidos que certamente acordariam a vila inteira. Cassie se ajoelhou com a garota e lhe explicou que também era muito próxima do pai e entendia o desejo de proteger o dela. Mas, disse à garota, o pai dela estava fazendo coisas que estavam matando seus compatriotas e soldados americanos. A garota mandou Cassie ir para o inferno e gritou palavrões para ela num ataque em furioso pachtun, mas, enquanto as duas mulheres interagiam, os Rangers conseguiram revistar a casa sem incidentes.

Aos poucos, as CSTs estavam travando e, com frequência, vencendo a batalha para pertencer: deixando que o trabalho falasse por si só, reconhecendo que não eram Rangers, mas queriam fazer diferença lá fora, indo para o campo de tiro, comparecendo à academia de ginástica e marchando toda noite sem sair da formação. Essa era uma luta que cada CST sabia que seria vencida aos poucos – e que podia ser perdida num instante.

10

A Intérprete

★ ★ ★

Setembro chegou e, com o avanço do outono, veio um leve alívio do calor de Kandahar.

Assim como a guerra no Afeganistão, o papel da CST estava constantemente evoluindo – de maneira mais significativa, na composição das equipes. Lane acabara de deixar Ashley e Anne em Kandahar por uma base em outra região. Sarah se mudara também. Em vez dos pares previstos originalmente, a maioria das mulheres estava agora saindo sozinha, apenas com um intérprete. A necessidade de CSTs nas operações especiais era grande o bastante para as mulheres se espalharem o mais amplamente possível. E assim como estavam conhecendo melhor suas companheiras da CST, elas estavam se aproximando mais de seus intérpretes – mulheres e homens civis sem os quais não conseguiriam fazer seu trabalho toda noite. Conforme as CSTs vieram a aprender, os intérpretes estavam entre os membros mais corajosos e eficazes das equipes de operações especiais, mesmo que seu trabalho fosse um dos menos conhecidos – e menos valorizados. A necessidade de todas as forças americanas terem intérpretes fluentes em pachtun e fisicamente preparados excedia em muito a oferta. As firmas civis especializadas em contratação de intérpretes não conseguiam atender nem de perto à crescente demanda das forças americanas.

Isso dificilmente era um novo desafio para as forças americanas. A Guerra Civil havia sido a última batalha em que todos os lados falavam a mesma língua. Nos meses anteriores a Pearl Harbor, os

A Guerra de Ashley ★ 199

Estados Unidos começaram a recrutar sino-americanos de segunda geração e treiná-los para trabalhar com soldados americanos na Escola de Inteligência do IV Exército, em San Francisco. Depois do ataque em 1941, a escola foi transferida para Minnesota, já que na época qualquer pessoa que tivesse origem japonesa declarada era oficialmente banida da costa Oeste dos Estados Unidos. Historiadores mais tarde atestariam a extraordinária contribuição dos sino-americanos durante a Segunda Guerra Mundial. James McNaughton escreveu: "A coragem, habilidade e lealdade deles ajudaram a vencer a guerra mais cedo e a um custo mais baixo para os Estados Unidos do que de outro modo teria sido possível." Durante a ocupação americana do Japão, "eles ajudaram a transformar inimigos amargos em amigos, assegurando, assim, a vitória e servindo como uma ponte entre as duas culturas". As mulheres desempenharam um papel importante nesse esforço; os WACs recrutavam mulheres americanas em famílias japonesas e chinesas, algumas das quais passaram os anos da guerra em Camp Ritchie, Maryland, analisando documentos japoneses apreendidos.

Mas o Pentágono se viu completamente despreparado para as demandas de língua que as guerras pós-11 de Setembro, do século XXI, impunham a suas tropas. Encontrar tradutores habilitados e prontos para a batalha provou ser um grande desafio e, no Afeganistão, isso era muito mais difícil do que no Iraque, porque as comunidades afegã e persa dos Estados Unidos correspondiam a apenas um terço da população do país que falava árabe. O pachtun, uma das duas línguas oficiais do Afeganistão, não é falado em imensas faixas do mundo, o que complica a tarefa de encontrar tradutores em países vizinhos. O dilema do perdido-na-tradução enfatizava um problema muito mais amplo: faltavam aos Estados Unidos as habilidades de língua nos lugares onde o país estava lutando e cabia às Forças Armadas encontrar uma solução. Uma das prioridades do general Olson era uma iniciativa chamada Acessos Militares Vitais para o Intereresse Nacional, ou Mavni, na siga em inglês, cujo objetivo era aumentar "nosso nível de *expertise* regional por meio do recrutamento de falantes de origem nativa". Os tradutores tinham que ser não cidadãos residentes, legais, baseados nos Estados Unidos, e, em troca por seus serviços, prometia--se a eles acelerar o obscuro processo de naturalização.

Pessoas que falavam pachtun e dari, a outra língua nacional do Afeganistão, eram admissíveis no programa, mas eram poucos e preciosos os nativos desses idiomas que podiam oferecer o poder de fogo linguístico que a guerra exigia. Então, as forças americanas e suas empreiteiras civis saíram à caça de candidatos nas maiores comunidades americanas-afegãs da nação, do norte da Virgínia ao sul da Califórnia. Empreiteiras privadas pagavam várias vezes mais o que as Forças Armadas podiam, com salários oscilando em torno de 200 mil dólares, mas, mesmo assim, era um desafio encontrar pessoas que tivessem todas as qualificações – principalmente mulheres.

Para as CSTs, que estavam ocupadas, se acostumando à nova designação incomum, o intérprete ideal era uma mulher que entendesse a cultura pachtun; falasse inglês americano tão bem quanto elas; entendesse como as operações especiais funcionavam; pudesse se relacionar e se conectar com mulheres e crianças afegãs num momento difícil; assumisse a missão das mulheres; fosse atlética o bastante para acompanhar os Rangers usando roupa blindada e pudesse falar a maioria dos dialetos do pachtun.

Ashley teve a sorte de passar a trabalhar com a intérprete ideal, uma jovem americana-afegã chamada Nadia Sultan.

Nadia chegara aos Estados Unidos no fim dos anos 1980, quando tinha apenas um mês de idade. Seus pais eram refugiados afegãos de Kandahar, fugidos da guerra de nove anos de seu país com os russos, que, na época, estavam empreendendo ações especialmente sangrentas nas cidades vizinhas e em sua própria vizinhança. Primeiro, eles ficaram no Paquistão, onde a mãe de Nadja deu à luz sua menininha, com a preocupação de que os Estados Unidos não os deixassem entrar sem seguro-saúde. Uma vez nos Estados Unidos, a família passou os primeiros anos em Nova York, no fechado bairro de afegãos; depois, mudou-se para o Condado de Orange, na Califórnia, onde uma comunidade afegã maior e mais estabelecida estava formando uma nova vida. Nadia cresceu como uma verdadeira garota do Condado de Orange; a bonita moça de cabelo preto nunca saía de casa sem uma maquiagem impecável e as unhas recém-cuidadas.

A família de Nadia podia ter saído do Afeganistão, mas não perdera todas as tradições de sua terra natal. Nadia e a irmã foram criadas numa comunidade americana-afegã isolada para estudar, encontrar um trabalho e se casar com um americano-afegão bem-sucedido aprovado por seus pais. Depois disto, começariam a ter filhos – assim que possível.

Mas, depois que foi para a faculdade, Nadia se desviou do caminho que seus pais haviam tentado criar para as meninas. Ela trabalhou num banco enquanto estudava na Universidade da Califórnia e se formou no auge da crise financeira, uma época de poucos empregos e dura competição. De início, queria trabalhar com a polícia ou o FBI ajudando a salvar crianças vítimas de abusos. Depois, ouviu falar sobre o emprego de intérprete por meio de um tio em Nova York; vários de seus primos já haviam aceitado cargos e partido para o Afeganistão. Nadia decidiu que, se pudesse ser intérprete para americanos fazendo um trabalho humanitário na terra de seus pais, também iria e ganharia uma experiência que a ajudaria quando voltasse. Estava animada com a ideia de ganhar um bom dinheiro fazendo um trabalho no qual acreditava e, ao mesmo tempo, servir à nação que dera abrigo a sua família quando era perigoso demais ficar em Kandahar.

Mas os pais de Nadia sabiam o bastante sobre a guerra para questionar seu idealismo. Eles ficaram furiosos quando ela lhes deu a notícia e tiveram uma explosão de raiva. Nenhum dos dois podia acreditar que depois de tudo o que haviam perdido e arriscado – inclusive suas próprias vidas – para ir para os Estados Unidos, sua filha, então, voltaria para lá.

– O Talibã vai matar você! – gritou sua mãe em pachtun. – Vão assassiná-la assim que puserem os olhos em você. E você não poderá escapar, porque todo dia há foguetes caindo nas bases. Se você for para lá, vai morrer.

Nadia ouviu a mesma coisa de quase todo mundo em sua família, mas ignorou as súplicas e levou adiante seus planos. Ela desembarcou no Campo de Aviação de Bagram no verão de 2009 e três dias depois iniciou o novo trabalho. Os colegas lhe deram as "boas-vindas" da mesma maneira que haviam recebido as CSTs: como se ela estivesse ali há anos e pronta para entrar com tudo, sem nenhum período de adaptação ou treinamento no local. Somente ela não tinha tido nenhum treinamento. Nadia começou trabalhando como intérprete em turnos de doze horas na base em Bagram, traduzindo para os americanos quando eles traziam detidos de grande valor que apoiavam a insurgência e tentando ajudar a obter informações que frustrassem futuros ataques. Ela disse a sua empresa que queria fazer mais trabalho humanitário, como distribuir alimentos ou abrir escolas, mas lhe disseram que infelizmente aquele era o único trabalho que tinham na época. O Condado de Orange e os dias de manicure e pedicure não podiam parecer mais distantes.

Quando encontrava afegãos vindos de toda parte do país, Nadia não podia acreditar no modo como os compatriotas de seus pais estavam vivendo. Ela nunca havia visto tanto sofrimento, nunca havia interagido com pessoas para as quais comida, sapatos e água eram luxos. Seus pais haviam descrito o Afeganistão como uma terra de abundância, de melancias de tamanho descomunal, de romãs suculentas e aparelhos eletrônicos modernos que pessoas da Índia e do Paquistão traziam em quantidade pelas fronteiras para vender. Mas tudo o que Nadia via era uma pobreza insuperável e a fragilidade da vida humana. A única coisa que ela tinha em comum com os afegãos que encontrava era a língua.

Ela prometeu que nunca diria aos pais o quanto aquilo era realmente ruim. O Afeganistão deles só existia agora na imaginação e ela não estava disposta a destruí-lo.

Durante as primeiras duas semanas em Bagram, Nadia lutou para resistir a cada dia. Ela ainda não adotara sua "mentalidade de combate" e estava mal preparada para o que testemunhava e ouvia. Permanecia firme no trabalho, mas voltava para seu quarto depois de cada turno, chorava durante horas, apenas para se refazer e voltar ao trabalho. Ela se perguntava se conseguiria continuar fazendo aquilo, independentemente de quanto dinheiro estivesse ganhando. "Temos que tirar nossos soldados dali; essas pessoas são de um século diferente", pensava. "Temos que sair desse lugar e não olhar para trás."

Nadia estava igualmente aborrecida com todos na festa à sua volta. Empreiteiros civis e soldados da Otan na base ficavam acordados a noite inteira, bebendo e se divertindo até o amanhecer. Ela não conseguia pensar em nada mais inapropriado do que dançar numa zona de guerra. "Como essas pessoas podem ficar a noite inteira festejando, quando homens e mulheres estão morrendo bem do outro lado desses portões?", perguntava-se.

O tempo e a guerra, entretanto, mudaram Nadia também, e, aos poucos, ela se tornou insensível aos excessos incongruentes de seu novo ambiente. Depois de três meses, ela parou de chorar por causa do trabalho. Parou até de levá-lo para o quarto com ela. E parou de julgar os festeiros, embora nunca tenha se juntado a eles. Eles não eram más pessoas, concluiu, estavam apenas tentando sobreviver. "Em suas mentes, estão vivendo o dia a dia, assim como nós estamos, porque ninguém sabe o que o próximo dia trará", pensou.

No fim de 2009, pouco antes do início do aumento de tropas americanas, a cena social se tornou ainda mais extrema. Muito mais intérpretes chegaram ao Afeganistão, incluindo algumas mulheres que Nadia conhecia de Nova York e da Califórnia. Pasma, ela viu aquelas novas "princesas do deserto" agarrarem seus lugares no "bufê de homens" que encontraram nas bases. A velha piada refletia realmente a vida na zona de guerra: "Dois viram dez e dez viram vinte." A própria Nadia – jovem, bonita e sozinha – tinha abundância de convites e pretendentes. "Eu trabalharia em três empregos para sustentar uma esposa como você", disse-lhe um deles. Mas ela dava pouca atenção. Esse não é o mundo real, lembrava a si mesma, e com o tempo ela e as outras jovens americanas-afegãs criaram um vínculo único devido a seu status de estranhas. Elas eram civis numa base militar, americanas-afegãs cuja lealdade era questionada tanto por afegãos quanto por seus companheiros americanos – e estranhas até para suas próprias famílias; os mais velhos achavam ultrajante que aquelas mulheres jovens optassem por morar ali, no meio de uma guerra travada por homens, em vez de "ter bebês em casa, onde deveriam estar".

Depois de seis meses no emprego, Nadia percebeu que a garota americana-afegã frívola e atenta a rótulos de produtos que ela havia sido desaparecera e, em seu lugar, havia uma profissional firme, com um lugar na primeira fila na guerra do Afeganistão. Seu trabalho a punha em contato direto com combatentes e ela – a garota mimada do Condado de Orange – era agora parte do esforço para impedir ataques e saber onde os líderes da insurgência e seus aliados estavam se escondendo. Nadia agora conhecia incontáveis indivíduos que não queriam outra coisa além de matá-la e se comunicara com dezenas de cidadãos afegãos comuns que eram destituídos, incultos e, agora, totalmente presos a uma guerra muito maior do que podiam compreender. Ela já não podia suportar ouvir as amigas em casa falando sobre problemas com namorados ou preocupações com botox. "Pessoas estão morrendo todos os dias, tudo aquilo é tão sem sentido", pensava. Mas ela nunca expressava isso em voz alta; mantinha-se concentrada em seu trabalho. Aos poucos, Nadia passou a confiar mais em sua capacidade e desenvolveu um instinto apurado para perceber quando alguém estava mentindo. Ela também se dispôs a falar e parou de hesitar quando tinha uma percepção para oferecer ao pessoal militar para o qual traduzia. Se achava que eles estavam indo para um beco sem saída, dizia isso, embora alguns líderes americanos não quisessem ouvir suas opiniões. Ela era apenas uma intérprete; "apenas diga a eles exatamente o que estou dizendo", diziam a ela, ignorando o fato de que algumas palavras que usavam nem existiam em pachtun. Mas, com o tempo, muitos passaram a confiar em Nadia e a considerá-la uma parceira que podia oferecer percepções em situações perigosas durante momentos de grande risco.

Na primavera de 2011, seus chefes a recrutaram para uma atribuição especial: uma nova missão que aconteceria nas vilas e não na relativa segurança de Bagram. Era um novo tipo de trabalho para as mulheres intérpretes: elas seriam designadas para soldados femininos americanos que saíam em incursões para revistar e interrogar mulheres e crianças afegãs em redutos de insurgentes. Havia um código com nome de cor para as forças-tarefas das operações especiais. Os colegas homens de Nadia agora caçoavam dela por ingressar naquilo que chamavam, brincando, de "Equipe Rosa".

De início, ela não queria aceitar a designação. Planejara voltar para sua casa na Califórnia em 2012 e seguir em frente com sua vida: queria fazer aquele trabalho humanitário há muito tempo adiado e, talvez, voltar para a escola. Mas seus chefes estavam ainda mais desesperados do que o habitual para que ela assumisse o trabalho; havia poucas e preciosas americanas-afegãs dispostas, corajosas e preparadas o bastante para a tarefa. E ela sabia que, se não fosse, a responsabilidade recairia sobre suas companheiras de equipe, algumas das quais eram mulheres mais velhas que dificilmente tinham preparo físico suficiente para sair em missões e, outras, mulheres mais jovens com filhos pequenos em casa, nos Estados Unidos. Ela sentiu que era seu dever com o país e com suas colegas fazer o que sabia que podia. Ela se inscreveria para a "Rosa".

Da noite para o dia, Nadia trocou o relativo luxo da vida em Bagram por uma tenda numa base do Exército, numa província onde as redes de telefone celular paravam de funcionar depois das 18 horas porque os insurgentes as usavam para explodir coisas. Em sua primeira noite com os Rangers, Nadia temeu que sua mãe estivesse certa o tempo todo: ela poderia não voltar para casa. Seu estômago revirou de terror quando ela percebeu que não tinha nenhum treinamento para viagens de helicóptero por céus completamente escuros ou para aterrissagens bruscas em campos de areia que criavam tempestade de areia e tornavam impossível respirar. Ela também não estava treinada para caminhar quilômetros por territórios desconhecidos. Usava um uniforme folgado do Exército e levava um monóculo de visão noturna, um dispositivo que tinha uma peça para apenas um olho e, portanto, reduzia drasticamente a visão do objetivo. Uma CST a treinara apenas algumas horas para utilizá-lo. O monóculo punha uma neblina verde sinistra sobre metade da paisagem, tornando as coisas ainda mais assustadoras. Correndo para sobreviver junto aos Rangers, Nadia se perguntava o que diabos ela concordara em fazer. Na primeira noite, ela sufocou com areia e vomitou assim que eles se aproximaram do complexo pretendido.

– Temos que continuar! – gritou um Ranger para ela enquanto eles corriam. – Nada de parar, acompanhe o passo!

Por fim, ela conseguiu.

Nadia se sentiu uma estranha de novo. Mesmo algumas das CSTs estavam impacientes com ela, insistindo para que trabalhasse mais rápido em campo. Ela queria responder: "Menina, você entende que eu sou do Condado de Orange, nunca fiz esse tipo de trabalho antes e tenho treinamento zero para isso?" Mas não dizia nada e apenas se esforçava mais.

Crescia a desconfiança entre os soldados americanos e as forças afegãs que eles estavam ali para treinar. A sinistra ameaça interna de ataques a pessoas amedrontava os americanos; recentemente, um guarda da fronteira afegã matara dois militares da Otan na província de Faryab, no Norte, e ninguém sabia ao certo quem exatamente estava colaborando com o Talibã para levar a cabo aqueles atos. Um dia, no refeitório, Nadia entreouviu um companheiro americano, soldado, dizendo que não queria comer com as forças afegãs porque poderia ser visto como um "desertor" desleal que poderia estar trabalhando com o Talibã. Ela acrescentou isso a sua lista de preocupações: a de que ela também seria vista como alguém com lealdades ambivalentes simplesmente porque comia ou falava com as forças afegãs às quais eles logo entregariam a responsabilidade pela segurança. Homens do exército afegão compartilhavam com ela seus sonhos de se mudar para os Estados Unidos, e como esses sonhos se chocavam com a genuína desconfiança que eles tinham dos motivos americanos. Nadia tentava convencê-los de que os americanos queriam realmente ajudar os afegãos e de o quanto a vida como imigrantes na Califórnia havia sido difícil para sua família e muitas outras. Ela tentava construir pontes entre os homens afegãos e os soldados americanos que lideravam as missões, mas encontrava poucos que aceitassem isto. Parecia quase impossível superar aquele abismo cultural.

No verão de 2011, depois de sua primeira rodada de missões da CST, Nadia concordou em ser transferida para Kandahar. Ela sabia que a província estava cheia de IEDs e era local de constantes trocas de tiros, mas agora confiava sua vida aos caras das operações especiais. Além disso, a primeira intérprete deles quebrara o pulso; não durara mais do que algumas semanas no trabalho. E não havia mais ninguém para fazer isso. Mas, primeiro, Nadia voltaria à Califórnia para um casamento na família.

A viagem para casa revelou-se um desastre: Nadia se viu sentindo-se tão isolada quanto naqueles primeiros dias em Bagram. Ninguém no sul da Califórnia agia como se houvesse uma guerra acontecendo; isto simplesmente nunca surgia numa conversa. "Por que você está tão desanimada?", seus parentes e amigos ficavam perguntando. "Você parece tão amarga." Mas Nadia simplesmente se sentia desconectada – de sua família e de sua vida "real". "Eu apenas levei uma bofetada da realidade", pensava enquanto observava a noiva e seus amigos dançando despreocupadamente e cheios de alegria no salão do casamento. Eles não faziam a menor ideia.

Ela podia ser uma civil no conflito, mas a guerra a mudara e, quando partiu da Califórnia para o Afeganistão, Nadia se perguntou se algum dia voltaria a se sentir conectada com pessoas que não haviam visto o combate.

No meio do verão, ela estava se estabelecendo em Kandahar e a nova turma chegara: Ashley, Lane e Anne. Nadia estava nervosa;

desenvolver boas relações era importante num trabalho que exigia que elas passassem muitas horas juntas se preparando para missões, voando e, o mais importante, pondo suas vidas em perigo. Ela se viu imaginando ansiosamente que tipo de mulheres seriam aqueles soldados. Entre tantos lugares, Nadia encontrou a resposta no banheiro feminino.

As quatro mulheres – Ashley, Anne, Lane e Nadia – estavam ali no banheiro, se preparando para a primeira reunião do dia, quando Anne e Lane abriram seus estojos de cosméticos para viagem. Foi um pequeno gesto, mas para Nadia representou muito.

Durante seus anos no exterior, ela estivera com muitas mulheres militares que francamente a amedrontavam. Davam a impressão de que qualquer sinal de feminilidade seria percebido como fraqueza. Mas ali, naquele banheiro minúsculo, estavam três garotas incrivelmente preparadas e práticas, com uniformes do Exército, que podiam ser ao mesmo tempo femininas e soldados numa zona de guerra. Ela achou isso revigorante e inspirador.

– Ai, meu Deus, você usa maquiagem! – irrompeu Nadia.

Anne riu enquanto dava os retoques finais num regime de maquiagem abreviado.

– Ah, sim, sempre tem que ter um rímel – respondeu ela. – Eu sou loira e parece que não tenho cílios. Não quero assustar as pessoas!

– Eu também – respondeu Nadia, aliviada como não se sentia há meses. – Quer dizer, obviamente que tenho cabelo castanho, mas sempre tenho que pôr meu delineador e preencher meus cílios. Qualquer outra coisa, não me importo, mas, para mim, essas duas coisas com certeza têm que acontecer para eu estar pronta para encarar o dia.

Em seguida, os soldados e sua intérprete foram para a sala de informe. "Esse é o *dream team*", pensou Nadia. Elas são confiantes, amam o trabalho, são firmes e sabem usar delineador. Adoram os caras com os quais trabalham e querem ajudar; não estão assustadas ou intimidadas, apenas prontas para sair. Conhecê-las ajudou a convencer Nadia a ficar no trabalho. "Eu posso muito bem fazer isso", pensou ela. "Quero ver essas garotas terem sucesso, vou aguentar e fazer isso por elas." Ela já torcera o tornozelo quando em missão e tivera mais do que alguns arranhões e contusões. Temia que seu rosto fosse atingido ou ocorresse algo muito pior numa dessas vezes, mas ficaria pelo menos até março, quando seu contrato terminaria de novo.

Durante as semanas seguintes, Nadia saiu regularmente em missão com Ashley e se tornou uma de suas intérpretes regulares. Ela admirava a resistência de Ashley diante de dificuldades, como quando a companheira lutou, certa noite, com um defeito nas baterias de seus óculos de visão noturna e enfrentou o fato de que sua luz de advertência estava acesa no fim da missão, apesar de ter baterias novas. Ela via que Ashley estava determinada a melhorar seu trabalho e não tinha nenhuma barreira de ego para superar. O sentimento era mútuo, não demorou muito para que Ashley confiasse nela e se sentisse confortável para pedir conselhos a sua intérprete mais experiente sobre como falar efetivamente com mulheres e crianças afegãs.

Se Nadia era "a intérprete ideal" quando assumiu a designação para a CST, agora, seis meses depois, estava ainda mais habilitada para seu trabalho. A função de um intérprete é ouvir todas as nuances da língua que os dois lados usam para se comunicar, mas também interpretar a linguagem corporal e as expressões faciais para obter mais pistas. Em resposta a Ashley, Nadia descreveu como era, da perspectiva de uma mulher afegã, ser interrogada no meio da noite por soldados totalmente armados. Os últimos meses haviam lhe mostrado o quanto esse trabalho era necessário; ela havia visto como as mulheres afegãs se apegavam às soldados depois que percebiam que eles eram mulheres. Mas ela também queria compartilhar palavras de precaução.

– Ouça, algumas dessas pessoas lá fora poderiam ganhar um Oscar, elas mentem muito bem. E diretamente na sua cara, sem sequer pensar nisso – ela advertiu Ashley. – Elas lhe dirão que não sabem nada do que está acontecendo em suas casas e, às vezes, não sabem mesmo, mas é comum que isto se revele uma mentira. Portanto, ouça as respostas delas. Não entre correndo feito uma bala, toda agressiva, porque simplesmente se fecharão. Às vezes, essas mulheres realmente querem falar com você, mas estão muito amedrontadas com os caras com os quais trabalhamos e com medo da progaganda do Talibã que diz que os soldados americanos entram em suas casas somente para atacá-las. Você está lá para mantê-las seguras. Se permanecer confiante e calma, estará bem. Elas percebem sua disposição. Podem ser analfabetas e nunca ter ido à escola. Mas mesmo que não possam ler ou escrever são inteligentes quando se trata de comunicação não verbal. Nunca deixe que ninguém saiba da violência da qual você é capaz. Mantenha-se firme e confiante.

Algumas noites depois, quando as duas saíram juntas numa missão, Ashley teve a chance de pôr em prática todos aqueles conselhos – e mais alguns.

A noite começou como qualquer outra, com Ashley fazendo sua parte no informe pré-missão. "Eu sou uma CST, estarei em posição no ponto X na hora X nessa missão; meu objetivo é assegurar que as mulheres e crianças..." Tudo isso havia se tornado rotina. Ela escrevera recentemente para Jason que era surpreendente aquilo com o qual alguém podia se acostumar na guerra.

Ela e Nadia embarcaram no helicóptero juntas para um voo curto. A missão era encontrar um homem suspeito de ter fortes ligações com redes de insurgentes e que estava ajudando a financiar ataques do Talibã. Nadia confidenciou a Ashley que, desde que muitos Seals haviam morrido num acidente em agosto, ela estava morrendo de medo de voar em helicópteros. Uma amiga e colega intérprete que trabalhava com frequência com aquela equipe Seal participara da segurança na área do acidente. Trinta pessoas que ela via todos os dias simplesmente nunca voltaram para a base e ela não era a mesma desde então. Nadia estava agora tomada pelo medo de que fosse a próxima e, toda vez que embarcava num helicóptero, fazia instintivamente a coisa mais americana do mundo para reduzir seus temores: rezava. Mas no momento em que começou a sussurrar as palavras familiares percebeu que tinha que parar.

"O que passa pela cabeça deles quando ouvem uma muçulmana dizer 'Deus é grande'?", perguntou a si mesma, olhando para os Rangers e seus facilitadores militares que estavam sentados por toda a sua volta nos bancos de metal. "Esses caras vão pensar que eu sou uma terrorista suicida que está aqui para detonar a si mesma", pensou. Seus olhos se encheram de lágrimas quando ela caiu na realidade: ali estava ela, prestes a sair do helicóptero para a escuridão da noite, para lutar uma guerra de seu país e ela não podia sequer pedir a Deus para mantê-la a salvo porque seria vista como uma "desertora" por seus companheiros americanos. Mas era assim que as coisas eram. Ela sussurrou "Allahu Akhbar" para si mesma em vez disso.

Nadia confidenciara grande parte disso a Ashley, que geralmente levava sua medalha de São José e seu santinho consigo nas missões, e a jovem tenente imaginara o resto. Ela fez o que pôde para aliviar a ansiedade de sua amiga e parceira de missão; ergueu o polegar para Nadia quando embarcaram no aparelho e lhe deu um sorriso tranquilizador que prometia que tudo iria dar certo, era apenas mais um trabalho noturno. Era fácil ficar separada lá fora, na noite escura, em meio a cinquenta pessoas, num terreno acidentado e desconhecido. Então as duas ficaram juntas quando chegaram ao objetivo. Ao chegarem ao complexo, outro tradutor chamou o insurgente, em pachtun, pelo alto-falante. Durante todo o tempo, Ashley não se afastou mais do que três metros ou pouco mais do que isto de sua intérprete.

Depois que entraram, Ashley reuniu as mulheres e começou explicando – tendo Nadia como voz – que era uma soldado americana e estava ali para mantê-las em segurança. Nenhum homem chegaria perto. Ela pôs suas luvas de borracha nitrílica azuis e começou a revistar as mulheres e crianças, fazendo as mesmas perguntas num tom gentil, mas confiante. Com a intérprete ao seu lado, refletindo perfeitamente as inflexões de Ashley, a equipe se pôs a trabalhar.

As mulheres responderam às perguntas de Ashley e ela anotou em seu caderno as informações que elas compartilharam. Confirmar a identidade é notoriamente difícil nas vilas do Afeganistão, particularmente aquelas onde a insurgência é mais forte, porque muitas pessoas usam apelidos semelhantes, a maioria dos homens inventava histórias elaboradas e criava identidades falsas para escapar de soldados estrangeiros e afegãos. Naquela noite, foram a interrogação de Nadia e o sutil reconhecimento de Ashley do que ela fizera que permitiram às duas confirmar rapidamente a identidade do insurgente sem deixar transparecer em seus rostos a importância daquilo que haviam acabado de saber. Essa confirmação permitiu aos Rangers usar provas que haviam encontrado no complexo principal, além de outros itens na área, para ligar esse homem aos ataques. E permitiu a todos eles voltarem para a base mais rapidamente do que o fariam de outro modo.

Ashley pode ter sido ótima em seu trabalho naquela noite, mas a natureza não tardou a desafiar seu controle. A importância de beber água durante a missão fora enfatizada às mulheres durante o verão do treinamento. "A desidratação é um inimigo potente", dissera Scottie Marks em voz alta repetidamente. Mas ninguém as havia preparado para a realidade de estar lá fora toda noite, horas a fio, caminhando, falando, voando e ao mesmo tempo tomando todo aquele líquido. O corpo, em determinado ponto, não pode ser ignorado, e a bexiga de Ashley vinha exigindo atenção há horas. Os Rangers, é claro, não tinham nenhum problema; no momento em que o helicóptero pousava, um grupo inteiro de soldados desembarcava e se aliviava ali mesmo sob as estrelas. Mas, para as mulheres, isso era muito mais complicado. Algumas, como Lane, parceira de Ashley, treinavam suas bexigas regulando religiosamente a ingestão de água e correndo diretamente para o banheiro no instante em que retornavam à base. Outras usavam o "Shewee" – um funil de plástico encontrado na cor "verde Otan" que permite às mulheres urinarem em pé. Até então Ashley mantivera seu corpo sob controle, assim como Lane. Mas, naquela noite, a chapa de metal de sua roupa blindada começara a pressionar a bexiga e ela estava em agonia. Por fim, ela perguntou a um Ranger que estava por perto se ele daria uma olhada enquanto se afastava rapidinho alguns metros para responder ao chamado na natureza. Tudo correu bem por um momento. E então:

— Quem, diabos, está dando uma mijada aí? — perguntou pelo rádio um Ranger que oferecia uma cobertura extra à unidade, caso um inimigo se materializasse de repente, quando seus ouvidos captaram o som de uma bexiga sendo esvaziada.

Silêncio.

— Ei, o que está havendo aí? Quem está mijando? Eu posso ouvir você...

Ashley havia sido apanhada e sabia que precisava responder, porque qualquer incerteza enquanto o pelotão estivesse no objetivo era indesejada, para dizer o mínimo.

— Ui, sou eu — disse ela, para todos ouvirem. — White.

— Ah, *uau* — respondeu o Ranger em tom de surpresa. A última coisa no mundo que ele esperava era ouvir uma voz de mulher.

— Ui, olá, White!

A história do diálogo se espalhou rapidamente entre as CSTs, particularmente porque envolvia a "quietinha" que — agora que realizara a façanha publicamente uma vez — decidiu que não era nada demais e faria de novo. Durante semanas, aquilo foi uma piada entre os soldados femininos: "Ui, olá, White!"

Ashley nunca contava essas histórias a Jason — na verdade, ela raramente falava com ele sobre o que estava acontecendo, devido à natureza sensível do trabalho. Em sua cabeça, mesmo idas à latrina rotineiras permaneciam sob a cúpula genérica do silêncio. Jason sempre brincava que Ashley passara do limite de velocidade talvez duas vezes na vida; ele podia dizer com confiança que ela nunca seria o soldado de língua solta que violaria a segurança da operação.

Mas ela começou a escrever uma carta para contar a ele sobre uma missão que nunca esqueceria, que acontecera alguns dias antes.

Era sua terceira vez com o Regimento Ranger, escreveu Ashley. Ela e uma tradutora — ela não disse o nome — haviam voado de helicóptero até um complexo que se pensava estar cercado de IEDs e desembarcado a menos de um quilômetro do objetivo. Em distritos onde o risco desses explosivos era alto – muitos deles no Sul do Afeganistão –, era comum que as equipes de operações especiais voassem para o lugar mais próximo que podiam, a fim de minimizar o risco de vida de seus soldados, que atravessavam a pé o mínimo possível de terreno perigoso. Os homens que eles procuravam ouviram os helicópteros pousando, e os Rangers viram quando treze combatentes saíram correndo do complexo. Os soldados começaram a atirar granadas de luz, atordoantes, para impedi-los, ou pelo menos retardá-los, e dar à força de ataque uma chance de capturá-los. Mas o fogo não letal não fez nada, a não ser algum barulho; os insurgentes tiveram uma vantagem inicial na saída e estavam, então, correndo com suas armas. Imediatamente, um fogo de contenção ar-terra começou a cair para impedir que os homens fugissem e as portas do inferno foram abertas.

Nesse momento, prosseguia a carta, Ashley estava ao ar livre, no pátio do complexo principal, interrogando as mulheres e crianças. Ela e sua intérprete haviam terminado de revistar todas elas e estavam, naquele momento, falando com as crianças e suas mães. Ashley começara a fazer uma pergunta a uma das jovens esposas quando ouviu o som de tiros pipocando por toda a sua volta.

Ela saltou em direção às mulheres e recolheu as crianças à sua frente. "Vamos!", gritou, enquanto do outro lado do pátio os insurgentes abriam fogo contra os Rangers. Uma das esposas agarrou seu braço e a acompanhou até um canto do pátio.

"Nessa hora, eu já estava no complexo principal fazendo meu trabalho e tudo isso estava acontecendo", escreveu Ashley para Jason. Então os americanos responderam do ar. "Eu me lembro de quando eles estavam disparando contra esses caras, as cápsulas das balas da metralhadora caindo diretamente em cima de nós."

O instinto e o treinamento tomaram conta e Ashley jogou seu corpo sobre várias crianças enquanto o ra-tá-tá dos disparos ressoava sobre suas cabeças. As mulheres e seus filhos pequenos gritavam e choravam em meio ao caos das rodadas de fogo de metralhadora voando sobre eles.

Ninguém do lado americano foi ferido e as mulheres e crianças ficaram ilesas. Quando tudo acabou, Ashley ficou admirada com a relativa calma das mulheres, que retornaram para o complexo e se reuniram em círculo sobre o chão.

Quando ela voltou para o acampamento naquela noite, Anne e Lane a estavam esperando. Elas haviam assistido à missão inteira, segundo a segundo, numa transmissão ao vivo no escritório. Os soldados eram apenas um punhado de pontos borrados e, no início da ação, Lane brincara: "Talvez tivéssemos que jogá-la para cima e para baixo por um segundo quando ela estivesse fora para sabermos qual pontinho ela é." Então a troca de tiros começou.

– Jesus! Eles fizeram contato – disse Lane.

Durante os minutos seguintes, elas prenderam a respiração enquanto pontinhos e explosões de tiros que pareciam cometas cruzavam a tela em branco e preto, granulada. Lane e Anne permaneceram grudadas em seus monitores até a missão acabar. A guerra na qual elas haviam entrado para os próximos oito meses parecia de repente muito mais real.

– Que merda, o que aconteceu hoje à noite, Ash? – disparou Lane assim que a companheira de equipe entrou pela porta do escritório para preparar seu informe pós-missão.

Ela queria saber tudo sobre aquilo; a verdade é que estava com um pouco de inveja. Ela puxou Ashley para lhe dar um abraço de urso. Podia ver a exaustão no rosto da amiga.

– Eu não sei, eu estava com as mulheres e crianças.... – A voz de Ashley fraquejou; ela não sentia nenhuma urgência de contar os detalhes sobre como havia sido temer levar um tiro ou ter balas ricocheteando às suas costas ou abraçar com força uma criança assustada que está olhando para você com olhos arregalados enquanto tiros irrompem por toda parte. – Eu não tinha a menor ideia do que estava acontecendo lá fora.

Então, ela se sentou à escrivaninha e começou a preparar as notas para o informe.

Alguns dias depois, durante um telefonema para Jason, ela mencionou – daquela maneira casual, desinteressada, que seu pai com frequência chamava de "clássica Ashley" – que recebera a Insígnia de Ação em Combate como resultado da ação naquela noite. Ela foi uma das CSTs de sua equipe a receber o prêmio, um emblema de prata de cinco centímetros retratando uma baioneta M9 e uma granada M67 cercadas por uma folha de carvalho, mas tudo o que conseguiu dizer foi que não achava que merecia aquilo.

– Eu não fiz nada – insistiu ela. – Sério, tudo o que eu fiz foi meu trabalho, mesmo quando as coisas estavam enlouquecendo. O treinamento ajudou. Realmente não é nada demais.

A resposta dele foi cheia de orgulho:

– Todo mundo na guerra enfrenta seu momento de luta ou fuga e você não apenas passou no teste, se assegurou de que os outros estivessem a salvo também. Mal posso esperar para saber tudo sobre isso, todos os detalhes da missão da qual pôde participar e como foi isso para você.

Essa conversa foi o que a levara a escrever a carta, para poder contar alguns dos detalhes pelos quais ele ansiava.

Ashley sabia que a insígnia era, de fato, importante: um rito de passagem que Jason tivera durante sua ação em campo de batalha. Todas as CSTs queriam recebê-la e estavam acompanhando de perto para ver quem ganharia a primeira. O prêmio foi concebido em 2004 por um major do Exército que argumentou que a natureza mutável das guerras do século XXI criava uma necessidade de homenagear todo soldado – independentemente da especialidade ocupacional militar – que se envolvesse pessoalmente com o inimigo durante operações de combate. Antes, somente soldados da infantaria tinham direito a prêmios por combate, mas a guerra insurgente do novo campo de batalha não tinha linhas de frente e já não eram só os caras da infantaria que enfrentavam ameaças inimigas. Motoristas de caminhão como

Lane, paramédicos como sua colega de quarto Meredith e policiais do Exército como Kate enfrentavam tiros regularmente e confrontavam ameaças de IEDs. Entre os primeiros ganhadores da Insígnia de Ação em Combate, em junho de 2005, estava a sargento do Exército April Pashley, que servira no Iraque com o 404º Batalhão de Assuntos Civis.

Mas Ashley não disse uma palavra a ninguém sobre o prêmio – incluindo Tracey e Lane. Somente dias depois ecoou pelas fofocas do alojamento que "White ganhou a insígnia".

– Como você pôde não nos contar? – perguntou Lane, incrédula, quando ouviu a notícia.

Ashley deu de ombros e baixou o olhar para suas botas Gore-Tex.

– Não é nada demais – disse ela. E pronto. Assunto acabado.

Ao telefone, Ashley prometera contar a Jason toda a história assim que pudesse e é por isso que estava escrevendo uma carta naquela noite. Mas um líder Ranger entrou no armário de vassouras, dizendo "White, vamos sair hoje à noite". Comandantes de operações especiais queriam manter a pressão sobre o Talibã, a al-Qaeda e todas as suas redes e associados, e o ritmo de operações estava elevado. Encontrar tempo para escrever uma carta cuidadosa estava provando ser mais difícil do que ela pensava.

Ashley terminaria a história mais tarde.

11

Subindo Montanhas à Noite

★ ★ ★

Eu vou morrer, pensou Amber.

Ela estava subindo uma montanha no Leste do Afeganistão, naquela noite de outono, em meio a um denso bosque cujas árvores bloqueavam quase todo o luar que ela sabia que estava ali. Acho que agora estamos caminhando na única parte arborizada do Afeganistão, pensou Amber. A escuridão era intensa e ela estava acompanhando uma equipe de soldados de elite com a qual nunca trabalhara. Ela nunca havia visto uma vegetação como aquela no Afeganistão; era bizarro. Todas as outras missões a haviam levado a uma paisagem lunar rochosa que era boa para a visibilidade da linha de visão, porque minimizava a possibilidade de surpresa. De início, parecia como qualquer outra "infiltração", já que picos de montanha escarpados se erguiam sobre a terra vazia. Então, de repente, a paisagem deu lugar a uma floresta. Agora, ela estava andando por uma montanha cujo terreno denso, difícil parecia ser parte do plano do inimigo.

Ela castigava a si mesma por suar como uma criança de 150 quilos.

"Cheque você mesma", Amber. "Cheque sua respiração", ordenava ela. Esquivando-se de uma árvore, ela mantinha a conversa interna que a forçava a se concentrar: passo a passo. "Não escorregue numa fenda nem caia para fora da face da montanha e morra. Não faça nada estúpido. Preste atenção."

Seus quadríceps ardiam enquanto ela escalava uma inclinação tão íngreme que a boca de seu M16 quase tocava a terra. Seus tornozelos pareciam que iam se quebrar em pedacinhos de ossos esmagados. Seu intérprete, Jimmie, um jovem afegão cujo nome não era realmente este, segurava nas mangas da camisa dela enquanto eles pulavam sobre fendas, esforçando-se para evitar ser atingidos na cara por galhos de árvores ou tropeçar em raízes e vegetação, o tempo todo tentando acompanhar os Rangers bem mais experientes. A amplitude escarpada das montanhas por toda a sua volta servia para concentrar a atenção. Até então, ela nunca percebera como a maior parte do Afeganistão era descampada e o quanto isso facilitava a maioria das operações especiais. Ela prometeu que se saísse viva daquela montanha nunca mais veria com naturalidade essa paisagem vazia. Enquanto caminhava pela escuridão, carregando seus mais de vinte quilos de equipamentos e roupa blindada, sua mente viajou até a guerra no Vietnã. Ela se perguntou o que passava pela cabeça daqueles soldados enquanto eles capengavam por florestas intermináveis tentando afastar galhos de árvores, insetos e outros bichos do caminho, evitando, ao mesmo tempo, que eles próprios e seus companheiros fossem mortos. Ela sempre sentira o mais profundo respeito pelo que aqueles caras passaram, mas só agora percebia plenamente o inferno que devia ter sido. Reconhecia, porém, que suas pernas estavam entre as mais curtas que havia por ali, o que tornava a caminhada mais longa e mais difícil. Mas Amber cairia morta antes de admitir que saltar sobre fendas de mais de um metro de largura, numa montanha íngreme, no meio da noite, era um desafio para ela. Parte dela estava secretamente feliz por observar que não era a única que estava lutando; um cara grande ao seu lado, outro facilitador, soltava palavrões variados para descrever o terreno enquanto marchava.

— Você não está feliz por eu ter feito você dar umas corridinhas? — perguntou ela a seu tradutor, referindo-se aos exercícios que o obrigara a fazer para se assegurar de que ele conseguiria acompanhar a missão. Jimmie concordou relutante, resmungando.

Finalmente, eles desceram a montanha pela última vez e chegaram a um vilarejo aninhado no vale e circundado por montanhas em três lados. As equipes de inteligência disseram que o insurgente que procuravam tinha um papel central na organização de ataques com IEDs do Talibã e na movimentação de combatentes estrangeiros na área. O nível de ameaça era alto – até mais alto do que o habitual – e todo mundo estava em alerta enquanto a fila de soldados atravessava a noite.

O tradutor dos Rangers gritou para que os homens da casa saíssem. Logo, a equipe de assalto entrou no complexo.

Em outra parte do complexo, separados das mulheres e crianças, os Rangers começaram a trabalhar para verificar a identidade dos homens da casa, bem como para localizar qualquer arma ou explosivo.

– CST, venha cá – chamou uma voz pelo rádio. Amber correu até o lugar onde seis mulheres e quase uma dúzia de crianças estavam juntas, a cerca de cem metros do complexo. Dentro da casa, os Rangers estavam fazendo seu trabalho.

– Eu sou Amber – disse ela ao grupo assustado, olhando as mulheres diretamente nos olhos enquanto Jimmie traduzia. – Eu sou uma soldado americana e estamos aqui para manter vocês e seus filhos seguros. Nós asseguraremos que nenhum soldado se aproxime daqui.

Ela pôs suas luvas de borracha nitrílica azuis devagar e suavizou o tom:

– Eu vou começar a revistar vocês, isto ajuda todos nós a ficarmos a salvo.

Então, ela retirou o capacete para parecer menos assustadora e deixar claro que era uma mulher também. Uma das crianças parou imediatamente de chorar e Amber pôs um lenço sobre o que agora chamava de "tranças de combate": duas longas tranças de cabelo louro que se estendiam de cima das orelhas até o meio dos ombros. Os superiores haviam dito às CSTs que elas deveriam ser capazes de provar rápida e indiscutivelmente que eram mulheres quando estivessem no objetivo; isto deixaria as mulheres afegãs relaxadas, o que, por sua vez, iria incentivá-las a falar mais livremente e compartilhar informações valiosas. As CSTs haviam brincado sobre serem solicitadas a tirar o capacete no alvo e o quanto isso pareceria insano para a maioria dos caras com os quais elas trabalhavam. "Ah, não", um dos Rangers disse a Amber, "você nunca me pegaria fazendo isso." Mas todos eles concordaram que se certificar de que as mulheres viam e entendiam com quem estavam lidando era muito importante. Amber recorrera às tranças como solução; elas permitiam que ela parecesse feminina sem que o cabelo ficasse agarrado no capacete.

Amber retirou Jolly Ranchers, Tootsie Rolls e pirulitos Dum Dum dos bolsos da calça cargo enquanto revistava as crianças. "Mãos para fora", disse, e meia dúzia de mãozinhas foram estendidas com hesitação para aceitar as guloseimas multicoloridas em papel celofane transparente. Os garotinhos ficaram todos curiosos com as balas que o outro estava recebendo; o mais alto deles – ela supôs que fosse o mais velho – começou a dividi-las entre as outras crianças. Enquanto eles olhavam para as guloseimas exóticas, Amber bateu suavemente no ombro de cada um deles. Quando terminou, ela ofereceu às crianças um gesto de sucesso internacionalmente conhecido: o cumprimento cordial de bater uma palma da mão na outra. Ninguém esperava que as crianças estivessem portando armas, mas, com certeza, os homens de suas famílias poderiam lhes dar coisas para guardar pensando tratar-se do lugar ideal para proteger o que não quisessem que fosse encontrado.

As mulheres estavam observando Amber com cautela, e logo perceberam que ela não estava ali para fazer mal a elas ou às crianças. Até então ela permanecera fiel a sua palavra e mantivera os homens afastados. Uma delas começou a falar calmamente:

– Os talibãs estão por toda a vila – disse. – Eles se escondem na montanha e estão sempre vindo aqui para nos fazer dar comida a eles e um lugar para ficarem. Eles sabem que vocês vêm aqui, mas sabem também que vão embora. E nós também sabemos.

Amber estava tomando nota enquanto as crianças puxavam sua blusa Crye, enchendo-a de perguntas em pachtun. Jimmie mantinha uma tradução constante e Amber chegou ao ponto, perguntando sobre os homens na vila e o que eles estavam querendo fazer.

Logo ela foi interrompida por um Ranger no rádio:

– CST, qual é a conta?

– Cinco homens, seis mulheres, doze crianças – respondeu ela.

As mulheres haviam explicado a Amber quem estava na casa naquela noite e, então, Amber compartilhava seu cálculo do número total de adultos e crianças reunidos no complexo. As mulheres e crianças estavam ali com ela. Os Rangers deveriam ter encontrado cinco homens lá dentro.

– Tem certeza? – perguntou ele. – Cheque sua conta de novo.

Amber se voltou novamente para as mulheres e, por meio de Jimmie, confirmou o número.

– Sim – disse ela –, tenho certeza.

– CST, cheque novamente – ela ouviu o líder Ranger dizer. Havia um tom de urgência em sua voz.

Amber estava frustrada, mas imaginou que tinha que haver um motivo. Ela e Jimmie voltaram ao que as mulheres haviam dito a eles. O número de homens com certeza era cinco.

– Confirmado. Cinco. São cinco homens, seis mulheres, doze crianças.

Do outro lado do complexo, os Rangers percebiam que tinham um problema sério: eles viam apenas quatro homens diante deles, todos os quais haviam sido retirados da casa e levados para uma área externa para interrogação. A CST dera um número diferente. Onde, diabos, estava o quinto? Nos últimos meses, aquela unidade Ranger enfrentara uma série de atiradores barricados, homens armados que estavam escondidos numa casa e começavam a matar soldados americanos e afegãos no momento em que eles entravam. Todo mundo estava em tenso silêncio, imaginando se um quinto homem estava prestes a sair atirando neles.

Por fim, um dos quatro homens confessou que havia, de fato, outro homem lá dentro. Um Ranger se aproximou sorrateiramente da entrada da frente e rolou uma granada de luz pela porta, na esperança de atrair o insurgente para fora de seu esconderijo sem ter que abrir fogo. Todas as regras diziam que eles tinham que tentar isso primeiro, antes de recorrer ao poder de fogo. Um clarão surgiu depois da explosão e uma fumaça encheu o cômodo.

Nada.

— Está bem — Amber ouviu a voz pelo fone de ouvido. — Mande o cachorro.

Outro facilitador, desta vez um profissional que lida com cães, conduziu um cachorro grande com um suporte peitoral até a entrada do complexo e deu uma ordem que enviou o cão correndo para dentro da casa. Aquele adorado animal tinha anos de treinamento especial e serviço sob sua coleira. Sua especialidade era farejar explosivos e encontrar combatentes inimigos escondidos e ele fazia parte de uma longa linhagem de cães que trabalharam no exterior com as Forças Armadas dos Estados Unidos.

As forças americanas começaram a usar cachorros na Primeira Guerra Mundial, e na Segunda mais de quatrocentos cães de guarda estavam participando de patrulhas de combate, encontrando e caçando o inimigo. Depois de Pearl Harbor, um grupo de criadores de cães formou a "Cães para Defesa", com o objetivo de formar uma força canina bem treinada caso os Estados Unidos entrassem em guerra. Na Coreia, cerca de 1.500 cachorros realizaram um trabalho de guarda com o Exército enquanto outros participavam de patrulhas. No Vietnã, com seus combates de perto em terrenos traiçoeiros e clima tropical, os cães mais uma vez entraram em ação: cerca de 4 mil participaram de patrulhas para caçar armas e inimigos e prestaram serviço em bases do Exército, especialmente à noite, quando os soldados estavam mais vulneráveis a ataques. Mas muitos cachorros que serviram ao lado de soldados americanos nunca voltaram para casa; alguns foram sacrificados e outros abandonados no Vietnã quando as tropas se retiraram. Depois do 11 de Setembro, porém, a necessidade de cães no campo de batalha se tornou aguda mais uma vez e milhares foram enviados. Dessa vez, a Lei de Robby – assim chamada por causa de um cão das Forças Armadas sacrificado quando já não tinha forças para servir – assegurou que os soldados americanos que quisessem adotar os cães leais com os quais lidavam poderiam adotá-lo, assim como poderiam outras famílias americanas. No fim da primeira década das guerras do Iraque e do Afeganistão, cães usados pelas Forças Armadas haviam servido neste último país para detectar bombas, remover minas, encontrar pessoas e como patrulheiros, guardas e em terapias em bases de todo o país. Só em 2010, equipes de cães encontraram mais de 5 mil quilos de explosivos no Afeganistão, de acordo com as Forças Armadas. Juntamente com seus encarregados, alguns cachorros foram treinados para descer por uma corda ou saltar de um helicóptero. Assim como seus colegas soldados, eles haviam sido mortos, explodidos e feridos por tiros. Para as operações especiais, as habilidades e instintos dos cães haviam se tornado vantagens cruciais: um Belga Malinois chamado Cairo chegara a participar de uma incursão dos Seals da Marinha para capturar Osama bin Laden.

Agora, com a pressão aumentando no complexo no Leste do Afeganistão, o cachorro ágil saltou para dentro. De repente, Amber ouviu pelo fone de ouvido o som de tiros. Ela tentou se concentrar na conversa que estava tendo com as mulheres, mas era difícil ignorar o rápido ra-tá-tá de tiros sendo disparados. Jimmie estava no meio de uma extensa tradução quando Amber percebeu que os homens no rádio estavam falando sobre um soldado que fora atingido. O atirador barricado abriu fogo no momento em que o cachorro passou pela porta e um dos Rangers que estava perto da abertura foi atingido por uma bala logo abaixo das costelas.

Amber ouviu um chamado para a remoção médica. Ela ainda estava fora do complexo e não podia ver nada lá dentro, mas sabia que a situação se tornara letal. Ainda assim, estava determinada a manter a promessa que fizera às mulheres e crianças de protegê-las do que quer que acontecesse. Uma das mulheres estava lutando para aninhar seu bebê no vestido e, sem pensar, Amber retirou o lenço escuro da cabeça e o entregou a ela. Apesar dos tiros à sua volta, a mãe teve a presença de espírito de agradecer. Amber estudou o rosto da mulher, agora iluminado apenas pelo círculo de luz de sua lanterna de cabeça. Ela parecia magra, talvez até subnutrida, por trás das muitas camadas de roupas e xales. Amber pensou que aquela mulher podia ter a mesma idade que ela – perto dos 30 – ou ter 50 anos. Não havia como saber. "A vida dessas mulheres era muito difícil", pensou.

Feita a interrogação, Amber tentou passar pelos difíceis minutos que se seguiram à conversa. Uma das mulheres falou sobre a família do insurgente que morava no complexo e sobre a presença muito regular do Talibã em sua vizinhança. "As montanhas estão cheias desses homens", disse ela. Ela descreveu a violência com que os soldados talibãs tratavam qualquer pessoa que cooperava com estrangeiros. Amber tentou tranquilizá-la de que os americanos estavam ali para ajudar e só queriam tornar a área segura para a população local – famílias como a dela, bem como os soldados afegãos e as tropas americanas que estavam atuando na área.

O barulho do helicóptero de remoção médica chegando interrompeu a conversa. O aparelho pousou a menos de vinte metros do local onde ela, as mulheres e as crianças estavam reunidas, e Amber viu com admiração quando o piloto fez a enorme máquina planar sobre a única faixa de terreno plano que podia acomodá-lo com segurança. As faces das montanhas altas que os cercavam tornavam traiçoeiros os voos na escuridão; ela não podia imaginar como ele conseguira encontrar o único e pequeno retângulo de espaço aéreo no qual podia manobrar com segurança para um pouso. A tecnologia ajudava, mas anos de treinamento, experiência e habilidade excepcional eram o que tornavam proezas como essa possíveis.

Naquele momento, Amber ouviu os Rangers gritando pelo rádio para que afastassem as mulheres e crianças mais para trás. O atirador ainda estava lá dentro e eles não estavam dispostos a ver mais nenhum americano baleado ou morto naquela noite.

Agora, haviam se passado horas desde que eles tinham pousado perto da vila. Entre subir e descer a montanha insanamente íngreme, chegar ao objetivo, assustar o atirador e levar o Ranger ferido para a segurança, eles haviam utilizado quase todas as suas horas de escuridão limitadas. Fragmentos da luz do dia começavam a iluminar o céu. Amber se perguntou se eles estavam enfrentando a temida situação de permanecer durante o dia – e esperou que não estivessem. Ninguém queria estar ali quando amanhecesse; os americanos e afegãos seriam prêmios suculentos naquele reduto talibã se ainda estivessem ali naquela colina quando o sol nascesse.

Ela olhou com suspeita para as colinas que os cercavam e segurou seu fuzil de assalto M4 ainda mais perto.

Nós seremos o café da manhã do Talibã, Amber pensou.

– CST, vamos. *Agora!* – ordenou o primeiro-sargento Ranger.

Amber olhou para as mulheres e crianças ao lado das quais acabara de passar a noite inteira. Elas podiam não falar inglês, mas entenderam a ordem que Amber acabara de receber. Seu objeto de conforto estava prestes a ser levado embora. As crianças começaram a chorar e gritar em pachtun. Ela podia sentir como elas estavam assustadas agora que os americanos haviam chegado e descoberto sobre seu parente que por acaso era um insurgente dedicado a combater as forças estrangeiras.

Amber esperava que sua presença tivesse tornado as coisas menos terríveis para elas, mas, naquele momento, tinha que dar o fora dali. Ela se despediu, agarrou Jimmie pela manga mais uma vez e começou a correr para fora da vila atrás dos outros soldados.

Quando eles estavam saindo da vila, Amber olhou para a família que gritava. Ela se perguntou o que aconteceria com a mulher jovem que havia embrulhado a criança em seu lenço. Ou com a garotinha de olhos grandes castanhos que gostara tanto de Jolly Ranchers. Ela não sabia e nunca saberia. Fizera tudo o que podia. E agora era hora de ir.

O tempo provara ser um inimigo formidável. Eles perderam o período noturno em que um Chinook corpulento podia pousar em segurança e levá-los correndo para a base. Isso era arriscado demais. Então, naquele momento, a única opção era correr para a base de operações avançada mais próxima e pegar uma carona de volta.

A base ficava a oito quilômetros de distância, e um raio de luz podia ser visto no céu acima. O pelotão estava passando pelos últimos momentos de escuridão, rezando para que durassem só um pouquinho mais sob o manto da noite que desaparecia, quando Amber ouviu o som de tiros de armas pequenas. Balas começaram a se espalhar em torno deles enquanto moradores da vila os saudavam com tiros e mais tiros.

Amber continuou e estudou os homens à sua frente, observando quando eles trocaram a corrida rápida por um padrão imprevisível de correr e se abaixar, usando prédios como cobertura. Ela nunca tivera um treinamento de infantaria apropriado, apenas uma instrução de meio dia no curso de verão da CST. Os Rangers, por outro lado, eram especializados nesse tipo de evasão de combate e haviam se preparado de forma intensa para exatamente esse tipo de situação. "Acho que estou aqui para treinar trabalhando", disse Amber para si mesma, com uma dose de humor negro. A imitação é a melhor forma de evitar uma fatalidade, ou algo assim, pensou ela.

E, então, quando os Rangers ziguezagueavam, Amber ziguezagueava; quando eles ziguezagueavam, ela fazia o mesmo. Ela imitava cada movimento que eles faziam: eles olhavam rua abaixo e rua acima, ela olhava rua abaixo e rua acima. Eles contornavam uma esquina – uma técnica que, numa situação perigosa, minimiza a exposição do corpo – e Amber fazia o mesmo, abaixando a cabeça, agachando-se, usando as paredes do complexo como cobertura sem na verdade tocá-las. Em sua mente veio de repente a lembrança de filmes de ação em que o herói se desvia de tiros enquanto corre a toda velocidade. Ela sempre se perguntara como eles conseguiam continuar vivos, e então, ali, estava fazendo a mesma coisa, ainda por cima à luz do dia. Tudo aquilo parecia surreal, como se ela estivesse presa num set de filmagem. Só que os sons e as visões eram inegavelmente reais. Ela estava feliz por ver que estava conseguindo acompanhar os Rangers, surpresa com a velocidade com que a adrenalina e o desejo de evitar ser atingido os impulsionavam para a frente com todos aqueles equipamentos. Até Jimmy estava logo atrás; todas aquelas corridinhas estavam lhe servindo bem.

"Porra, Amber", ela instruiu a si mesma enquanto eles rompiam a vila. "Apenas faça o que esses caras estão fazendo e *não* estrague tudo."

Ela continuava correndo. Não seja a garota que leva um tiro.

Não era apenas que Amber não quisesse levar um tiro para seu próprio bem. Ela sabia que se *qualquer um* fosse atingido naquele momento, todo o pelotão teria que ir mais devagar para carregar essa pessoa. Ela não queria expor ninguém a um risco maior do que aquele que já corriam.

Então, pelo rádio, ela ouviu um dos líderes parabenizando a unidade por conseguir percorrer a "Milha de Mogadíscio". Isso era uma homenagem aos Rangers que ficaram presos nas ruas da capital somali no incidente do *Falcão Negro em perigo*. "Eu tenho que tirar o chapéu para eles", pensou Amber. Esses caras não perdem o senso de humor mesmo sob fogo.

Por fim, eles chegaram ao destino: uma FOB – ou base de operação avançada – americana, onde um helicóptero podia pousar com segurança e levá-los para casa. Amber pensou que o rangido do portão se abrindo devia ser o barulho mais feliz que ela já ouvira.

Não demorou muito para que ela já estivesse amarrada dentro de um helicóptero barulhento, o ar tomado por um cheiro de suor misturado com gasolina, poeira e óleo para armas. Desfrutando de um momento de puro alívio, Amber se sentiu faminta. Prometeu a si mesma que sempre se lembraria de levar algo para beliscar em futuras missões. Então, olhou em volta para todos aqueles combatentes, os caras com os quais sonhara em estar junto, e sentiu pura alegria.

"Eu já mergulhei de penhascos, executei ordens de prisão do FBI contra membros de gangues de traficantes, saltei de aviões", disse ela para si mesma. "Mas nada chega a essa altura." Ela imaginou que poderia ficar acordada mais dois dias se fosse preciso. Sair para pegar bandidos que estavam matando inocentes e companheiros soldados e depois viver para contar a história – bem, conseguir chegar ao outro lado de tudo aquilo era como um entorpecente em si. Amber estava certa de que nada, nunca poderia se comparar àquilo.

Cara, essas montanhas são majestosas, pensou Amber enquanto o helicóptero os erguia do chão e passava sobre as árvores que, horas antes, haviam guardado tanta obscuridade e terror. O sol nasceu em faixas laranja e vermelho brilhantes para saudá-los.

Uma hora depois, de volta à base, ela estava sentada comendo *s'mores* aquecidos no micro-ondas e ouvindo a equipe avaliando a missão: o que eles haviam feito certo, o que haviam feito errado, as informações que haviam obtido. O que precisavam fazer melhor da próxima vez.

– Ah, sim, ei, CST, bom trabalho lá – comentou o Ranger que conduzia o informe. – Você confirmou o fato de que estava faltando alguém.

Naquele momento, ela se sentiu parte da equipe. Mesmo que ainda tivesse muito o que aprender no trabalho, o que era verdade, ela havia contribuído para a missão. E enfrentara tiros sem borrar a calça.

"Eu amo esse trabalho", pensou ela ao desabar na cama naquela manhã.

12

Fazendo Diferença

★ ★ ★

— *Ali* – apontou a CST. – Ali está ele.

Sarah Waldman, oficial de polícia do Exército e ex-escoteira que adorava tanto costurar quanto os treinamentos de sobrevivência, estava diante de um monte de monitores de vigilância no centro de operações. Estava apontando um ponto borrado na tela, um insurgente chamado "Hamidullah", que os Rangers vinham observando na tela há mais de doze horas. Seu trabalho era servir como um segundo par de olhos durante a vigilância de um dia inteiro, um apoio aos oficiais e membros da equipe cuja tarefa era observar cada momento da filmagem que chegava. O fato de que um líder Ranger lhe dera essa função era uma honraria duvidosa: o trabalho de monitoramento era entediante e difícil para os olhos, mas sem dúvida importante. Sarah estava orgulhosa por ter sido solicitada e havia horas estava atentamente concentrada no monitor.

Nas últimas semanas, Sarah vinha oscilando entre uma frustração épica e uma realização sublime em sua nova função. Algumas noites, as forças Ranger a levavam em missão e a punham para trabalhar; ela adorava essas noites. Outras, eles lhe diziam que não havia espaço no helicóptero ou que não precisavam dela; essas, ela odiava. Ela passava as noites ruins com Leda traçando estratégias para como discutir melhor seu caso com os comandantes do pelotão.

– Dê um tempo – aconselhou Leda. – A CST é inteiramente nova para esses caras. Deixe que eles vejam o que você pode fazer e deixe seu trabalho falar por si mesmo.

Ficar sentada sem fazer *nada* enquanto sua equipe saía em missão era frustrante, mas Sarah sabia que Leda estava certa.

Em todo o Afeganistão, as equipes de contraterrorismo das forças americanas dependem de tecnologia para verificar e ampliar as informações obtidas e "ver" o que está acontecendo em solo. Via satélites, balões e aviões tripulados ou não, a última década de guerra testemunhou um crescimento explosivo de sensores visuais, "olhos no céu" que oferecem uma janela para lugares que, de outro modo, as forças americanas não poderiam observar. A revista *Air Force* chamou a nova inteligência-vigilância-reconhecimento (ISR, na sigla em inglês) de "uma revolução" que está mudando o modo como a guerra funciona, trazendo tecnologia superior para o campo de batalha em tempo cada vez mais real. Ou, como o general McChrystal, chefe da inteligência, escreveu em 2008, "a ISR aerotransportada se tornou crítica para essa guerra porque oferece observação persistente e com baixa visibilidade do inimigo, bem como uma capacidade de detectá-lo, identificá-lo e rastreá-lo" em lugares onde inimigos podem facilmente se "camuflar" no meio de civis. Essa revolução começou na Bósnia, mas ganhou força nos anos que se seguiram às invasões iniciais do Afeganistão e do Iraque; quando as botas da CST pisaram o chão do Afeganistão, seu impacto foi visível em todo o país. A presença dos sensores reduziu o número de baixas, permitindo que as Forças Armadas detivessem ataques antes que pudessem ocorrer. Permitiu também aos comandantes que tivessem uma noção melhor de onde e como os insurgentes estavam atuando, para que, quando eles os perseguissem, pudessem minimizar os riscos aos inocentes.

No JOC, equipes de especialistas que trabalhavam com os Rangers vinham observando Hamidullah durante a maior parte do dia, enquanto ele montava e saltava de sua motocicleta, fazendo suas rondas pela vila, indo de ponto em ponto para encontrar seus contatos. O pessoal da inteligência entendeu que ele era uma figura central de um plano para bombardear um alvo no centro de uma cidade próxima – um ataque de alta visibilidade planejado para atingir um local cheio de gente numa hora movimentada do dia e aterrorizar tanto quanto possível. O objetivo dos comandantes de Sarah era detê-lo antes que atacasse.

Sarah mantinha atentamente seu olhar sobre a figura borrada enquanto se movia pelas ruas cheias de gente. Por fim, ela viu Hamidullah parar diante de um dos maiores e mais impressionantes complexos da área. O prédio era uma construção em estilo alexandrino e ostentava paredes de quatro metros com torres altas se erguendo de cada canto. A casa parecia mais robusta e cara do que a maioria da área, como se tivesse sido construída com cimento, geralmente importado do Paquistão, e não com o barro ou a palha que cobriam a maioria das casas nas áreas rurais controladas pela insurgência. A maioria dessas casas se mostrava vulnerável aos duros extremos do clima do Afeganistão e dava a impressão de que poderia ceder facilmente durante até mesmo uma tempestade modesta. Assim como muitos complexos da região, esse abrigava várias famílias estendidas por trás de grossos muros que ofereciam privacidade, tornando impossível ver a casa pelo lado de fora. Dentro, uma rede de passagens estreitas ligava uma casa a outra, e uma série de pátios espaçosos oferecia áreas para as crianças brincarem e as mulheres se socializarem. As famílias com frequência consistiam de um homem com várias esposas e muitos filhos, além de visitantes variados. Isso significava que poderia haver três, quatro ou cinco homens ali ao mesmo tempo, juntamente com um número pelo menos três vezes maior de mulheres e crianças.

Os minutos passavam e Hamidullah estava diante da porta. Do outro lado do muro, Sarah podia ver o que pareciam ser crianças brincando. Então, outra figura saiu e rapidamente retornou para dentro, levando os pequenos com ela. As crianças voltaram para fora e um adulto as levou de novo para dentro. Ela viu quando Hamidullah empurrou sua motocicleta rua abaixo pelo guidom até a entrada do que parecia ser uma casa para hóspedes e a cobriu com um pano. A porta se abriu e ele rapidamente sumiu de vista.

Confirmada a presença do insurgente no complexo, uma equipe de Rangers embarcou em seus helicópteros naquela noite. Sarah, de início, temeu ser impedida de ir, porque se pensava que ele estava armado e a orientação oficial dos superiores exigia que uma CST permanecesse na base se houvesse um terreno árduo ou uma ameaça iminente de "contato" – o que significava ser baleado ou morto. Mas ela havia visto o complexo onde Hamidullah entrara, assim como os Rangers. Crianças moravam ali, o que significava que era quase certo que houvesse mulheres também. Sarah, assim como todas as CSTs, entendia que esse contato podia acontecer a qualquer hora, em qualquer noite, em qualquer missão – eles *nunca* estavam seguros e aceitavam isso. Haviam ido ao Afeganistão para fazer um trabalho, não para serem protegidos dos perigos do trabalho. Dessa vez, ela foi solicitada a participar da operação.

Agora ela se via saltando do helicóptero com membros do pelotão Ranger e caminhando em direção aos mesmos muros pelos quais o insurgente passara pouco tempo antes. Quando chegaram ao destino, ela esperou que a equipe de assalto fizesse seu trabalho.

De uma distância de trinta metros, ela viu quando os Rangers desimpediram o complexo e entraram na casa de hóspedes. Os soldados americanos e seus colegas afegãos foram de cômodo em cômodo, procurando em silêncio explosivos, armas e itens de inteligência.

– CST – por fim ela ouviu pelo rádio. – Precisamos de você aqui.

Sarah e sua intérprete, Wazhma, seguiram dentro do complexo até a sala de estar e encontraram uma mulher e crianças aconchegadas juntas, observando nervosas cada movimento dos homens que a haviam convocado a entrar. Sarah podia sentir o terror delas.

Ela começou se dirigindo ao único adulto da sala, que vinha a ser a dona da casa, Masuda. Estava sentada no meio da sala ricamente decorada, cercada por seus sete filhos. Tapeçarias cor de vinho estavam penduradas nas paredes e os carpetes eram recém-lavados e bem cuidados. Masuda usava um vestido com ornatos elaborados de contas e bordados no tecido. Como era alguém que crescera fazendo cobertas e capas de almofadas, Sarah podia apreciar o esforço que um trabalho como aquele exigia. O vestido crespo, solto, parecia novo, nem um pouco como os vestidos desbotados e surrados, cobertos por velhos xales de lã, que ela estava acostumada a ver ali, numa das áreas mais rurais do país. Masuda dava a impressão de que não pareceria deslocada numas das cidades afegãs muito povoadas e em rápida modernização.

Sarah fechou as portas da sala para que nenhum homem pudesse ver ali dentro e começou a falar num tom sereno, na esperança de acalmar a todas e convencê-las de que faria tudo o que pudesse para mantê-las em segurança. Ela prometeu que ninguém entraria ou poderia ouvir a conversa, e implorou à mulher para que falasse livremente. As crianças se aquietaram e Masuda começou a contar sua história.

Esse homem que vocês estão procurando, disse ela, *invadiu nossa casa hoje. Ele começou batendo em nosso portão à tarde, exigindo que meu marido o deixasse entrar. Meu marido não respondeu por algum tempo porque queria que o homem fosse embora, mas, então, o homem gritou que carregava armas e explosivos e que, se ele não lhe deixasse entrar em nossa casa, ele simplesmente explodiria a porta e mataria todos aqui dentro.*

O único som na sala vinha de um dos meninos mais velhos, que estava fungando alto em meio a borbotões de lágrimas.

Por fim, meu marido teve que deixá-lo entrar. O que poderíamos fazer se não isso? Então, ele entrou na casa e exigiu que o alimentássemos. Nós preparamos um jantar para ele – eu fiz tudo o que tínhamos para que ficasse satisfeito e deixasse nossa casa – e lhe servimos na casa principal, porque ele insistiu. Mas ele não foi embora, mesmo depois de meu marido suplicar para que fosse. E, então, vocês chegaram.

Sarah pediu a Wazhma que ficasse vigiando e saiu da sala para conferir com os Rangers. Ela e suas colegas CSTs ouviam essa história sobre o "intruso desconhecido" com frequência e, muitas vezes, os fatos provavam ser falsos. Mas, naquela noite, pensou Sarah, a história daquela mulher era plausível. Ela soube que os Rangers haviam identificado Hamidullah rapidamente pela quantidade de armas, munição e granadas que usava amarradas a si próprio. A única questão era se os outros homens presentes vinham atuando como seus cúmplices. Sarah transmitiu aos Rangers tudo o que soubera por Masuda, explicando como a família inteira fora mantida refém durante grande parte do dia. Seu relato sustentava as informações que os Rangers haviam obtido e tudo levava à mesma conclusão: o marido de Masuda não tinha nada a ver com a insurgência e nenhuma ligação com o pretenso atacante. Eles, por acaso, moravam no lugar errado na hora errada.

Sarah voltou à sala com tapeçarias para tranquilizar a família de que tudo estaria bem.

Finalmente, relaxada pela primeira vez naquela noite, Masuda afagou o braço de um de seus filhos, que se agarrava a um boneco que Wazhma lhe dera. Ela descreveu como a rede de aliados do Talibã estava agindo desenfreadamente em toda a região. Seu marido ganhava dinheiro como empreiteiro do governo afegão, o que significava que recebia os cobiçados dólares que vinham dos americanos. Essa associação com estrangeiros que tinham recursos significava que ela vivia com um medo constante de que sua casa e os membros de sua família fossem um alvo. Sarah e Wazhma ficaram sentadas falando calmamente com ela e as crianças até que a voz de um soldado soou crepitando no rádio:

– CST, hora de ir!

Quando saía do complexo atrás da unidade Ranger, no pátio, Sarah viu Hamidullah. Ela pensou em todos os seus companheiros soldados que haviam sido feridos e mortos em seus dois meses ali nas mãos de homens como aquele. Sarah e Wazhma ouviram então uma voz vindo do rádio de Hamidullah. Agora aquela voz chegava a ouvintes diferentes daqueles que os homens do outro lado da ligação esperavam.

– Onde está Hamidullah? – chamou a voz. Sarah sabia um pachtun rudimentar suficiente para entender.

Silêncio.

– Hamidullah, onde está você? – veio uma segunda voz.

– Ele não está lá – disse um terceiro homem.

Por fim, um dos intérpretes afegãos se aborreceu.

– Ei, talibã, não se preocupe com Hamidullah – disse o tradutor, interrompendo a conversa deles. – Nós pegamos o seu cara.

A equipe inteira correu ainda mais rápido do que o normal de volta aos helicópteros, sabendo que eles ainda podiam explodir a qualquer momento no caminho para casa. Pediram apoio aéreo na saída para protegê-los enquanto corriam para a segurança de seu voo de volta à base. Sarah achou o rugido dos motores do helicóptero estranhamente reconfortante: um ruído branco tranquilizador sob o qual ela podia esvaziar seus pensamentos. Olhando para o insurgente, Sarah se perguntou sobre a infinitude daquilo tudo e a barbaridade. Se aquele homem e seus confrades tivessem encontrado os americanos antes de ele ser capturado, teriam decapitado todos eles e postado o vídeo no YouTube para o mundo inteiro ver. Ela ouvira as vozes de seus companheiros insurgentes no rádio, homens que, sem dúvida, já estavam fazendo planos para o próximo ataque. Ela esperava que Masuda e seus filhos permanecessem em segurança.

Em poucos dias, Sarah faria 24 anos naquele vale remoto do Afeganistão. Seu aniversário marcaria também o décimo aniversário da Operação Liberdade Duradoura, nome oficial da campanha militar iniciada em outubro de 2001, semanas depois dos ataques do 11 de Setembro. Naqueles dias obscuros, Sarah se sentara com seu pai nos degraus que davam na cozinha assistindo às notícias estrondosas na TV sobre a luta. Ela sabia que sempre se lembraria do dia em que os Estados Unidos foram para a guerra, porque no meio daquilo sua mãe entrou carregando um grande bolo de sorvete amarelo com o desenho de um rosto sorridente e gritou "Feliz aniversário" para sua menina. Agora, dez anos depois, ela estava morando num parco posto avançado, nas linhas de frente daquela mesma guerra, com uma equipe que estava perseguindo insurgentes. Em vez de sorvete com a família, ela compartilharia um chá quente e uma sessão de CrossFit com Lori, sua parceira da CST. Ela não estava reclamando; escolhera estar ali. Mas a vida ali era muito diferente, e poucos em casa podiam entender como ou por quê.

Ela se perguntou onde estaria no ano seguinte. Será que conseguiria chegar aos 25? Sarah dissera pouco a sua mãe sobre o que estava fazendo, mas o suficiente para ela entender a gravidade e a seriedade, e para estar preparada se algo acontecesse. Em Nova York, sua mãe estava compondo uma carta para a filha.

Às 3:31 puseram você, um bonito bebê rosa purpúreo, de cabelo preto, no meu colo. Papai cortou o cordão e libertou você para o mundo exterior. Que momento mágico, milagroso, foi seu nascimento. Enquanto estava segurando você e sendo levada para a recuperação, eu estava assombrada com esse novo capítulo da minha vida. Eu me lembro de pedir a Deus para me ajudar. Eu pus você nas mãos Dele. Agora, mais do que nunca, quando fico assustada ou preocupada com você, penso naquele momento. Penso em Deus a segurando e a mantendo segura porque eu não posso. Isso me dá uma sensação de paz e calma.

Você me tornou a mãe mais feliz do planeta. Embora eu não possa lhe dar um abraço de aniversário, sei que você pode senti-lo em seu coração, assim como posso senti-lo no meu.

Continue a fazer o bom trabalho que você tem feito em suas missões. Você está fazendo diferença.

Em Kandahar, Ashley também acabara de comemorar seu aniversário. Ela, Lane e a colega de quarto de ambas, Meredith, que lhes apresentara as acomodações, haviam apanhado algumas colheres para compartilhar um bolo no pote Funfetti, com glacê, que a irmã mais nova de Meredith enviara de Illinois. Em seguida, elas fumaram num narguilé no quarto.

– Os 24 com certeza foram memoráveis – disse Ashley à recém-chegada Leda com um sorriso.

Depois de se recuperar em tempo recorde de uma lesão na perna que sofrera no treinamento pré-missão, Leda retomou suas funções como oficial encarregada em setembro e viajou para Kandahar como parte de um giro rapidíssimo por todos os postos avançados da CST. Sua primeira ordem de trabalho era visitar cada uma das equipes pessoalmente para se certificar de que todo mundo tinha aquilo de que precisava.

Em outubro, as CSTs estavam no Afeganistão há quase três meses e, como comentou um oficial, "as engrenagens de treinamento estavam desligadas". O grupo de mulheres era agora mais experiente e o papel de Leda deixara de ser ajudá-las a se preparar para a guerra e passara a ser ajudá-las a ter êxito na guerra. Enquanto estava nos Estados Unidos se recuperando, ela as acompanhara de perto por e-mail e orientara algumas no difícil período de integração com suas equipes; agora, as estava vendo em ação e estava satisfeita, embora não surpresa, por saber do sucesso delas.

Leda sabia que algumas das CSTs sentiam o peso do isolamento em seus postos avançados remotos. Elas sentiam falta da camaradagem do verão, quando todas moravam juntas e podiam se reunir como grupo para comer no refeitório, fazer piadas ou discutir questões táticas. Para substituir aquela camaradagem física, Leda recorreu à tecnologia: além de seu relatório semanal por e-mail – aquele que enviava para os líderes do Comando Conjunto de Operações Especiais que catalogavam o que elas faziam, aprendiam e localizavam toda noite –, criou uma segunda versão, exclusivamente interna, em que as CSTs compartilhavam momentos que apenas elas entenderiam, desde encomendar roupas de baixo colantes Spanx, para que a calça do uniforme deslizasse mais facilmente, até ser apanhada fazendo xixi ou cair num uádi (leito de rio seco) durante uma missão, cercada por uma equipe de homens Rangers. Leda também lançou uma série de teleconferências regulares para as CSTs poderem interagir entre si, compartilhando as "melhores práticas" que desenvolveram no trabalho, bem como todos os detalhes manchados de sangue de seus contratempos em campo de batalha. Ela sabia que um aspecto crucial de seu trabalho era manter a equipe unida e o moral elevado, apesar das distâncias físicas entre elas.

Há muito tempo Leda estudava de tudo em estratégias de liderança, desde neurolinguística até os trabalhos de Jim Collins e Tony Robbins. Ela via a liderança nesse tipo de ambiente de alto estresse, alta intensidade e alto desempenho como sendo uma questão de cuidar, apoiar e orientar a pessoa inteira e não apenas seu lado soldado. As mulheres, uma a uma, procuravam-na para todas as coisas, grandes ou pequenas. Quando desejaram Honey Nut Cheerios e o DFAC não tinha, Leda enviou. E, quando um jovem oficial começou a fazer visitas a Amber na base sem ser convidado, foi a Leda que ela confidenciou. Amber nunca mais o viu.

Elas nunca se sentiram tão cuidadas na vida.

Durante os meses de agosto e setembro, Leda permaneceu em estreito contato com Ashley por e-mail e telefone. Aquela guarda da Carolina do Norte sempre fora especial para Leda, desde os primeiros dias no Landmark Inn, quando Ashley lhe confidenciou o temor de que sua timidez silenciosa pudesse de algum modo atrapalhar seu potencial. Desde o momento em que elas se conheceram na avaliação e seleção, Leda sentia-se confiante de que aquela oficial seria bem-sucedida na guerra, mas esperava que seu período de adaptação não fosse mais longo ou mais complicado do que precisava ser. Naquele momento, ela chegara a Kandahar para ver por si mesma como sua amiga e companheira de equipe mais jovem estava se saindo. E o que ela viu a surpreendeu.

O primeiro indício de Leda de que Ashley estava se adaptando perfeitamente bem veio na manhã em que ela chegou. Parada na porta do alojamento, ela viu Ashley se levantar da cama por volta de meio-dia, cabelo desgrenhado, camiseta amarrotada e calça de moletom preta dobrada na altura das canelas. Ela parecia igual a todas as outras à sua volta, mergulhando em seu agasalho com capuz, com os olhos cansados do ritmo da vida noturna que se tornara seu novo normal.

Recebeu Leda com um abraço caloroso, e em nenhum momento começou a descrever em detalhes precisos a missão da noite anterior.

A segunda-tenente tímida que tinha dificuldade de se dirigir a um grupo de homens Rangers não estava mais lá. Em seu lugar estava uma primeira-tenente recém-promovida, cada vez mais assertiva, que podia se comunicar confortável e eficazmente com mulheres afegãs, por meio de um intérprete, no meio de uma missão de combate enquanto se procuravam insurgentes escondidos e inteligência. E não só isso: Ashley estava ansiosa para compartilhar com sua oficial encarregada o que estava aprendendo a cada noite e como isto se encaixava no esforço maior para pôr fim à guerra e tornar o Afeganistão mais seguro.

"Ela estava realmente radiante", pensou Leda enquanto Ashley a conduzia para o informe pré-missão daquela noite. Para Leda, parecia incrível que depois de apenas oito semanas a maior preocupação de Ashley fosse que o líder de seu pelotão pensasse que ela estava machucada demais para sair naquela noite. Tinha curativos nas pernas, cobrindo queimaduras que adquirira na academia de subir em corda. Leda lhe assegurou que ninguém notaria.

— Aqueles caras têm seus próprios cortes para cuidar – disse ela. — Mantenha os curativos e deixe suas pernas se curarem enquanto podem.

Mais gratificantes eram os relatos que ela estava recebendo dos Rangers no acampamento, dizendo que Ashley provara ser taticamente eficiente e cada vez mais perita em fazer o que fosse preciso a cada noite. Exatamente como Jason previra, a amabilidade sincera e o profissionalismo de sua esposa – impulsionados pela experiência e orientação de Nadia – haviam mostrado seu poder para conquistar tanto os homens com os quais ela trabalhava quanto as mulheres e crianças que encontrava a cada noite.

Satisfeita com o que viu e o que ouviu da CST e dos homens que ela apoiava, Leda perguntou a Ashley quais eram seus pensamentos sobre o futuro. Como restavam seis meses no Afeganistão, Leda queria que todas as suas militares começassem a pensar no que iriam fazer em seguida – e em como a oficial encarregada poderia ajudar. Mais cedo naquele dia, ela fizera a mesma pergunta a Anne, que respondeu que tudo o que queria era continuar fazendo missões da CST por tanto tempo quanto pudesse. Ponto.

Mas Ashley estava contemplando um futuro diferente. Ela ainda queria se tornar uma assistente médica; a única questão que restava era para onde ela iria e qual programa a aceitaria. Ela também precisava descobrir onde Jason seria posicionado, em seguida, e se ele poderia continuar em Fort Bragg, como esperava muito, para que ela pudesse tentar encontrar um trabalho com o Comando Conjunto de Operações Especiais depois que a ação em campo de batalha terminasse. Leda, certa vez, mencionara a possibilidade de encontrar uma função civil como assistente médica dentro da comunidade de operações especiais e, depois de trabalhar com os Rangers, Ashley adorava essa ideia ainda mais. Vinha sendo um privilégio servir nas Operações Especiais e ela também queria muito permanecer na casinha com cozinha amarela em Fayetteville. Ela já estava treinando para uma maratona e planejava correr em Ohio quando sua ação em campo de batalha acabasse. Leda sentiu que o futuro estava presente em seus pensamentos.

– Tem outra coisa – acrescentou Ashley. – Eu acho que quero ser mãe – disse ela.

Leda notou uma mudança no tom, de confiante para quase constrangido, quando Ashley pronunciou a palavra *mãe*. Ela supôs que Ashley não quisesse que sua oficial encarregada muito determinada pensasse pouco dela por ela querer focar na família depois de fazer aquilo tudo.

– Ash, por que você está hesitando? Você ficou nervosa por me dizer isso? – perguntou Leda. – Você quer ser mãe? É claro que eu acho isso ótimo. Nossa, sim, eu acho isso incrível!

Leda sabia que Ashley vinha se debruçando sobre livros de cinesiologia no escritório do armário de vassouras sempre que não estava em missão ou dormindo e agora dizia que, se Ashley falava sério em se inscrever para uma escola de assistência médica, ela poderia começar uma família e os estudos ao mesmo tempo que continuava trabalhando com a comunidade de operações especiais. Leda mencionou várias pessoas que conhecia que poderiam ajudá-la quando ela analisasse suas opções de trabalho e cursos.

– É mesmo? Você acha que eu poderia contribuir para esse trabalho e ser mãe? – perguntou Ashley.

Ela parecia empolgada e surpresa.

– Com certeza – disse Leda. – Você pode fazer isso tudo, Ash. Você será uma mãe fenomenal.

Leda sabia que a percepção das operações especiais era de guerreiros que lutavam duro, viviam com suas bolsas de lona e nunca viam suas famílias. Mas muitos civis que os apoiavam tinham carreiras muito mais favoráveis a famílias. Leda queria se assegurar de que Ashley entendesse que não precisava estar mobilizada para apoiar os homens cujo trabalho ela respeitava tanto. Ela podia contribuir de outras maneiras *e* alcançar seus objetivos pessoais.

Mas, apesar de todo o foco numa futura família com Jason, Ashley ainda não contara à sua própria família em Ohio o que estava fazendo exatamente no Afeganistão. Afora sua conversa com Josh no barco pesqueiro, Ashley os deixara em grande medida no escuro. Anne, que saía em suas próprias missões toda noite, decidiu certa tarde abordar sua parceira sobre o bom senso daquela decisão. Lane havia se mudado um mês antes para outra parte do Afeganistão, para trabalhar com outra equipe, e, agora, eram só a duas em Kandahar.

– Eu sei que você não quer ouvir isso – começou Anne. O mau tempo mantivera as equipes em solo e as duas estavam correndo em torno da base antes de encararem uma sessão de CrossFit. – Mas você realmente devia pensar em contar para sua família o que está fazendo. Ou pelo menos deixar Josh ou Jason contar a eles sobre esse trabalho.

Anne sabia como a Sra. White ficaria preocupada; Ashley lhe dissera, brincando apenas pela metade, que seu pai teria apanhado o

A Guerra de Ashley ★ 243

bastão de beisebol de Jason e quebrado seus joelhos para impedi-la de partir se tivesse entendido a realidade de sua designação. Anne não queria forçar os limites da companheira; a natureza do trabalho delas criava um vínculo quase instantâneo, mas elas só se conheciam há sete meses e Anne estava agora levantando uma das questões mais profundamente pessoais que um soldado enfrenta. Ainda assim, uma coisa era Ashley escolher não contar à mãe e ao pai sobre o trabalho antes de ir para Kandahar e entender a realidade diária de sua função. Uma vez que ela sabia dos riscos era outra coisa.

– Essa é uma área ruim; é incrivelmente perigosa – disse Anne. – Não é impossível imaginar que uma de nós poderá não conseguir voltar para casa ou poderá voltar para casa sem todas as suas partes.

Ashley concordou com a cabeça, os olhos voltados para os pés, como que procurando algo.

– Eu sei – respondeu ela. – Eu sei que deveria. Eu vou dizer.

Ashley falava com seus pais regularmente, telefonando para eles fielmente todo domingo à noite, quando era de tarde em Ohio. O acampamento tinha uma área comum com computadores e telefones que os soldados podiam usar para falar com a família e os amigos; essa era uma das estratégias do Exército para estimular o moral entre os soldados. Seus pais ficavam passando o telefone um para o outro, sentados em suas espreguiçadeiras confortáveis, de frente para a TV, em sua casa de rancho em Marlboro. As conversas sempre começavam com Ashley enchendo seus pais de perguntas sobre tudo e todos na cidade, agradecendo a sua mãe pelos biscoitos deliciosos e por todo o café e as misturas para pão. Mas, sempre que Bob e Debbie perguntavam sobre seu trabalho, ela rapidamente mudava de assunto. Conforme eles entendiam, ela fazia parte de uma equipe especial e trabalhava num hospital em Kandahar. Era isto.

Não muito tempo depois de sua conversa com Anne, Ashley telefonou para sua irmã gêmea, Brittany. Elas compartilhavam tudo há 24 anos e parecia estranho agora que milhares de quilômetros as separavam. Elas usavam e-mail e Facebook para ficar conectadas, mas quando queriam falar sobre algo importante – uma situação pela qual estavam passando ou um desafio que queriam enfrentar – Ashley ia para a sala comum e telefonava para a irmã.

– Alô – sussurrou Brittany ao celular. Eram duas horas em Ohio e ela estava saindo do quarto de um paciente ao fim de seu turno como enfermeira da unidade de neurologia do hospital local. Brittany nunca atendia telefonemas pessoais durante seu turno, mas aquele era diferente; sua irmã estava ligando do Afeganistão. Ela entrou no banheiro de um paciente para atender o telefone num sussurro; as irmãs combinaram de se falar dentro de uma hora, quando Brittany estaria a caminho de casa e poderia ter uma conversa ininterrupta.

Mais tarde, Ashley agradeceu a Brittany por enviar as fotos de seu primeiro concurso de *fitness and figure*, um esporte que combina fisiculturismo com ginástica e enfatiza músculos rijos e não músculos protuberantes, gigantes. Brittany tirara o primeiro lugar em sua primeira participação. Ashley, é claro, não ficou surpresa.

– Você estava incrível! – disse Ashley, contando que mostrou as fotos para seus colegas Rangers. – Você tem alguns admiradores sérios por aqui; estavam todos falando de você.

Soando como a irmã mais velha que não era, ela disse a Brittany como estava orgulhosa dela e a fez prometer manter a rotina de exercícios e fazer mais apresentações.

Brittany prometeu e descreveu os rigores de sua dieta e seu regime de exercícios, que parecia quase tão estrito e disciplinado quanto o de Ashley. Os concursos exigiam que os participantes estivessem em forma, afiados, e realizassem movimentos coreografados para exibir seus físicos bem tonificados. Entre o emprego de enfermeira, o trabalho de *fitness and figure* e a preparação para um programa de pós-graduação em liderança e administração, Brittany estava trabalhando dia e noite, nada muito diferente de sua irmã.

Antes de partir para o Afeganistão, Ashley mencionara a Brittany que vencera um concurso qualquer e fora selecionada para uma função de elite junto a um grupo de mulheres extremamente impressionantes:

algumas haviam servido como interrogadoras do FBI, outras já haviam ido três vezes para a guerra. Outras ainda haviam recebido medalhas Estrela de Bronze por Valor. Ela confessara, então, que estava intimidada por elas. Agora, ela falava com Brittany sobre suas companheiras de equipe com o afeto de amigas íntimas e iguais que elas haviam se tornado. Contou sobre sua conversa com Leda e quanto apoio ela lhe oferecera. Ela estava certa sobre querer se tornar assistente médica, disse, embora não tivesse certeza de que era "inteligente o bastante" para todos os exames e estudos avançados que haveria pela frente. Brittany interrompeu a irmã e disse que sabia que Ashley seria capaz de lidar com o que quer que viesse:

— Você sempre consegue, Ash, você vai fundo e trabalha mais duro do que qualquer outra pessoa. Você vai tirar A nos exames.

— Você me lembra tanto Leda, minha oficial encarregada – disse Ashley. – Ela é atlética, extrovertida e bonita como você. E uma grande animadora para todas nós. Tenho muita sorte por ter tido o apoio dela nesses últimos meses. Você tem que conhecê-la quando eu voltar.

Ashley fez uma pausa.

— Mal posso esperar para lhe ver quando voltar, mana. Eu amo você.

— Boa noite.

Brittany, então, chegara em casa. Ela teria algumas horas de descanso, levantaria pesos na academia de ginástica e depois voltaria para o hospital.

Brittany sabia que teria que contar a seus pais sobre o telefonema. Tinha certeza de que eles iriam querer que ela repetisse cada momento da conversa quase normal que tivera no meio de uma guerra com sua melhor amiga e mais íntima confidente.

Do outro lado do mundo, Ashley saiu para ir ao refeitório com Anne, para o "café da manhã" da noite e, depois, à sala de informe para descobrir os detalhes da missão de sua equipe naquela noite.

13

As Mentiras da Guerra

★ ★ ★

Algumas centenas de quilômetros ao norte de Ashley, não muito tempo depois, Kate se via no meio de uma noite infernal.

— Tem alguém aí dentro? — perguntou Kate a uma afegã de meia-idade que estava no meio de um monte de mulheres e crianças à esquerda do complexo. — Alguém ainda dentro da casa?

Sua intérprete de 19 anos, uma americana-afegã do Bronx que atendia pelo apelido de "Angel", retransmitiu a pergunta.

A missão começara com uma confusão e piorara. A equipe de Kate estava perseguindo um combatente que já escapara várias vezes. Aquele era o segundo complexo que eles cercavam naquela noite e, como era a casa dele, achavam provável que estivesse escondido ali.

Duas mulheres e várias crianças correram para fora da casa assim que as forças americanas e afegãs chegaram, mas, até então, ninguém estava falando. O trabalho de Kate era proteger as mulheres com as quais estava conversando e, ao mesmo tempo, obter informações que ajudassem e protegessem os homens aos quais servia. *Rapidamente.*

As forças afegãs que estavam com sua equipe de operações especiais haviam assumido a liderança na missão daquela noite. Isto fazia parte de um estímulo mais amplo para que as forças de segurança afegãs conduzissem a guerra no país enquanto os americanos iniciavam sua retirada há muito tempo planejada. Vários soldados afegãos estavam, então, dentro do complexo à caça do homem que suas informações diziam tratar-se de um combatente talibã importante na região.

— Tem alguém ali dentro? — repetiu Kate.

O rosto da mulher afegã permanecia sem expressão.

— Ela diz que não tem ninguém — disse Angel a Kate.

Kate, Angel e as duas mulheres permaneciam a uns quatro metros da entrada. Perto delas estava um grupo de crianças, desde bebês até adolescentes. Kate continuava pensando que isto não fazia sentido. Esse cara *tinha* que estar ali. Por outro lado, ele tivera conhecimento suficiente para tirá-los da pista mais cedo naquela noite. Talvez estivesse apenas desperdiçando o tempo deles mais uma vez.

E, então, um segundo depois, houve uma explosão ensurdecedora, perto o bastante para fazer tremer o chão sobre o qual elas estavam.

— *CST, tire essas mulheres daí.*

Kate ouviu um dos Seals dando a ordem pelo rádio um instante após a explosão. Em seguida veio o *pop-pop-pop-pop* de tiros num fluxo de percussão.

— Levantem-se todos, vamos, vamos! — Kate pronunciou as palavras em inglês calmamente, mas com firmeza, e segundos depois as ouviu de novo na tradução em pachtun de Angel. Ela apontou na direção de um prédio a 15 metros de distância, gesticulando para Angel ir rápido. — Leve-os para o prédio à direita, na esquina! — disse-lhe Kate.

Eles precisavam chegar ao outro lado do muro de cimento, fora do complexo. Isso deveria ser longe o bastante para mantê-los fora do tiroteio *e* dentro da linha de visão, para que Kate pudesse monitorar o que estava acontecendo e assegurar que ela e Angel não fossem deixadas para trás quando a missão terminasse.

— Vamos, vamos lá! — disse Angel para as duas mulheres.

Ela segurou as mãos de duas crianças, uma de cada lado, e começou a correr para a proteção do prédio. Enquanto isso, os soldados afegãos e americanos estavam retornando do pesado tiroteio dentro do complexo. Kate e Angel trabalhavam juntas a tempo suficiente para que a jovem intérprete soubesse levar todo mundo para um abrigo quando tiros irrompessem e as coisas esquentassem. Kate assumiu a retaguarda para assegurar que nenhuma mulher ou criança fosse deixada para trás no meio do caos.

Enquanto direcionava Angel, Kate apanhou um bebê pequeno, descalço, chorando. Pôs o garotinho sobre o ombro esquerdo e começou a correr enquanto o som dos tiros ficava mais alto atrás dela. Com o braço direito, agarrou a mão de uma garotinha e a puxou para perto de seu corpo.

– Fique comigo, fique comigo! – exortou Kate, esperando que a criança confiasse nela e entendesse seus movimentos, ainda que não entendesse suas palavras.

De repente, Kate sentiu o terreno irregular prendendo seu pé esquerdo. Ela começou a tombar para a frente enquanto uma de suas botas ficava agarrada num buraco fundo, que não havia visto através da película verde de seus óculos de visão noturna.

"O bebê", pensou Kate. Instintivamente, ela o apertou contra o peito enquanto o impulso da queda a fazia girar, rolando para a frente num mergulho. Ela soltou a mão da garotinha a tempo de impedi-la de cair também.

Um segundo depois, Kate estava deitada de costas com o bebê comprimido contra sua roupa blindada. Ele não se movera apesar da cambalhota e agora estava olhando para ela com olhos arregalados, em silêncio.

Kate sentia a respiração quente do bebê em seu pescoço, olhava para as estrelas piscando acima e ouvia o rá-tá-tá dos tiros perto dela, naquela hora, talvez a dez metros de distância.

"Que diabo é meu trabalho agora?", perguntou a si mesma enquanto abraçava com força o bebê e pegava novamente a mão da garotinha que estava por perto. "Isso é uma loucura."

Ela se levantou rapidamente, as duas crianças a reboque mais uma vez, e partiu num trote ligeiro para o prédio onde Angel a esperava com as mulheres adultas e as outras crianças.

– Estão todos aqui? – Kate começou a contar as mulheres e crianças.

Elas de fato haviam conseguido levar todos para a segurança – ainda que ela tivesse caído na frente de todos eles a caminho dali.

Kate, então, olhava para a mulher de meia-idade, aquela que lhe dissera que não havia ninguém lá dentro. Ela mentira na sua cara, enviando as forças afegãs para dentro da casa, onde um atirador estava à espera. O tiroteio que Kate ouvira – e do qual afastara as mulheres e crianças – fora iniciado pelo marido dessa mulher.

Agora Kate ouvia pelo rádio que alguém havia sido atingido. Ela estava prestes a interrogar a mulher sobre quem mais estava dentro da casa quando um soldado afegão se aproximou correndo de onde elas estavam.

– Você mentiu! – gritou o soldado para a afegã. – Você disse que não tinha ninguém lá! – Ele estava a poucos metros da mulher e despejava sobre ela uma avalanche de fúria. – Você tem dois afegãos baleados. Você não tem *americanos* feridos. Você matou apenas afegãos. *Seu próprio povo.*

A mulher não estava disposta a lhe dar a satisfação de vê-la chorar, mas seu rosto agora mostrava a emoção de alguém que entendia que seu marido, o homem que começara o tiroteio, provavelmente não sobreviveria àquela noite.

Kate encontrou um canto seguro de chão nivelado para o pequeno grupo, mas o terreno irregular significava que a procura por espaço plano era grande. Um helicóptero de remoção enviado para cuidar dos soldados afegãos feridos desceu não longe de onde eles estavam. As mulheres e crianças se apertaram contra o prédio para dar espaço para que os paramédicos corressem para dentro e apanhassem os soldados feridos.

Minutos depois, duas macas passaram a menos de meio metro de onde todos eles estavam. Um soldado afegão estava deitado em silêncio e sem se mexer enquanto seus irmãos de armas o carregavam para o Chinook que os aguardava. A segunda maca passou ainda mais perto. Kate ouviu os gemidos do segundo soldado afegão, que se contorcia pela agonia de seus ferimentos.

Sem nada para fazer, a não ser esperar, Kate repassou em sua mente a missão daquela noite. Algumas noites antes, outra mulher afegã lhe dissera imediatamente que a equipe americana e afegã chegara ao complexo errado. Sua informação os levou diretamente à casa correta, onde eles encontraram o insurgente que procuravam.

Então, o oposto acontecera, com consequências desastrosas.

Enquanto permanecia com sua equipe à espera do helicóptero que os levaria de volta à base, Kate ficou pensando nos homens na maca e se havia alguma coisa que ela pudesse ter feito para protegê-los e mantê-los vivos. Ela respeitava a coragem deles, seu compromisso de servir ao país. E, então, um deles estava morto.

Por fim, ela ouviu o *sopro* do helicóptero chegando, um som quase espiritual quando os rotores romperam zumbindo o silêncio do crepúsculo. No momento do pouso, todos eles estavam vulneráveis às granadas lançadas por foguetes e aos tiros de armas pequenas, bem à beira da onda de adrenalina que vinha quando se corria para o aparelho o mais rápido possível em meio ao ciclone de poeira e areia que se erguia, quase cegando a vista. Em um instante Kate decolou com Angel logo atrás dela.

Kate não queria pensar que toda mulher que encontrasse estaria acobertando um atirador escondido. Mas jamais esqueceria a lição daquela noite e a vida que custara.

III

Última Chamada

14

A Primeira Morte

★ ★ ★

— Ei, Nadia – disse Ashley ao celular –, você pode estar de volta aqui em vinte minutos?

Nadia estava num churrasco patrocinado pela Otan do outro lado da base do Campo de Aviação de Kandahar e estava prestes a morder um suculento kebab de frango quando o telefone tocou. Era por volta de 22 horas e ela estava aproveitando uma noite adorável sob estrelas cintilantes, praticando seu espanhol com um soldado americano de Nova York diante de uma tradicional refeição afegã de arroz, pão *naan* e kebab de carne. Era uma rara noite de folga para ela e nessas noites ela aproveitava a oportunidade para estar com outros intérpretes e conhecer soldados de outra cultura. Ela preferia muito mais sair e conversar com pessoas interessantes do que ficar em sua cama assistindo a *How I Met Your Mother* ou *The Office* num laptop com as outras garotas. Enquanto Ashley e suas companheiras de equipe comiam, dormiam e sonhavam com seus trabalhos, raramente saindo de sua seção na base, Nadia adorava explorar a aldeia global de homens e mulheres que haviam convergido para Kandahar, vindos de todo canto do mundo.

— Hum – ela fez uma pausa por um instante –, você sabe que eu ainda não estou liberada pelo médico para sair, certo?

Mesmo dizendo isso, Nadia se perguntou por que se importara em refutar. Se Ashley precisava que ela fosse, ela sabia que daria um jeito. Afinal de contas, estava trabalhando com Ashley na noite em que machucou o pulso, semanas antes. Elas haviam saído correndo do helicóptero, como faziam toda noite, mas um blecaute parcial as cegou quando a poeira levantada pelos rotores do helicóptero se mostrou mais intensa do que o habitual. Elas não conseguiam ver nada à frente ou atrás. Quando estavam correndo para se afastar do aparelho, Nadia caiu direto numa vala, desabando sobre sua mão direita. Ela sentiu uma dor abrasadora antes de notar que sua mão inteira estava agora virada para trás. Ahsley a ajudou a se levantar e voltar rapidamente para a formação; elas ainda tinham vários quilômetros para caminhar. Lágrimas de dor escorriam no rosto de Nadia, mas ela se manteve firme e não emitiu nem um som. Sentia-se grata por ninguém poder vê-la na noite escura como carvão de Kandahar; não queria que um soldado a apanhasse chorando.

Quando chegaram ao destino, Ashley insistiu para que Nadia procurasse um paramédico da unidade. Só depois de o médico lhe dar uma dose forte de Tylenol e uma faixa improvisada para o braço lesado foi que Ashley lhe permitiu iniciar as revistas e interrogações da noite. Havia muitas mulheres no complexo naquela noite e Ashley tomou nota para ambas enquanto Nadia fazia a tradução. Quando tudo acabou, Nadia retornou para a base respeitando Ashley ainda mais.

Se fosse outra garota, teria sido algo como *"Esqueça, continue, quando voltarmos para a base, cuidaremos de sua pequena lesão"*, pensou ela. As tradutoras americanas-afegãs com frequência diziam que os soldados com os quais trabalhavam as tratavam como prostitutas, como se toda noite elas tivessem que fazer seu dinheiro valer. Ashley e seu grupo eram diferentes. Quando se soube no dia seguinte que Nadia quebrara o pulso e precisaria ficar na base e descansar por um tempo, nem Ashley nem Anne reclamaram ou a trataram mal por ter levado o tombo que a retirara da ação. Mas, ainda assim, elas estavam ansiosas para ter sua intérprete circulando de novo. Ela era uma das melhores – uma tradutora cobiçada, preparada fisicamente o bastante para acompanhar as CSTs e os Rangers – e sempre ajudava tê-la por perto. A competência de Nadia e seu conforto com a cultura local faziam com que todos se sentissem mais seguros.

A Guerra de Ashley ★ 255

Naquela noite, parecia que Nadia voltaria ao trabalho, mesmo que seu gesso só tivesse sido retirado alguns dias antes e o médico não a tivesse liberado oficialmente. Quando Ashley lhe pediu para encontrá-la em vinte minutos, Nadia sabia que sem a aprovação do médico ninguém a questionaria se ela dissesse não. Mas Nadia estava disposta a fazer o que pudesse para as CSTs, especialmente para Ashley, uma das pessoas mais decentes que conhecera. "Dane-se, por Ashley provavelmente eu iria de muletas", pensou ela.

– Tudo bem, sem problema. Posso dar um jeito – disse Nadia pelo telefone celular surrado que carregava sempre que deixava o alojamento. A guerra criara um rápido crescimento da indústria de celulares no Afeganistão e os telefones eram fáceis de conseguir e baratos de usar. – Vejo você daqui a pouco.

Ashley pareceu feliz ao ouvir a resposta.

– Deve ser bem rotineiro, não se preocupe. – Ela explicou que o helicóptero muito provavelmente pousaria perto do objetivo naquela noite. Nada de marchas de oito quilômetros; portanto, nenhum risco para o pulso de Nadia. – Parece que não vai ser demorado, voltaremos logo.

Nadia encerrou a ligação, despediu-se de seus novos amigos e voltou correndo para seu quarto equilibrando um prato de papel cheio de kebabs de frango, que dividiria com Ashley e Anne quando elas voltassem. Ela levou restos o bastante para alimentar alguns dos caras também. Certamente, todo mundo estaria faminto quando retornassem à base.

Ela entrou correndo na sala de preparação e, em menos de cinco minutos, cumprimentou Ashley, vestiu o uniforme e seguiu para o helicóptero. Depois de meses na nova função, Nadia já perdera seus escrúpulos com moda. Seus apetrechos de segunda mão não ajudavam muito. Era comum que Lane comentasse sobre os equipamentos ruins de Nadia – pareciam ter vindo diretamente do desembarque na Normandia.

– Seus equipamentos são uma droga, Nadia – disse Lane na primeira noite em que elas saíram. – Vamos tentar conseguir umas coisas melhores para você.

As CSTs ajudaram como puderam: Ashley emprestou a Nadia uma blusa de combate Crye, que tinha o duplo benefício de ser justa e feita de um tecido respirável, que ajuda a eliminar o suor. É claro que elas ainda não haviam resolvido o problema dos óculos de visão noturna. Depois de finalmente se livrar do monóculo, Nadia recebera um conjunto de dispositivos ópticos para a noite para prender no capacete. Mas o capacete era tão velho que os dispositivos não se fixavam firmemente nele.

— Acho que seu capacete é antigo demais para considerar a possibilidade de visão noturna — brincara Lane semanas antes. Enquanto os dispositivos ópticos quase de última geração que Ashley e Anne usavam se prendiam solidamente em seus capacetes, os de Nadia sacudiam e balançavam em torno de sua cabeça, o que a obrigava a mexer nele o tempo todo. Ela ainda estava se atrapalhando com eles naquela noite em que Ashley a encontrou perto do alojamento para caminhar até um ônibus velho que as levaria à pista de decolagem.

— Vamos — disse Ashley. Ela lhe abriu o sorriso familiar, tranquilizador. — Você está bonita!

Nadia ainda usava a maquiagem que fizera para o churrasco — delineador e sobrancelhas fortemente definidas. Não tivera tempo para removê-la antes de partir. Enquanto andavam, Ashley lhe falou sobre o plano da missão e as informações de que dispunham para que elas pudessem obter o que precisavam com a maior rapidez e eficácia possível, assim que desembarcassem. Então, as mulheres embarcaram no helicóptero como de costume, com os líderes da equipe, e ocuparam seus assentos perto da frente. Nadia se preparou psicologicamente para seu retorno à ação depois da lesão, lembrando a si mesma quantas missões bem-sucedidas já ficaram para trás. Ela tinha sido vagamente tranquilizada pela descrição do objetivo por Ashley, na base, e também pelo fato de que os Rangers não haviam rezado como equipe antes de partirem. Nadia observara que a prece em grupo sempre acontecia nas noites em que os homens achavam que enfrentariam uma tarefa especialmente perigosa. Caso contrário, ela sabia que a maioria deles rezava como ela, em silêncio e à sua própria maneira, quando partia no helicóptero.

Espero que voltemos com alguma coisa, disse para si mesma. Ela podia ser uma civil, mas estava comprometida com sua parte na luta. Nas noites em que eles voltavam sem nada e não conseguiam encontrar os insurgentes que procuravam, seu ego sofria – ela decepcionara sua equipe. Mas, em missões bem-sucedidas em que ela fazia sua parte para impedir alguém de ferir soldados americanos e afegãos inocentes, Nadia sentia que talvez tudo aquilo tivesse um motivo.

Sua mãe nunca aceitou seu desejo de servir e ficou sofrendo com seu novo trabalho desde o momento em que soube sobre o trabalho até o dia em que a filha partiu para Kandahar. "As pessoas são loucas lá – até os insetos são loucos", dissera, referindo-se aos escorpiões dos quais se lembrava vividamente da infância. "Não vá, eu lhe imploro!" Mas Nadia foi mesmo assim. Não muito tempo depois, as mulheres afegãs a estavam amaldiçoando e cuspindo nela por trabalhar com os americanos e Nadia percebeu que sua mãe talvez estivesse certa. Mas ela estava ali e tudo o que podia fazer era trabalhar tão duro quanto pudesse fazendo sua parte para impedir a insurgência. Aos afegãos ressentidos que a amaldiçoavam com sua antiga magia negra, ela simplesmente sugeria que seus desejos maldosos apenas voltassem para eles. "Você tem que desejar o bem a todas as pessoas", dizia ela, e era esse lema que ela tentava cumprir. Sempre levava dinheiro para ajudar os mais necessitados que encontrava, embora nunca achasse que levava o suficiente, em vista do número de filhos que todas aquelas mulheres pareciam ter. Nadia talvez tivesse endurecido o bastante desde que chegara ao Afeganistão, mas sabia que jamais conseguiria esquecer a miséria e as crianças que tinham tão poucas oportunidades. Mais tarde, quando voltasse ao trabalho humanitário que originalmente planejara fazer no Afeganistão, ela tentaria fazer sua parte para ajudar a construir escolas e talvez clínicas. Mas, por hora, estava num helicóptero, se preparando para desembarcar e começar uma nova missão. Ela rezou em silêncio para que todos os seus companheiros de equipe permanecessem a salvo.

Alguns momentos depois, com o helicóptero pousado em segurança, eles estavam numa corrida curta para o complexo onde se sabia que um fabricante de armas talibã morava. Nadia estava logo atrás de sua CST. Não notara até aquele momento como sua companheira de equipe estava em boa forma. Ashley e Anne, às vezes, perguntavam a Nadia se ela queria se juntar a elas na academia de ginástica e praticar subida em corda, ao que ela rotineiramente sorria e respondia educadamente: "Diabos, não." Mas estava impressionada com o gosto com que aquelas mulheres faziam seus exercícios e via então, na transformação de Ashley, que a dedicação estava claramente valendo a pena. Nadia fez uma anotação mental para dizer a Ashley que ela estava parecendo a tenente Jordan O'Neal de *Até o limite da honra*! Ashley podia ser modesta demais para falar sobre si mesma, mas Nadia não conhecia uma mulher no mundo que não quisesse ouvir que estava ótima. Mesmo usando botas Gore-Tex e roupa blindada.

Conforme Ashley prometera, a caminhada não fora longa, e Nadia estava aliviada por ter acabado. Mas, de repente, ela viu os Rangers se movendo rapidamente, não com sua habitual precisão metódica. Ela permaneceu perto de Ashley, como costumava fazer, e se aproximou mais para perguntar o que estava acontecendo; Ashley estava ouvindo atentamente o rádio, algo que os tradutores não carregam. Nadia esperou na tensa falta de informação e viu quando os homens perto dela pareceram avançar rápido.

Ela e Ashley estavam ao lado do complexo, perto de um dos muros externos. As duas se aproximaram mais de uma ponte para pedestres que levava a casa, e então Ashley parou para falar com Kristoffer Domeij, um dos líderes Ranger veteranos. Sua presença no helicóptero também tranquilizara Nadia; ela o conhecia por vê-lo com sua equipe na base e Ashley disse que ele era muito querido por seus homens, respeitado pelo que havia visto e feito em incontáveis ações na guerra. Ele era conhecido por sua competência e profissionalismo, mas também por seu senso de humor, sua experiência e seu grande coração. Nadia achava sua humanidade reconfortante. A oficial de artilharia Tracey Mack, companheira de quarto de Ashley, aprendera muito com Domeij, que era sempre generoso para compartilhar percepções no trabalho de controlador de ataque terminal conjunto (JTAC, na sigla em inglês). Seu papel como JTAC era direcionar aviões de combate que apoiavam operações Ranger, desde vigilância até ataques letais. Kris estava agora em sua 14ª guerra, um número que enchia Ashley de admiração e chocara Nadia quando ela soube. Enquanto Ashley permanecia ao lado dele, numa conversa calma, mas dinâmica, Nadia começou a ficar cada vez mais impaciente sem saber o que acontecia.

"Ai, Deus, vamos logo", pensou. Ela se sentia atipicamente impaciente; sabia que, às vezes, as missões se complicavam na nebulosidade de uma luta e que podia demorar um pouco para que todos voltassem à formação. Mas já estava havendo conversa demais. No momento, tudo o que ela queria era terminar o trabalho daquela noite e voltar para seu kebab.

Ela decidiu usar o tempo produtivamente e se virou para procurar um lugar mais plano onde pudesse ajustar seus dispositivos ópticos e tentar obter um encaixe firme. "Em um instante, eles nos dirão onde precisaremos estar", calculou.

Nadia caminhou poucos metros em direção a uma faixa de grama. De início, parecera perto, mas quando ela chegou ao fim de um caminho de cascalho percebeu que avaliara mal a distância e que a grama era um pouco mais longe do que estimara. Ela se virou para conferir onde estava Ashley e viu que ela estava no mesmo lugar, ainda falando com o Ranger. Esperava que em um instante Ashley estivesse caminhando em sua direção, depois de terminar de conferir detalhes da missão. Então resolveu não se afastar muito. "E se ela não conseguir me encontrar?", pensou. "Vou esperá-la aqui."

Nadia voltou sua atenção para seus dispositivos ópticos antiquados.

E então, do nada, vieram estrondos de explosões. Foi como se o chão tivesse virado ao avesso e começado a tremer.

A explosão lançou Nadia a quase quatro metros de distância pelo ar e ela caiu com força, aterrissando de cabeça, o rosto agora enterrado no chão.

Ashley e Kris Domeij estavam em cima de uma placa de pressão presa a outras placas, num sistema conhecido como *daisy chain* (corrente de margaridas), que é armado para criar múltiplas explosões quando alguém pisa em uma seção. Chris Horns, um jovem soldado do Colorado que servia em sua primeira ação em campo de batalha ao lado dos veteranos Rangers, também foi apanhado pela explosão. O chão inteiro havia sido armado para acender como um busca-pé. Mas foi a bota de outro Ranger, pisando numa placa em outra parte do complexo, que acionou a "corrente de margaridas" que rasgou a noite. Aquele soldado, um especialista em remoção de material explosivo (EOD, na sigla em inglês), feriu gravemente o pé na explosão, mas conseguiu sair do prédio, mancando sobre seu pé estraçalhado para tirar pessoas do caminho e impedir mais explosões que poderiam atingir qualquer outro de sua equipe.

Fora do complexo, Ashley ainda estava deitada no chão. Também havia sido levada pelo ar pela força da explosão e vários Rangers estavam pairando sobre ela, amarrando um torniquete em torno de uma de suas pernas. Havia outros feridos também, incluindo um tradutor afegão e o heroico especialista em remoção de material explosivo. Um paramédico logo correu até Ashsley e começou a lhe fazer perguntas:

— De onde você é?

— Estados Unidos – respondeu Ashley.

— De que estado?

— Ohio.

Minutos depois, ela estava dentro de um helicóptero a caminho do Hospital de Apoio ao Combate de Kandahar, o maior da base. Enquanto o helicóptero voava pela noite, um paramédico trabalhou para dar a Ashley os cuidados necessários. Ele tentou estancar o sangramento, checou seu pulso e a pressão sanguínea, tentou manter os fluidos correndo por seu organismo. Mas seus sinais vitais estavam caindo.

Nadia, ainda deitada na faixa de grama, ouvia sinais atenuados do caos à sua volta, mas soavam como se estivessem a quilômetros de distância. O impacto da explosão embotara sua audição e ela estava lutando em meio ao atordoamento para se orientar e descobrir o que acontecera.

Sua primeira pergunta, quando foi capaz de formular um pensamento completo: "Onde está Ashley?"

Ela estava sozinha na escuridão, aparentemente longe dos outros, e seu medo estava crescendo.

"Ah, meu Deus, não vão me encontrar", pensou Nadia enquanto o zumbido em seus ouvidos se tornava cada vez mais alto. No meio da noite escura como carvão, ali estava ela deitada na terra com roupa de camuflagem. O fato de ser civil a fazia se sentir ainda mais vulnerável, como se houvesse uma lista invisível de militares importantes e ela estivesse no fim da lista.

Nunca vou conseguir sair daqui. O Talibã vai me encontrar aqui neste chão amanhã e esta vila vai me comer no café da manhã.

Foi então que um paramédico chegou. Ela não fora esquecida no fim das contas.

— Você é Nadia, a intérprete? — perguntou o paramédico.

Ele a virou de frente, de modo que agora estava de cara para o céu repleto de estrelas.

— Você é Nadia, a intérprete!? — perguntou ele mais alto desta vez.

Em sua terceira tentativa, o som finalmente entrou nos ouvidos de Nadia.

— *Sim, sim!* — ela gritou.

Um soldado do exército afegão chegou correndo e perguntou o que poderia fazer para ajudar; Nadia ouviu o paramédico dizer a ele para apanhar a outra ponta da maca e ajudá-lo a transportá-la para o helicóptero. Nadia sabia que estava ferida, mas não sabia dizer onde fora ou como. Além de uma vaga dor no braço, não conseguia sentir onde o ferimento se originava. Ela olhou para cima, viu um Ranger ferido e, novamente, se perguntou onde estava sua companheira de equipe:

– Onde está Ashley? – Alguém respondeu que ela estava bem e, em seguida, uma forte dose de algum tipo de analgésico a tirou daquele momento e a afastou da dor. Ela só tinha consciência do som abafado e rítmico dos rotores do helicóptero.

O Hospital de Apoio ao Combate de Kandahar de início era uma instalação provisória dirigida inicialmente por americanos e, depois, em 2006, por forças canadenses. Construído de um compensado que apresentava risco de incêndio, era cheio de poeira; tinha apenas onze leitos para pacientes internados, montados sobre cavaletes, as mais básicas instalações de laboratório e uma máquina de ultrassom portátil. Nos três anos seguintes, sob liderança canadense, o hospital cresceu para mais ou menos duas dúzias de leitos, três salas de operação, um banco de sangue e recursos ultramodernos de radiografia e ultrassom. Entre os funcionários, havia neurocirurgiões altamente especializados, cirurgiões ortopédicos, um cirurgião maxilofacial e especialistas em saúde mental. O hospital tratava de pacientes da Otan, das Forças de Segurança Nacional afegãs e de civis, e, em 2009, ostentava um índice de sobrevivência de 95%.

No mesmo ano, a Marinha dos Estados Unidos assumiu o controle do hospital de combate, e seus recursos de primeira linha melhoraram ainda mais: o esperado aumento de operações militares na área significava que o hospital tinha que estar preparado para um potencial crescimento do número de feridos chegando à sua porta. O hospital inovou em tratamento de traumas, desenvolvendo um sistema em que uma equipe de médicos, enfermeiros, radiologistas, cirurgiões e funcionários se reunia em torno de cada paciente e trabalhava junto, como numa "linha de montagem", para tratar dos ferimentos. Essa estratégia foi tão bem-sucedida em Kandahar que mais tarde foi aplicada em outras áreas de crise, incluindo o Haiti depois do terremoto de 2010, e, com o tempo, foi introduzida em nações da Otan.

Na primavera de 2010, um prédio de tijolos altamente reforçado, projetado por engenheiros alemães e construído por uma empreiteira russa sob supervisão da Otan, substituiu a instalação original. Foi projetado para oferecer a mais avançada assistência no Afeganistão e aberto pouco antes da temporada de combates no verão, que agora incluía uma força americana mais volumosa, como resultado do surto de violência de dezembro de 2009. O novo hospital de combate tinha um banco de sangue, recursos para todo tipo de exame com imagem e instalações cirúrgicas, ortopédicas e para assistência crítica; parecia o tipo de hospital que você poderia encontrar no meio de uma cidade europeia.

Mesmo antes de os primeiros pacientes começarem a chegar naquela noite, um telefonema prévio avisara à equipe de trauma sobre os feridos que viriam – incluindo vários "alfas", forma de abreviatura para os soldados de maior prioridade, com ferimentos mais sérios. Os funcionários do hospital imediatamente fizeram sua formação: membros da equipe de trauma se reuniram para aguardar os feridos enquanto o líder da equipe coordenava a assistência com enfermeiros, técnicos em medicina, anestesiologistas e cirurgiões de várias especialidades que poderiam ser acionados se necessário. Os radiologistas com frequência trabalhavam bem à cabeceira do leito, interpretando imagens de seus pacientes em tempo real para ajudar médicos e enfermeiros a tomar as melhores decisões nos minutos e momentos críticos de que dispunham. Os médicos e enfermeiros ficaram no silencioso e frio centro de trauma, sabendo que as baias para pacientes estavam prestes a se tornar um inferno. Baixas em massa como aquela continuavam sendo uma raridade, embora, desde que o surto de violência começara, o hospital tivesse visto vários ferimentos sérios, muitos dos quais resultantes de IEDs. Um paramédico ficou com os cotovelos apoiados numa maca vazia, olhando diretamente para frente e esperando os feridos.

Quando o helicóptero pousou, a equipe do Evoc (Curso de Operadores de Veículos de Emergência) já estava na pista de pouso, pronta para remover os pacientes que chegavam para ambulâncias blindadas. Eles correram para cuidar dos feridos. Naquela noite, uma enfermeira da equipe do Evoc pela primeira vez chegou a uma maca e em seguida parou.

Deitada ali entre os Rangers feridos estava um soldado feminino.

A enfermeira tentou seguir em frente, tentou esconder de suas colegas o olhar de choque que exibia enquanto ela e sua equipe de combate de profissionais do Evoc faziam seus movimentos bem sincronizados, mas aquela profissional que se acostumara às muitas coisas horríveis que havia visto naquela guerra se deparava então com algo para o qual estava completamente despreparada: uma tenente bonita e jovem numa maca lutando pela vida.

Todos no hospital sabiam que havia mulheres nessas operações, mas não esperavam ver uma delas tão criticamente ferida a ponto de precisar de sua assistência. A expressão de espanto no rosto da enfermeira deixava claro que essa era a primeira vez que ela atendia a uma soldado tão gravemente ferida.

O cheiro no helicóptero – uma mistura de terra fresca, sangue seco, combustível de aviação e camadas de suor dos muitos soldados feridos transportados todos de uma vez – era algo que a equipe do Evoc jamais esqueceria. Momentos depois, os feridos estavam nas ambulâncias, sendo levados às pressas para as baias de trauma.

– Tem uma mulher! – gritou um paramédico em meio ao caos.

De outro modo, a coreografia do centro de trauma seguiria o roteiro habitual, com as portas traseiras da ambulância se abrindo e um monte de funcionários irrompendo em ação. Ashley estava no primeiro conjunto de macas e foi erguida por homens de luvas azuis; por um momento, ela foi suspensa no ar entre o céu escuro e as luzes de freio vermelho brilhante da ambulância, enquanto os funcionários a punham numa maca com rodas. Quando ela estava sendo empurrada rapidamente sobre rodas para a baia de trauma, um soldado da Marinha se pôs ao lado da maca enquanto ela se movia, pressionando as mãos sobre o peito de Ashley para fazer a reanimação cardiorrespiratória. A explosão retalhara parte de seu uniforme, mas os dois distintivos no braço direito permaneciam intactos. Acima, havia uma bandeira americana. Abaixo, um distintivo retangular com letras brancas sobre um fundo preto formando a sigla CST.

Uma vez lá dentro, a equipe de trauma começou a trabalhar em absoluto silêncio. Em cada baia eles aplicaram terapia intravenosa, controlaram sangramentos, checaram sinais e vitais e faziam raios X. Fizeram tudo o que podiam para encontrar e manter normais os batimentos cardíacos de cada ferido. Sob as fortes e implacáveis luzes de hospital, a extensão dos ferimentos dos soldados se tornou completamente clara. Ashley estava pálida por causa da perda de sangue. A explosão a atingira logo abaixo do torso.

No hospital que tivera momentos de silêncio sepulcral antes de os feridos chegarem, o alvoroço desesperado de uma esperança breve dominou o ambiente. Mas as expressões de horror que se formaram em cada rosto na sala denunciaram a verdade. Não havia esperança para os três soldados mais feridos, incluindo a mulher cuja presença abalara tanto a equipe de trauma.

Médicos e enfermeiros ficaram sem palavras diante da fileira de cortinas azuis que separavam cada baia de trauma. Uma enfermeira se aproximou de um grande quadro branco que registrava o estado de cada paciente. Sob a categoria "ferimentos", ela acrescentou três letras para cada soldado: "IED", *dispositivo explosivo improvisado*.

Por trás de uma das cortinas azuis, Ashley jazia em seu uniforme sob um cobertor militar de lã verde. Os médicos e enfermeiros haviam feito todo o possível para salvá-la, mas a força do impacto da explosão provara ser mais potente do que o poder de cura deles e de toda a tecnologia moderna que os cercava.

O coração de Ashley havia parado. Ela se fora.

* * *

Anne estava trabalhando no Centro de Operações Táticas, falando com um grupo de Rangers, quando viu algo incomum no corredor. Pessoas estavam aglomeradas numa conversa exaltada, diferente da maneira habitual do Regimento Ranger, comedida, aceitando tudo com calma.

Ela perguntou a um dos Rangers o que estava acontecendo.

— O pelotão foi atingido — respondeu ele.

Antes que ela tivesse uma chance de reagir, outro Ranger a puxou com delicadeza para o lado.

— Existem baixas potenciais — disse ele. — E é possível que uma delas seja Ashley.

Anne assentiu em resposta e um instante depois já se fora, correndo para apanhar a chave da picape que ela e Ashley haviam requisitado semanas antes para ir ao DFAC e voltar. Havia uma variedade de opções culinárias na base, da belga à indiana, mas Ashley sempre preferia o refeitório de comida do Leste Asiático. Mais cedo, naquele mesmo dia, ela saboreara o habitual — um sanduíche grelhado e seu macarrão favorito, que ela enchia de um molho agridoce de pimenta-malagueta que adorava.

"Vejo você dentro de algumas horas", dissera Anne a sua parceira quando ela partiu. As duas esperavam estar numa missão naquela noite, mas no fim a equipe de Anne não saíra. "Vamos jantar quando você voltar." Sendo o jantar o café da manhã, elas com frequência pediam omeletes. Ashley gostava de omeletes vegetarianos em particular.

Apenas mais uma noite.

Agora, Anne estava correndo para o hospital de combate para poder estar lá quando os soldados começassem a chegar — caso fosse Ashley. Ela entrou às pressas e seguiu as placas para a sala de emergência. Quando entrou no centro de trauma, encontrou uma cena de caos administrado calmamente. Muitos médicos e enfermeiros corriam em silêncio de uma baia para outra. Os únicos sons vinham de respiradores e de ocasionais informações sobre os sinais vitais de um paciente.

Anne viu um Ranger superior no corredor. Ela estava prestes a lhe perguntar sobre Ashley, mas ele falou primeiro:

— Você quer se despedir? — perguntou ele.

Ele não disse mais nada, mas lhe entregou algumas coisas de Ashley. Em seguida, caminhando alguns passos ao seu lado, ele seguiu em direção à baia onde Ashley jazia. A cortina de tecido azul estava parcialmente aberta.

Anne lutou para processar o que estava vendo. Sua companheira de equipe, sua parceira, sua amiga, partira. Elas haviam malhado juntas um dia antes, haviam tomado o café da manhã naquela mesma noite. As letras *IED* no quadro branco confirmavam friamente o fato, mas Anne não podia acreditar.

Anne se aproximou de Ashley e fechou a cortina atrás de si. Ela se sentou na cadeira ao lado dela, pegou a mão de Ashley e abraçou a amiga. Em seguida, pegou a mão dela mais uma vez e curvou a cabeça.

— Eu sinto muito — disse ela. — Sinto muito não ter podido proteger você. Sinto muito não ter podido impedir que isso acontecesse, Ashley.

Sua companheira de equipe ainda estava vestida com roupa de batalha e seu cabelo louro em um rabo de cavalo. O rosto estava sujo de terra, mas parecia sereno.

Minutos se passaram e Anne ficou sentada ali, sozinha, com a cabeça curvada e segurando a mão da amiga. Por fim, um capelão chegou para dizer uma prece final e dar a extrema-unção. Um jovem paramédico permaneceu em silêncio atrás do capelão, pronto para remover o corpo de Ashley da sala. Ele parecia desconfortável e Anne sabia que sua chegada era o sinal para que ela se fosse, mas ela queria que os dois saíssem dali. Precisava de mais tempo. Mas não havia. Devagar, ela se levantou e se despediu pela última vez.

Uma pequena multidão de homens permanecia no corredor em consideração a seus irmãos de armas mortos: o soldado de primeira classe Christopher Horns, um de seus mais novos companheiros de equipe, que ingressara nos Rangers naquele ano, e o sargento de primeira classe Kris Domeij, seu muito querido líder. Ao lado deles jazia Ashley White. Três soldados com histórias tão diferentes, vindos de lugares tão diferentes: Santa Ana, Califórnia; Colorado Springs, Colorado; e Marlboro, Ohio. Eles tinham pouco em comum além do compromisso de servir aos Estados Unidos. Um deles tinha 29 anos e estava em sua 14ª ação em campo de batalha; outro tinha apenas 20, servindo pela primeira vez. E o outro era um membro da Guarda Nacional que respondera a uma convocação para ingressar numa nova equipe de operações especiais toda do Exército e toda feminina. Então, a história os ligaria para sempre.

Pouco antes das duas horas, nem bem uma hora depois de chegar, Anne voltou para o estacionamento e se sentou na camionete, olhando para frente. Ela não choraria naquela noite – tinha coisas demais para fazer. Na verdade, as lágrimas não viriam durante meses.

Mas o luto a envolveu imediatamente.

Já a notícia estava se espalhando entre as CSTs.

– Ei, você conhece Ashley White? – um Ranger enfiava a cabeça na pequena tenda que Tristan compartilhava com outra CST numa base em outra parte do Afeganistão. A classe CST inteira – membros de ações diretas e aqueles que serviam em operações de estabilidade nas vilas – havia sido separada há dois meses e meio e então estava espalhada pelo país.

– Ah, sim, ela está aqui? – respondeu Tristan com empolgação.

Recentemente, algumas colegas CSTs de operações de estabilidade em vilas vieram em visitas; ela ficou empolgada com a ideia de que Ashley estivesse ali.

– Não, ela morreu, acabou de ser morta em ação – disse ele.

– O quê?! – Tristan se levantou num salto.

Isso era impossível, ele não podia estar certo. Mas, instantes depois, ela recebeu um telefonema no Centro de Operações Táticas, que trazia a confirmação da notícia terrível. Era Leda; ela disse que precisava falar urgentemente com Tristan, mas, primeiro, queria se certificar de que ela estava num lugar tranquilo.

— Eu quero que você saiba que a primeira-tenente Ashley White expirou — disse Leda.

Ela continuou falando, algo sobre uma explosão em Kandahar e a Operação Liberdade Duradoura. Mas Tristan havia parado de ouvir.

"Queijos expiram, leite expira, frios expiram", pensou Tristan. "Pessoas bonitas de 24 anos não."

Ela desligou o telefone e caminhou em direção à porta do Centro de Operações. Estava de repente se sentindo claustrofóbica e precisava sair dali. Sua mente não entendia o que ela sabia que era verdade. Uma pesada nebulosidade a impedira de sair em missão naquela noite, o que era o motivo pelo qual sua unidade inteira permanecia na base. Mas as nuvens haviam passado e, então, uma lua crescente brilhava resplandecente e clara. As estrelas formavam uma abóbada encrustada de diamantes no alto. Tristan entrou na pista de corrida de cascalho de trezentos metros que circundava o perímetro da base e começou a correr. De algum modo, a pequena pista parecia interminável. Repetidamente, volta após volta, ela percorreu quilômetros. Em seu iPod tocava a mesma canção o tempo todo, "The Long Way Home", de Nora Jones.

Eu sinto muito, Ashley, pensava ela enquanto corria. Olhando para o céu, ela não conseguia deixar de pensar que havia sido Ashley quem trouxera as estrelas para lhe oferecer algum conforto. Seria a cara dela pensar apenas nas outras pessoas num momento como esse.

A centenas de quilômetros de distância, em outra parte do país, o oficial executivo de Sarah deu uma rara entrada no dormitório feminino. Ele parecia ainda mais exausto da batalha do que o habitual. Sarah estava em sua tenda leve, em formato de meio cilindro, conhecida como K-Span, contando e separando meias de bebê que recebera de sua antiga tropa de escoteiras na Nova Inglaterra para distribuir às crianças que encontrava nas missões.

— O major Barrow precisa falar com você no Centro de Operações Táticas.

Ele tinha uma expressão estranha no rosto, como se tivesse comido alguma coisa ruim ou ouvido uma notícia má.

— Aconteceu alguma coisa? — perguntou ela.

Ele fez que sim com a cabeça.

— Em Kandahar — disse. Interpretando sua expressão, Sarah soube que havia algo de muito errado.

"Eu sei que é uma de nós", murmurou ela para si mesma enquanto caminhava rapidamente de seu alojamento para o Centro de Operações Táticas. "Só não sei ainda quem é."

Ela entrou no TOC e encontrou Leda digitando freneticamente em seu laptop. Na pressa de levar as CSTs para o campo de batalha — e talvez na crença de que elas permaneceriam longe das linhas de frente, já que a proibição de combate continuava em vigor —, as mulheres não haviam preenchido seus formulários de baixa informando onde seriam enterradas e relacionando todos os seus prêmios. Enquanto digitava, Leda falava ao telefone com Anne, reunindo detalhes biográficos que acompanhariam o boletim de notícias anunciando a morte de Ashley.

Sarah ouviu um trecho do que Leda falava — "e em que ano ela recebeu esse prêmio?" — e soube que alguém havia sido morto.

— Quem é esse? — perguntou Sarah a Lane, que estava sentada ao lado de Leda.

Entre soluços, Lane respondeu:

— Distrito de Zhari.

— Explosão de IED em missão.

— Ashley.

Ao longo da noite, CSTs por todo o Afeganistão souberam da morte de Ashley, lutaram para acreditar nisso e aplacaram a dor do luto certificando-se de que suas companheiras de equipe soubessem da notícia por Leda ou por uma colega CST. Cada uma delas sentiu necessidade de manter a calma, não apenas por Ashley, mas pelo próprio programa. Nenhuma CST havia morrido em batalha antes e o escrutínio seria intenso; todas elas entenderam isso imediatamente.

A Guerra de Ashley ★ 271

"Vamos ficar unidas", aconselharam a si mesmas enquanto a longa noite passava.

Em sua base, Anne estava navegando pelo labirinto de tarefas administrativas mundanas que a morte de um soldado desencadeia. Cassie e sua parceira Isabel haviam voado para Kandahar, a fim de completar o formulário de baixa de Ashley, começando com sua patente e o recente recebimento da CAB. Incluíram as datas do serviço na unidade da Guarda da Carolina do Norte e em Fort Sam Houston, onde ela recebeu seu treinamento médico. Todas elas se conheciam tão bem que não demorou muito tempo.

Um dos Rangers levou para Anne alguns documentos que sua unidade usava para seus soldados e ofereceu seus pêsames. Quando saiu, Anne viu que um grupo de homens do Regimento Ranger estava no corredor, chorando por seus amigos e companheiros de equipe. A perda vencera um *round* naquela noite.

Nas primeiras horas da manhã, as CSTs se sentaram em seu pequeno escritório no armário de vassouras, um lugar repleto de lembranças de Ashley. Aquilo não parecia real para nenhuma delas.

– Vocês acham que vão acabar com a gente? – Cassie por fim fez a pergunta que estava na cabeça de todas elas.

Ela sabia que a morte de Ashley iria expor o programa CST aos olhos do povo, e a verdadeira pergunta era: como o público americano reagiria quando soubesse que uma mulher estivera presente numa ação direta, numa missão de combate das Operações Especiais? O povo americano sabia mais sobre os cães das Forças Armadas e seus treinadores do que sobre uma coisa chamada CST. Muita gente ficaria curiosa para saber como um grupo de mulheres foi parar no coração de uma luta contra a insurgência no Afeganistão.

– Eu não tenho a menor ideia – respondeu Anne.

No momento, a única coisa que sabia com certeza era que tudo o que ela e suas companheiras de equipe fizessem a partir dali definiria como o programa iria parecer ao mundo externo. Cumprir o trabalho esplendidamente era a coisa mais importante que elas podiam fazer por Ashley. Todas elas eram soldados e a morte fazia parte de seu negócio. Ashley não quisera nenhum tratamento especial em vida e, com certeza, não desejaria isso na morte.

Ainda assim, nenhuma delas sabia a quantidade de informações que poderiam ou deveriam incluir sobre sua missão, já que o programa da CST tinha, desde o começo, circulado por uma linha tênue em termos de proibição de combate. Então, Anne trabalhava em cima de cada palavra; seus olhos ardiam de cansaço e sofrimento enquanto ela encarava a tela do computador e digitava:

> *Primeira-tenente Ashley Irene White, 24, nascida em 3 de set. de 1987 e natural de Alliance, Ohio. Foi morta durante operações de combate na província de Kandahar, Afeganistão, quando a força de assalto que ela estava apoiando acionou um dispositivo explosivo improvisado.*
> *Ela foi designada para o 230º Batalhão de Apoio de Brigada, 30ª Equipe de Combate de Brigada Pesada, Guarda Nacional da Carolina do Norte, Goldsboro, C.N., e serviu como membro da Equipe de Apoio Cultural vinculada a uma Força-Tarefa Conjunta de Operações Especiais no Afeganistão. Esta foi sua primeira ação no Afeganistão em apoio à Guerra ao Terror.*

A tarefa seguinte de Anne era empacotar as coisas no quarto de Ashley e fazer um inventário, um procedimento padrão depois da morte de um militar. Ela caminhou a distância de um campo de futebol de volta ao alojamento e entrou no quartinho que havia sido a casa de Ashley por dez semanas. Parecera-lhe um pouco aconchegante quando ela atravessou o corredor, vindo de seu quarto, para visitar Ashley mais cedo naquele dia.

A Guerra de Ashley

Anne desdobrou o formulário do Exército e começou a contar:

Blusas de uniforme
Calças de uniforme
Roupas de baixo
Livros médicos
Pares de meias

Ela contou tudo e, com uma caligrafia vagarosa e delicada, anotou a quantidade de cada item no formulário.

Entre os livros e fotografias havia um DVD branco, em vez do habitual, prateado, estampado com letras cursivas pretas:

Nossos retratos de casamento

As cópias das fotos do casamento de Ashley, em maio, haviam chegado recentemente. Ashley prometera mostrá-las a Anne na próxima vez que elas tivessem um dia livre.

Na manhã seguinte, cedo, centenas de pessoas vindas dos arredores do Campo de Aviação de Kandahar – soldados, comandantes de operações especiais, funcionários e dignitários – reuniram-se na pista de decolagem enquanto as CSTs e os Rangers se preparavam para enviar seus amigos e companheiros de equipe de volta para casa.

As notas fúnebres de "Amazing Grace" tocadas em gaitas de fole soaram num alto-falante quando a cerimônia da rampa – uma tradição que marca a despedida final de um soldado morto em ação – teve início. A multidão ficou em torno de três caixas de alumínio ornadas com bandeiras sobre o campo de terra. A bandeira da base foi erguida a meio mastro.

Isabel, parceira de CST de Cassie, e um grupo de Rangers se ofereceram para carregar a caixa de transferência de Ashley pelo campo de aviação até o avião que a levaria para a Base Dover da Força

Aérea, em Delaware, sede do maior necrotério das Forças Armadas e a primeira parada tradicional em solo americano para militares mortos no exterior. Sendo a oficial de mais alta patente entre eles, Cassie, como oficial mais graduada entre elas, conduziu a cerimônia, pondo o corpo de Ashley no cavernoso C-17. Pediu aos soldados para baixar a caixa prateada até o chão e, momentos depois, para apresentar armas e saudar pela última vez a companheira morta em ação.

Mas, quando pediu a Isabel e aos Rangers para se levantarem após baixarem o caixão de Ashley, Cassie percebeu que cometera um erro: ela subestimara o sentimento de seus colegas Rangers. Os homens precisavam de mais tempo para se despedir de sua CST, e dois soldados permaneceram agachados antes de se erguerem para fazer a saudação final.

Os carregadores do caixão de Ashley saíram do avião e chegaram à pista bem abaixo da asa. Então, quando não tinham nenhum trabalho que as ocupasse, Cassie e Isabel sentiam a enormidade da morte de Ashley. Cassie ouvia fungadelas por toda a sua volta enquanto ela e seus colegas soldados tentavam conter as lágrimas pelo sargento de primeira classe Kris Domeij, pelo soldado de primeira classe Christopher Horns e pela primeira-tenente Ashley White. Enquanto se mantinha em formação atrás dela, um dos Rangers que carregara Ashley para o avião bateu de leve no braço de Cassie.

— Ela era um grande soldado — sussurrou ele.

Durante a cerimônia, Cassie, Anne e Isabel notaram um fato encorajador em meio à perda terrível: o Comando de Operações Especiais não fizera nenhuma distinção entre Ashley — a facilitadora, a CST, a mulher — e os dois Rangers que haviam morrido ao seu lado. O comando os tratou de maneira igual: antes da cerimônia, puseram moedas Ranger em cima de cada caixão e, depois, penduraram uma foto de Ashley na parede dos Rangers mortos em combate, junto aos retratos de Kristoffer Domeij e Christopher Horns.

Era um pequeno conforto, mas que teria deixado Ashley orgulhosa.

E, então, o avião subiu para o céu.

* * *

Nadia acordou naquela manhã no hospital de combate e encontrou uma coleção de pinos de metal mantendo seu braço direito preso ao resto do corpo. Ela quase perdera o membro, disse-lhe um dos paramédicos; o braço ficara pendurado apenas por tendões. Depois de perderem três soldados naquela noite, os médicos estavam resolvidos e determinados a evitar uma amputação. Mas esse era um detalhe que Nadia ainda não sabia.

– Belo esmalte nas unhas dos pés – comentou um funcionário do hospital.

Ele claramente nunca havia visto unhas dos pés vermelhas em seus pacientes. Nadia não se importara em lhe pedir um espelho, mas se perguntava qual seria o estado de sua maquiagem depois de tudo o que acontecera. Ela tinha certeza de que estava uma bagunça.

Ela viu um bando de Rangers andando de um lado para o outro, visitando colegas soldados que haviam se ferido. Perguntou-se quando veria Ashley. Tinha certeza de que Ashley sabia o que acontecera e poderia preencher as partes da noite que ela estava agora lutando para se lembrar.

Então, Anne apareceu à sua cabeceira. Parecia cansada, pensou Nadia, como se não tivesse dormido. Na verdade, ela estava acordada havia bem mais de 24 horas.

– Onde está Ashley? – perguntou Nadia.

– Ela não está aqui – disse Anne. Ela parecia desanimada enquanto falava, num tom em que não restava nenhuma emoção. – Ela se foi. Não conseguiu.

A mente de Nadia vagou por fragmentos de imagens da noite anterior: os restos de comida cobertos de papel alumínio, a pressa para vestir a blusa de combate Crye de Ashley, o voo de helicóptero, Ashley falando com um dos Rangers, a faixa de grama. O voo do helicóptero. Então, Anne estava a seu lado, dizendo que Ashley se fora e que os Rangers haviam perdido dois homens.

Os equipamentos antigos de Nadia haviam sido sua salvação. Aquela caminhada curta para encontrar um terreno plano para ajeitar seus dispositivos ópticos a havia afastado da força da explosão.

O IED levara sua amiga e companheira de equipe e quase levara seu próprio braço. Então, a levaria para fora do campo de batalha. Mas a explosão não levara suas lembranças.

Ela pensaria em Ashley todos os dias.

15

Um Luto Respeitado

★ ★ ★

A campainha da porta tocou. E tocou.

Jason levou alguns minutos para perceber que o som estranho que o despertara cedo, às seis horas, estava vindo da porta da frente. Ele estava numa casa alugada perto de Fort Sill, em Lawton, onde estava fazendo um curso de treinamento em artilharia para oficiais. Jason se perguntou: quem no mundo sabia que ele fora para Oklahoma?

Caminhou tateando até a porta, ainda com a camiseta e o calção com que estava dormindo.

Não que estivesse dormindo bem. Naquela semana, Jason soubera que de fato voltaria para Fort Bragg, o que significava que ele e Ashley poderiam ficar em Fayetteville e na casa de rancho que adoravam. Além disso, Ashley poderia dar prosseguimento a seu objetivo, de continuar trabalhando com o Comando Conjunto de Operações Especiais, dessa vez como civil. Ambos estavam empolgados. Faltavam a ela seis meses de ação em campo de batalha; ele sabia agora onde estaria trabalhando e estava avançando em sua carreira. O casal planejara discutir tudo pelo telefone sexta-feira de manhã, mas Ashley enviara uma mensagem no meio da noite de quinta, no horário dele, dizendo que sua equipe chegara tarde demais para ela ligar. Ela sabia que Jason tinha um exame de artilharia naquela manhã e não queria acordá-lo. Ele respondeu ao e-mail assim que acordou:

"Olha, você está no Afeganistão. Não me importo que sejam três horas da madrugada. Me liga. Eu chegarei tarde à formação e direi que minha esposa me telefonou do Afeganistão."

Ela prometeu que ligaria mais tarde naquele dia. Mas a tarde de sexta-feira chegou e se foi, e Jason teve que ir a uma festa de promoção de oficiais. Então, seus amigos o convenceram a ir com eles a uma casa mal-assombrada, para festejar o Halloween, para o qual faltava apenas uma semana. Ele foi, mas a cada dois ou três minutos olhava o telefone para ver se perdera uma chamada da sua esposa.

– Ela ficou de ligar – disse ele a um colega.

– Ah, cara, ela sabe que é sexta-feira à noite aqui; tenho certeza de que ela ligará para você mais tarde.

Mas Jason deixou a casa mal-assombrada sem ter notícia de Ashley e acabou conseguindo pegar no sono às três horas. Dormiu com seu BlackBerry a apenas centímetros de distância, no travesseiro vazio ao seu lado, para ter certeza de que ouviria o telefone quando Ashley ligasse.

Jason caminhou até a porta da frente e olhou pelo olho mágico. Tudo o que conseguiu ver foi um uniforme. Ele entreabriu a porta e viu três oficiais do Exército de roupa azul parados na soleira: um comandante de bateria, um primeiro-sargento e um capelão.

– Capitão Stumpf, precisamos entrar e falar com o senhor – disse um dos homens.

– Deixem eu pôr o cachorro lá atrás – respondeu Jason. O husky siberiano de Ashley, Gunner, latiu para os homens estranhos enquanto Jason o levava pela coleira. Jason o deixou no quintal, fechou o portão e voltou à porta da frente.

Vou para Landstuhl, pensou. Ashley está ferida.

Ele conduziu os visitantes para a sala de estar e permaneceu de pé na entrada. Sua mão segurou a maçaneta da porta e ele se preparou para tudo o que tivessem para lhe dizer.

– Por favor, sente-se – pediu o primeiro-sargento.

– Não, obrigado, não preciso me sentar – respondeu Jason. – Diga o que está acontecendo.

– Nós lamentamos lhe informar que a primeira-tenente Ashley White-Stumpf foi morta em ação – começou o comandante de bateria.

A Guerra de Ashley

Jason sentiu um zumbido nos ouvidos e uma batida no peito tão alta que mal conseguiu ouvir o que eles estavam dizendo. Olhou para o telefone, querendo que sua esposa ligasse e lhe dissesse que eles estavam errados.

Os homens continuaram falando. Eles não sabiam muitos detalhes ainda, exceto que ela sucumbira aos ferimentos de um IED. Eles dariam um tempo para Jason se recompor e se preparar para tudo o que viria pela frente. Retornariam em algumas horas.

Eles lamentavam muito sua perda.

Jason se recusou a se permitir pensar. Adotou uma postura de oficial do Exército e começou a fazer o que precisava ser feito. Era a única maneira de passar por aquilo.

Mas foi com uma pontada de terror que ele percebeu que a próxima coisa a ser feita era informar a Bob e Debbie, em Ohio, que Ashley fora morta. Ele temeu que eles vissem uma foto dela no noticiário antes que conseguisse entrar em contato, já que oficialmente o parente mais próximo havia sido informado. Não podia deixar isto acontecer.

– O que há de errado? – Debbie White perguntou imediatamente quando ouviu a voz de Jason.

Ela estava congelando oito dúzias de cupcakes encomendados por um serviço de bufê quando o telefone tocou.

– Ah, um cano estourou, está vazando pela cozinha inteira e eu não estou em minha casa. Então, não sei o que fazer – mentiu Jason.

Ele não podia suportar dizer a Debbie, não era sua atribuição. Ele tentou tornar a voz mais forte, mas sabia que ela tinha conhecimento de que alguma coisa havia acontecido.

– Onde está o pai? – perguntou ele.

Debbie disse que ele estava na oficina. A White Tool.

Na fábrica, Bob White ouviu o telefone fixo da White Tool tocando. O relógio marcava 8h32 e ele se perguntou quem, diabos, estaria lhe telefonando numa manhã de sábado; eles não estavam sequer abertos. Ele acabara de chegar para verificar alguns pedidos recentes de bases de mastros de bandeira de metal e fixadores para postes de luz.

— Quem é? — perguntou ao apanhar o telefone.

— Jason.

— Que Jason?

— Seu genro, pai.

— Como está?

— Você está sentado?

— Pode falar sem rodeios — disse Bob. Ele nunca fora do tipo sutil.

— É Ashley. Ela não conseguiu — disse Jason. Sua voz começou a falhar. — Houve uma explosão em Kandahar e ela não conseguiu. Acabei de saber.

Jasou escutou, de coração partido, enquanto Bob disparava uma série de exclamações. Sentiu-se incapaz de fazer qualquer coisa para aliviar a agonia do sogro.

Bob agiu rápido para encerrar a conversa.

— Tenho que ir para casa, contar a Deb — disse ele. — Falo com você daqui a pouco.

Bob repassaria esse momento em sua mente todos os dias que se seguiram. Aquele telefonema atravessaria a sua vida e criaria um "antes" e "depois". Ele olhou mais uma vez para o relógio, o mesmo que Ashley, quando adolescente, usava para marcar a hora do almoço e para ver se seu dia de trabalho na White Tool havia terminado...

Jason desligou o telefone e enterrou a cabeça nas mãos. Ele tinha mais uma ligação para fazer. Sabia que, por mais difícil que a anterior havia sido, essa seria bem pior.

— Brittany, você precisa ir para casa — disse ele quando a gêmea de Ashley atendeu o celular.

— O que há de errado? — perguntou ela.

— É ruim. Ashley não...

Ele não conseguiu ir adiante. Ouviu o telefone desligar enquanto ela gritava.

E, então, ele ligou para a única outra pessoa além de Ashley à qual sempre recorria numa crise.

— Pai, Ashley não conseguiu — irrompeu ele assim que seu pai atendeu o telefone em casa, perto de Pittsburgh.

— Bem, não tem outro avião? Ela pode pegar o próximo, não?

— Não, pai, ela não perdeu o voo — explicou Jason. — Ela foi morta em ação.

— O quê? — Pela conversa anterior com seu filho, o pai de Jason sabia um pouco sobre o que Ashley estava fazendo e que havia riscos potenciais. Mas ele nunca cogitara a ideia de ela não voltar para casa.

Ralph Stumpf começou a chorar e os dois homens ficaram ao telefone em lágrimas silenciosas durante longos minutos.

Logo chegou a hora de Jason ir à Base Dover da Força Aérea para encontrar sua esposa pela última vez.

Bob e Debbie White tiveram sua primeira pista sobre o que Ashley vinha fazendo no Afeganistão quando chegaram à Base Dover da Força Aérea, em Delaware, a primeira parada em solo americano para os soldados mortos no exterior. O Necrotério do Porto, em Dover, é o maior do Pentágono, e a única instalação desse tipo no Estados Unidos continentais. Até alguns anos atrás, as famílias de soldados mortos em combate tinham que viajar com seu próprio dinheiro para testemunhar a "transferência digna" de seus entes queridos do C-17 para casa. (As Forças Armadas não usam a palavra *cerimônia* para um evento desse tipo, porque isso implicaria tratar-se de um evento do qual membros da família precisariam participar.) Em 2009, sob o secretário da Defesa Robert Gates, o Pentágono mudou a política para permitir acesso público à mídia se a família de luto assim desejasse e pagar para três parentes e amigos viajarem a Dover às custas do governo.

A primeira pessoa a recebê-los na chegada foi o oficial de assistência a baixas do Regimento Ranger, cujo trabalho era apoiar e assistir membros da família quando um ente querido morre em serviço. Mas os White eram incomuns, porque, na maioria das vezes, os membros da família sabiam mais ou menos o que seus entes queridos estavam fazendo. E, geralmente, os mortos em ação não eram mulheres.

Debbie fez o possível para permanecer calma, em silêncio, e manter tudo e todos coesos. Ela queria fazer com que sua família atravessasse os próximos dias. Depois, cuidaria de tentar descobrir o que Ashley estava fazendo lá fora.

Mas Bob tinha muitas perguntas. Ele tinha consciência de que Ashley estava em algum tipo de equipe especial; sabia através de Ashley e Brittany. Mas não tinha quase nenhum detalhe além disso. Até onde ele e Debbie sabiam, ela estava trabalhando no hospital de uma base, "armando tendas", conforme ela lhe dissera uma vez, e ajudando mulheres e crianças. No dia anterior, os White haviam lido um boletim de imprensa do Comando de Operações Especiais do Exército que dizia que Ashley "era designada para o 230º Batalhão de Apoio à Brigada, 30ª Equipe de Combate de Brigada Pesada, Guarda Nacional da Carolina do Norte, Goldsburo, C.N.", e que havia sido "vinculada" a uma "força-tarefa conjunta de operações especiais". Prosseguia dizendo que ela era uma "facilitadora" e membro de algo chamado "Equipe de Apoio Cultural". Ela tivera "um papel crucial como membro da força de ataque de operações especiais". Isso era muito diferente de armar tendas e os Whites estavam confusos em relação aos detalhes do trabalho que sua filha vinha fazendo no exterior.

O boletim terminava afirmando que os esforços de Ashley ressaltavam "a importância e necessidade de mulheres no campo de batalha hoje".

Bob não tinha a menor ideia do que isso tudo significava e estava determinado a obter respostas. Ele olhou o Ranger nos olhos e despejou um enxurrada de perguntas.

O que minha filha estava fazendo com os Rangers?

Por que ela estava com eles em incursões noturnas?

O que ela estava fazendo nessas missões?

Ela estava ajudando mulheres e crianças? Estava trabalhando como paramédica?

A Guerra de Ashley

Por fim, Bob queria saber como Ashley morrera. Queria reunir cada fragmento de informação que pudesse sobre como esse IED havia apanhado Ashley no meio da noite em Kandahar.

O soldado tentou responder à tempestade de perguntas de Bob, mas algumas ele simplesmente não podia. Havia informações de que não possuía e havia aquelas que ele não tinha liberdade para compartilhar. O soldado já tinha ido muito além dos limites habituais de seu trabalho: o programa de assistência a baixas foi criado para ajudar na organização de funerais e homenagens, assistir no processamento de benefícios e assegurar que objetos pessoais fossem devolvidos. Enfrentar um pai que acabara de saber que a filha havia sido a primeira de sua equipe a morrer num combate de operações especiais das quais ele nem sabia que ela participava era um terreno inteiramente novo. Para todos. Mas ele lidou com as perguntas com tanto primor e respeito quanto podia.

Ashley estava vinculada a uma unidade do Regimento Ranger que servia em Kandahar, no Afeganistão, Bob soube. O principal propósito dessa unidade era se comunicar com mulheres e crianças e apoiar o trabalho da força de ataque de romper e destruir redes de insurgentes.

O Ranger explicou que Ashley seria homenageada como *facilitadora* Ranger e explicou que os facilitadores eram equipes de soldados com habilidades especiais que apoiavam os membros das operações especiais. Como o papel de Ashley era vital para o regimento, Bob o ouviu dizer, um Ranger estaria com eles em Ohio para o funeral e eles ofereceriam a ela todas as honras fúnebres. Mas havia uma diferença, o soldado tentou explicar, entre os Rangers e as pessoas que os apoiam, ou, na terminologia militar, que os *facilitam*.

Essa era uma diferença que Bob, um civil, estava lutando com força para entender. Se as mulheres estavam em linhas de frente, marchando com os Rangers toda noite, perguntou ele, qual é a diferença? Se elas saem em missões, vestem uniforme, carregam armas e se põem em perigo para ajudar as forças americanas a alcançar seus objetivos estratégicos, qual é a diferença?

Se elas estão sendo mortas lá fora, qual é a diferença, diabos?

Não havia nada que o Ranger pudesse dizer para explicar satisfatoriamente a morte de Ashley a Bob. Essa era uma realidade que ele simplesmente teria que aceitar. E havia outra realidade com a qual Bob teria que viver: sua sensação de que, se não tivesse cedido, em Kent, para que ela ingressasse no Corpo de Treinamento de Oficiais de Reserva, talvez tivesse ficado em casa. E ele não a estaria levando para Ohio agora. Poderia ter se tornado uma assistente médica, poderia ter começado uma família, poderia talvez até ter aberto um dia uma padaria em Ohio, o que ela e Debbie sempre falavam em fazer.

Agora estava tudo acabado. Ele e a esposa haviam perdido não apenas sua Ashley, mas as gerações que viriam dela.

Por fim, Jason fez um sinal para o Ranger com um olhar – desculpas, frustração, raiva, confusão – e pegou Bob pelo braço, encaminhando-o devagar para uma sala reservada às famílias. Ele tentou explicar o que Ashley vinha fazendo, explicar o que significava fazer parte de uma nova equipe de mulheres e como Ashley se sentia honrada por servir com o Regimento Ranger em missões de contraterrorismo. Mas Bob não conseguia absorver isso e, de início, não conseguia entender por que seu genro mantivera em segredo a verdadeira missão de Ashley. Ele sabia que aquela era a "clássica Ashley" – como sempre, pensara nos outros primeiro e quisera impedir que seus pais se preocupassem. Bob disse a Jason que entendia por que ele fez o que fez, que era o que qualquer bom marido faria: permanecer leal aos desejos de sua esposa.

Mas Bob e Debbie continuaram pensando que Ashley não deveria ter protegido seus pais. Eles é que deveriam estar ali protegendo-a.

16

O Homem na Arena

★ ★ ★

Na noite anterior ao funeral de Ashley, centenas de pessoas que a conheciam e muitas que sua família nunca havia visto fluíram para o ginásio de sua antiga escola de ensino médio para apresentar seus cumprimentos àquela soldado morta em ação. Elas entraram numa fila que durou mais de seis horas e serpenteou por todo o ginásio, saiu pela porta e passou pelos mesmos corredores pelos quais Ashley caminhara em sua última série, seis anos antes. Crianças pequenas, mulheres e homens idosos, pais cujos filhos haviam crescido com Ashley e seus irmãos, todos faziam uma pausa diante da mesa coberta de um veludo vermelho sobre o qual as medalhas de Ashley no Exército eram agora exibidas. Alguns, incluindo Leda, fizeram o sinal da cruz quando pararam. Atrás da mesa coberta de veludo estava pendurado um estandarte que mostrava um capacete militar vazio e um fuzil num brasão com as palavras "Para que eles não sejam esquecidos".

Leda mal dormira desde que partira do Afeganistão, três dias antes. Como oficial encarregada, ela acompanhara o corpo de Ashley de volta aos Estados Unidos no C-17 e ficara acordada vigiando-o durante a viagem para Dover via Ramstein. Quando, por fim, chegou a Dover, ela correu para encontrar Bob e Debbie e se apresentar. Ouvira falar muito deles por Ashley.

Leda lhes disse o que a bela amiga Ashley havia sido para ela. Como era amada com carinho por suas companheiras de equipe. E como era boa em seu trabalho. Disse-lhes que as mulheres afegãs respondiam a sua amabilidade e lhe contavam coisas que ajudavam os americanos e afegãos a permanecer vivos, como Ashley era respeitada pelos Rangers por sua força física e seu profissionalismo e como ela própria havia visto isso tudo pessoalmente durante sua viagem a Kandahar, em outubro.

Leda esperava retornar ao Afeganistão imediatamente após a cerimônia em Dover para os soldados mortos em ação. Ela estava louca para voltar para seus soldados, cujas missões continuavam. Mas, então, Bob e Debbie lhe pediram, por favor, que acompanhasse o corpo de Ashley até sua casa em Ohio. Precisavam dela ali, disse Bob, para ajudá-los a lidar com aquele massacre de atenção militar para o qual não estavam preparados e para explicar à família e aos amigos o que Ashley estava fazendo lá nas linhas de frente, num trabalho que eles nem sequer sabiam que existia.

Agora, a oficial encarregada da CST estava sentada entre os imponentes líderes de operações especiais com suas listras e medalhas nos uniformes, no ginásio da escola de ensino médio de Ashley, onde ela torcera por seu irmão, Josh, durante tantos jogos de basquete. Leda assistiu aos Rangers quando eles ofereceram suas tradições funerais à companheira de equipe. Um jovem soldado de boina marrom e uniforme verde dos Rangers permaneceu de pé, em posição de sentido, diante do caixão de Ashley, sem se mexer. Leda escutou atentamente quando um dos oficiais de mais alta patente em todas as Forças Armadas dos Estados Unidos se levantou para falar sobre sua amiga querida.

O chefe do Comando de Operações Especiais do Exército, tenente-general John Mulholland, um Green Beret altamente respeitado e um dos arquitetos dos êxitos iniciais dos Estados Unidos no Afeganistão, compareceu para presentear a família de Ashley com o Coração Púrpura, a Estrela de Bronze e a Insígnia de Ação em Combate. Mas antes de fazer isso, disse, queria explicar o que as CSTs e a sua missão significavam para ele, para o Exército e para os Estados Unidos. Poucos metros a sua frente, em cadeiras dobráveis, estavam sentados Bob e Debbie, esforçando-se com valentia para se manter firmes em meio a toda inesperada atenção e ao seu batismo da noite para o dia na comunidade de operações especiais. Jason estava sentado com seu uniforme do Exército ao lado de Debbie.

– É importante reconhecermos que o que Ashley estava fazendo é algo que um número muito pequeno, um grupo muito seleto, de mulheres se dispôs a fazer – disse Mulholland.

– Elas vieram de todas as partes dos Estados Unidos, chegaram em Fort Bragg porque ouviram essa convocação às mulheres dispostas a fazer algo único na história de nosso país para servir ao lado dos Rangers, ao lado de nossas Forças Especiais que são os melhores guerreiros que nossa nação tem. Não se enganem em relação a isso, essas mulheres são guerreiras. São grandes mulheres que também têm nos proporcionado um enorme sucesso operacional no campo de batalha, em virtude de serem capazes de contactar a metade da população com a qual normalmente não interagimos. Elas absolutamente se tornaram parte de nossa família de operações especiais. Elas absolutamente escreverão um novo capítulo do papel dos soldados mulheres dos Estados Unidos e de nossas Forças Armadas e cada uma delas provou sua capacidade.

Enquanto ouvia o discurso, Leda ficou emocionada com a avaliação pública do tenente-general Mulloland para aquele programa criado para as sombras: quem eram as mulheres, por que o programa existia e onde ela e suas irmãs se encaixavam na luta dos Estados Unidos contra o terrorismo. Mulholland não conhecera Ashley pessoalmente, mas a morte dela tirara todas as CSTs das sombras e as levara para a arena pública.

> *Eu quero que vocês tenham esse senso de contexto para o que foi que Ashley fez. Ela e suas irmãs imprimiram uma marca inteiramente nova no que significa ser uma soldado no Exército dos Estados Unidos, que é o melhor exército da face da Terra. Ela sempre fará parte das operações especiais do Exército e estamos extraordinariamente orgulhosos dela e de todas as suas irmãs.*

Em seguida, o tenente-general Mulholland presenteou Jason com o Coração Púrpura de Ashley, "estabelecido pelo general George Washington em Newburgh, Nova York, 7 de agosto de 1782", em nome do presidente dos Estados Unidos da América. Jason se levantou para receber o prêmio. Em seguida, veio a Estrela de Bronze. E a Insígnia de Ação em Combate, pela qual Lane e Anne haviam saudado Ashley poucos meses antes.

Leda entendia como era raro um chefe do Comando de Operações Especiais do Exército dedicar dias de sua agenda a homenagear uma tenente morta em ação. Ela sabia que o tenente-general Mulholland comparecia a funerais de Rangers, mas não imaginava que comparecesse a cerimônias em memória de seus facilitadores. Por sua vez, Bob e Debbie não sabiam nada da história pregressa do programa da CST ou de sua política; o que eles viram e que os deixou maravilhados foram todos aqueles oficiais superiores elogiando sua filha. Eles receberam uma carta do almirante William McRaven, ex-líder do Comando Conjunto de Operações Especiais e atual comandante do Comando de Operações Especiais cuja Requisição de Forças tornara a ideia do programa CST uma realidade.

"Eu não conheci Ashley pessoalmente, mas conheço o tipo de mulher que ela era. Era corajosa além de todas as medidas", escreveu McRaven. "Ela era patriótica. Tinha um senso de dever que não podia ser suprimido. Era exatamente o tipo de mulher que precisávamos no serviço de nosso país."

Que a honra, integridade, humanidade e generosidade dela significassem bastante para muitos, seus pais imaginavam que fosse verdade. Afinal de contas, era Ashley. Mas até mesmo eles ficaram chocados no dia seguinte, o Halloween de 2011, ao verem centenas e centenas de pessoas perfiladas na principal rodovia de Marlboro, Randolph, e da vizinha Alliance para a missa de sepultamento. Multidões de amigos e estranhos, veteranos do Vietnã e participantes de programas de ajuda a soldados feridos em guerras se concentraram em sequências de duas ou três pessoas para saudar Ashley quando seu corpo passasse. Meninos e meninas juntaram suas mãozinhas em prece e em seguida acenaram para se despedir.

Na missa fúnebre, os bancos de madeira foram todos ocupados e faltou espaço para os presentes. O caixão foi levado pelo mesmo corredor por onde Ashley caminhara como noiva apenas cinco meses antes.

O coronel Mark O'Donnell, do 75º Regimento Ranger, assumiu a palavra onde o tenente-general Mulholland havia parado na noite anterior e falou para a multidão.

— Do ponto de vista da inteligência, o que elas proporcionam se dedicando a mulheres e crianças no objetivo contribui imensuravelmente para o nosso sucesso — disse ele, referindo-se às soldados da CST.

Ele leu "O Homem na Arena", do presidente Theodore Roosevelt. O discurso, apresentado em abril de 1920, foca na importância para a democracia de ter a mais alta consideração por todos os cidadãos. O coronel notou que, embora a pessoa descrita nessa narrativa fosse um homem, as palavras descreviam aquele soldado *feminino*, morta em ação.

— O crédito pertence ao homem que está na arena, cujo rosto está desfigurado pela poeira, pelo suor e pelo sangue; que se esforça corajosamente; que erra, que falha de novo e de novo — disse ele, citando Roosevelt —, porque não há esforço sem erro e falha, mas que se empenha para realizar proezas.

"Em incontáveis operações em que as forças de ataque de operações especiais de elite tiveram como alvo importantes esconderijos do Talibã e da al-Qaeda em que o contato era provável, Ashley era frequentemente a única mulher no objetivo", finalizou O'Donnell. "Pensem nisso e na grande coragem que isso exigiu.

"Ela é o Homem na Arena", disse ele. "Ashley, descanse em paz. Saiba que seus irmãos Rangers choraram sua morte e agora continuam a luta, uma luta à qual você entregou sua vida."

Jason fez o discurso final e falou da dedicação da esposa, de sua paciência e capacidade de escutá-lo falar sem parar, fosse ele ou ela o enviado à guerra.

– Não sou o marido ideal – disse ele. – Ela era a esposa ideal.

Aqueles dias próximos do enterro de Ashley se tornariam nebulosos para Bob e Debbie, mas alguns momentos perfurariam a neblina da tristeza e o movimento torpe de todas as preparações fúnebres.

Eles se lembrariam da carruagem preta puxada por um cavalo que transportou Ashley para o túmulo com centenas marchando atrás e uma gaita de fole tocando "Amazing Grace". Eles se lembrariam de Leda quando ela falou no funeral de Ashley sobre sua irmã de armas e citou nome após nome as colegas da CST de Ashley que lhe enviavam seu amor e admiração e "sua maior determinação" de continuar a missão em honra a Ashley. Dez dias antes, os White nunca haviam ouvido falar dessas mulheres; agora se sentiam como membros de suas famílias. E eles se lembrariam do cartão de pêsames que receberam dos Rangers com os quais Ashley servira. "Ter uma mulher saindo conosco foi uma coisa nova para todos nós", escreveu o líder do esquadrão de armas de Ashley. "Estando em um dos primeiros grupos de CST, ela realmente causou uma boa impressão não apenas em nós, mas também na liderança mais elevada. Sinto muito pela perda de vocês, mas quero que saibam que ela era boa em seu trabalho e um membro valioso desse pelotão."

E Debbie jamais esqueceria a estranha que se aproximou dela depois da cerimônia de sepultamento, na colina com vista para o pátio da igreja. Ela permanecera aproveitando um momento final ao lado do caixão cinza-claro de sua filha, agora coberto de rosas vermelhas deixadas por aqueles que a amavam.

– Sra. White, eu trouxe minha filha hoje porque queria que ela soubesse o que é uma heroína – disse a mulher, segurando a mão de uma garotinha. – E eu queria que ela soubesse que meninas podem ser heroínas também.

* * *

Que o Exército havia entrado num terreno novo com a morte de Ashley, isso estava claro desde o começo, desde o modo como foi feito o anúncio até a presença de líderes Rangers e as palavras do tenente-general Mulholland no funeral. Não demorou muito para Jason começar a ver que a comunidade de sobreviventes estava entrando num novo território também. Gold Star Wives (Esposas da Estrela Dourada) era o nome do grupo de viúvas e viúvos cujos cônjuges morreram servindo nas Forças Armadas. E embora o grupo trabalhasse duro para ser inclusivo, o nome dizia tudo. O soldado que veio falar com ele sobre todos os programas para sobreviventes que o Exército oferecia a pessoas que perderam um parente na guerra confirmara isso, contando a Jason que eles tinham um percentual pequeno de viúvos, que dirá viúvos em que os dois membros do casal eram militares, e que não havia muita coisa, em termos de apoio ou recursos, específica para o pesar de homens. Mas o Exército estava ali para Jason e faria o que fosse preciso para cuidar dele, prometera o oficial. Jason apreciou sua sinceridade. Ele estava começando a ver como a morte de Ashley desafiava a máquina das forças americanas. E a sociedade da qual faziam parte.

Isso começou com perguntas espontâneas, irrefletidas, feitas por colegas soldados. Eles lhe perguntavam o que sua esposa estava fazendo lá. Por que ela fora para o Afeganistão? Ele aceitara bem a decisão dela? Tentara impedi-la? De início ele respondia pacientemente que não teria feito e não poderia ter feito nada diferente. Tentava explicar a eles quem Ashley era e o que a motivara a participar daquela ação em campo de batalha. Mas ele nunca achava que se fazia entender. E isso se tornou ainda mais claro quando um conhecido lhe perguntou: se pudesse voltar o tempo, ele faria aquilo de novo? Deixaria ela ir? Ou seria um "marido de verdade" e cuidaria de sua esposa? A pergunta o deixou furioso. E aumentou sua dor. Ele queria responder que eles haviam tomado juntos a decisão de participar do programa. E que ela queria contribuir para o país, fazer alguma coisa que achasse importante, que coubesse apenas a ela, antes de eles começarem uma família. Mas Jason sabia que isso era inútil. Ele apenas olhou de volta em resposta. Sua esposa lhe ensinara a ter autocontrole e ele estava tentando honrar sua memória e permanecer calmo diante dessa ignorância. Como um colega lhe disse: "Você não pode treinar um estúpido."

Mas não era fácil.

À noite, ele ficava sentado em casa, sozinho, com o cachorro de Ashley, Gunner, no sofá que ele e ela costumavam compartilhar, remoendo sobre todos os motivos pelos quais optara por apoiar sua esposa.

Ele sempre chegava à mesma conclusão: queria que ela fosse feliz. Esta era sua função como marido. Ele não desapontara Ashley; mantivera os votos de casamento que fizera a ela.

E agora teria que aprender a viver sem ela.

Mas ainda não estava pronto para isso. As revistas *Glamour* e *Marie Clair* de Ashley permaneciam onde estavam, numa cesta de vime no chão, ao lado do sofá, assim como sua coleção de Minnies. Ele cumpriu a lista de tarefas que ela fixara na geladeira no dia em que partiu para a Base Pope da Força Aérea. Mantinha a cozinha exatamente como ela cuidadosamente a arrumava. Mas nada era igual.

Jason releu o diário que eles haviam compartilhado durante o período dele no Afeganistão e retornava com frequência ao computador portátil dela, aquele em que ele encontrou a carta lhe dizendo sobre a CAB. E pensou nela lançando-lhe um olhar de desaprovação e o exortando a continuar, a não ceder ao desespero.

Como disse a um colega certa noite, quando apareceu para ver como ele estava, ele jamais se arrependeria de nada do que acontecera. Mesmo com toda a dor.

– Ashley me ensinou tanta coisa – disse ele. – Algumas pessoas são casadas há cinquenta anos e não têm o que tivemos no curto tempo em que estivemos casados.

Esse pensamento o atravessava todos os dias.

17

Kandahar

★ ★ ★

— Madame, você está bem?

Tristan estava se sentando num biplano pilotado por um empreiteiro do Comando Conjunto de Operações Especiais. Apenas mais um passageiro estava a bordo: um oficial subtenente cuja presença ela ignorara imediatamente depois de o avião decolar. Ela estava perdida em seus pensamentos quando o oficial se inclinou para checar se ela estava devidamente presa ao cinto de segurança. Não tinha a menor ideia do que ele estava falando – é claro que ela estava bem. E então ela sentiu o avião fazendo polichinelos sobre o Hindu Kush, subindo e descendo em saltos verticais bruscos sobre os picos acidentados da cadeia montanhosa.

Tristan odiava voar, mas, naquele momento, estava nervosa demais com sua nova designação para se importar com os mergulhos perturbadores do avião que pulava.

Ela estava indo de Bagram para Kandahar – aquele celeiro de IEDs fabricados em casa e transportados por veículos que haviam acabado de tirar a vida de sua amiga – para substituir Ashley. Queria estar empolgada com o trabalho. Queria dizer que se sentia audaz, valente e pronta para honrar a memória de Ashley. Mas, na realidade, não sentia nada além de preocupação. E medo.

"Estamos prestes a cair", pensou ela, notando a ironia, "mas aqui estou eu, mais preocupada com o que está prestes a acontecer em solo em Kandahar."

Por fim, o avião aterrissou em segurança. Estava escurecendo; era a hora do jantar para a maioria das pessoas, mas para os Rangers e seus facilitadores era meio-dia e eles tinham um trabalho a ser feito. Anne encontrou Tristan no campo de pouso e lhe mostrou sua nova casa.

– Vamos sair hoje à noite – disse Anne. – Vamos pegar sua roupa logo e nos certificar de que você tem tudo o que precisa.

Tristan notou como sua nova companheira de equipe era calma e controlada e tentou simular o mesmo ar firme, como se voltar a sair em missão alguns dias depois de sua parceira ser morta fosse apenas mais um dia no escritório. Tristan teria preferido ter um dia para se acomodar. Um dia para se acostumar ao novo ambiente, um dia para apaziguar seus temores. Ela imaginou que Anne sabia disto, mas pensara que a melhor maneira de lidar com sua ansiedade seria levá-la de volta ao trabalho. Sabia que Anne estava certa, mas isso não tornava as coisas nem um pouco mais fáceis.

Alguns dias antes, líderes de operações especiais fizeram Tristan voar de sua base até a cerimônia fúnebre em Kandahar em homenagem a Ashley, Kris Domeij e Chris Horns. Ela chegou a tempo de ouvir o ritual doloroso da última chamada pelos soldados mortos em ação.

– Tenente White – ouviu retumbando no alto-falante.

– Tenente Ashley White.

– Tenente Ashley Irene White.

Por fim uma voz respondeu:

– Primeiro-sargento, ela não está mais conosco.

Depois da chamada, eles se alinharam diante de fotos de cada um dos soldados junto a suas botas e placas de identificação. Tristan se ajoelhou ao lado do retrato de Ashley e se despediu.

Minutos depois, acabou. Três soldados haviam partido. E, então, todos deviam voltar ao trabalho.

Antes de Tristan voar de volta à base naquela noite, Anne a levara para jantar no DFAC asiático, o mesmo lugar onde ela e Ashley haviam comido juntas na noite em que ela morreu. Tristan empurrava seu macarrão *lo mein* no prato e escutava enquanto Anne falava secamente sobre as ameaças, que havia IEDs por toda parte, por trás de muros e em pomares, e que ela mal podia esperar para voltar a sair para encontrar os homens que haviam plantado o dispositivo que matou sua amiga. Enquanto Anne falava, Tristan olhava para os adesivos do Buda nas janelas do refeitório e ouvia uma música de meditação *new age* vinda de um aparelho de som portátil estilo anos 1990. Ela não podia pensar num lugar menos reconfortante e tranquilo em todo o mundo.

Depois da refeição, Tristan viu Anne voltar ao seu quarto a fim de se vestir para o trabalho daquela noite. Estava admirada com o estoicismo de sua companheira de equipe e temerosa dos riscos que enfrentava.

Que bom que não estou baseada aqui, pensara Tristan quando ela e sua parceira CST foram embora de Kandahar de avião. Parece horrível.

E então, dois dias depois da cerimônia fúnebre, ela foi redesignada para substituir Ashley em Kandahar. Durante os seis meses seguintes, aquele lugar assustador, cheio de fantasmas, IEDs e cheirando a excremento humano, seria sua casa.

Tristan entrou em seu novo quarto e congelou.

Os Asics brancos de Ashley estavam aos pés de sua nova cama.

Ela deixou os tênis ali e foi em direção ao armário de parede branco para desfazer sua bolsa plástica com produtos de higiene. Encontrou as loções Jergens tamanho viagem de Ashley e algumas faixas de cabelo. Havia também uma vela "Puffy Clouds" com aroma ["Nuvens Infladas"]. "Muito adequado", pensou Tristan. Ela guardaria tudo como lembrança da amiga. E como um aviso a si mesma para nunca, jamais ficar confortável naquele trabalho.

Tristan entrou no armário de vassouras transformado em escritório determinada a pegar qualquer escrivaninha, exceto aquela que tinha sido a de Ashley. No momento em que se sentou e abriu a gaveta, percebeu que escolhera exatamente a errada. Dentro havia barras de proteína Smart for Life sabor chá-verde, que Tristan imediatamente reconheceu do treinamento no verão. Ashley as escolhera especialmente por causa da proporção proteína-carboidrato.

"Parece que há pedacinhos de Ashley em toda parte", escreveu Tristan numa carta para casa. Ela viu a panificadora num canto, já acumulando poeira do ar de Kandahar, e soube que ninguém jamais a usaria de novo. Pelo menos não enquanto ela estivesse ali.

Com a orientação de Anne, ela montou seus equipamentos na sala de preparação – cada equipe tinha diferentes protocolos e maneiras de fazer as coisas – e foi se apresentar aos Rangers com os quais trabalharia. A antiga equipe de Ashley. Eles a receberam com gentileza, mas rigidamente. Então, ela era oficialmente "a CST substituta".

Na primeira noite, Anne acompanhou Tristan para ajudá-la a se sentir confortável com a nova equipe. No começo, Tristan só pensava nos IEDs; ela sabia que cada passo que desse poderia ser o último. Mas depois de algum tempo encontrou seu ritmo. Ela e Anne acabaram revistando e conversando com dezenas de mulheres e crianças naquela noite. Dividiram o trabalho entre si. Elas haviam chegado por terra, em veículos blindados Stryker, e depois, ao retornarem para a base, Tristan sentiu uma onda de alívio. Nova base, novos companheiros de equipe, novo terreno, ela se acostumaria com tudo isso. Estar de volta à ação ajudaria. Anne estava certa. Ela podia seguir em frente.

Mas nem todo mundo podia. Tristan sabia o quanto os caras respeitavam Ashley pelo modo como eles falavam sobre ela. Um dos Rangers superiores, um cara rude cujas guerras ela imaginava que chegavam a dois dígitos, aproximou-se dela antes da primeira missão.

– Ouça, por favor, tenha realmente cuidado – disse ele. – Sem querer ofender você, mas não posso lidar com isso mais uma vez. Ashley era muito jovem e tinha muito a oferecer. Eu simplesmente não posso passar por isso de novo.

Tristan percebeu o quanto a morte de Ashley era difícil para aqueles homens. Mas não podia prometer que não morreria e não achava que o fato de eles não estarem acostumados a ver mulheres morrendo ao seu lado significava que ela não deveria estar ali. Ela entendia os riscos existentes. Todos eles eram soldados, afinal de contas. Aqueles caras sabiam o que isso significava melhor do que qualquer pessoa.

Logo, Tristan apanhou uma caneta e começou a escrever em seu caderno de anotações:

Pai,

Estou escrevendo esta carta, acho, para o caso de acontecer alguma coisa. Testemunhei em segunda e terceira mão quanta dor está associada a tentar juntar os cacos quando o pior acontece. Não sei bem se esta carta poupará você de muita dor, mas pelo menos lhe poupará da dor de procurar por ela.

Toda noite, antes de dormir, penso em vocês. Penso em todos os nossos momentos em família. Verões em Vermont. Jogos de softball em família.

Você sempre tinha um jeito de nos fazer acreditar que podíamos fazer qualquer coisa. Fosse montar o time de softball ou ser astronauta ou apenas encarar aquela aula de modelos matemáticos, você nunca duvidou que qualquer um de nós era capaz de qualquer coisa que nos determinássemos a fazer. Eu jamais saberia lhe dizer o quanto isso significou.

Se alguma coisa acontecer comigo, saiba que eu quis fazer esse trabalho e que me pus nessa posição porque senti que era algo que precisava fazer.

Sou grata por ter tido uma família maravilhosa e por ter tido pais que sempre me apoiaram.

Com amor,

Tristan

Enquanto novembro e dezembro passavam, as CSTs continuavam saindo a cada noite para fazer seu trabalho, embora todas elas sentissem que seus superiores ainda estavam tentando descobrir o que a primeira morte de uma CST em campo de batalha significava para seu trabalho.

Em Ohio, no funeral de Ashley, um dos líderes de Operações Especiais perguntara a Leda se as mulheres queriam continuar fazendo o trabalho.

– Nenhuma de nós quer parar de cumprir essa missão – respondeu Leda, lembrando-o de que cada uma delas aceitara os riscos inscrevendo-se para trabalhar com os Rangers. – Nada desonraria mais a memória de Ashley.

Ele a exortou a dizer às CSTs para continuarem "servindo com orgulho" e a se certificar de que elas soubessem que todo o Comando de Operações Especiais permanecia apoiando-as e queria que elas continuassem lá fora.

Leda retornou ao Afeganistão imediatamente após a cerimônia de Ashley e compartilhou aquela mensagem. "As CSTs precisavam se concentrar e continuar fazendo seu trabalho melhor do que nunca", disse ela. Não se preocupem com nenhuma outra coisa.

Na mesma época, um historiador de Operações Especiais chegou a Kandahar para entrevistar soldados como parte de seu giro regular por bases no Afeganistão. Quando ele se sentou com Tristan, perguntou como ela se sentira quando soube da morte de Ashley.

– Isso a fez querer parar de fazer esse trabalho?

– Justamente o oposto – disse ela.

Isso a fez se sentir mais motivada a honrar o legado da amiga e companheira de equipe.

Então, o entrevistador mencionou conversas em Washington e em bases militares sobre encerrar o programa da CST com a guerra no Afeganistão. Ele perguntou a Tristan como ela via o futuro do programa.

– Deveria ser desenvolvido mais ou se trata apenas de uma necessidade nascida de um conflito específico? Porque foi isso que sentimos em relação ao programa com cães no Vietnã.

"Ah, ótimo, agora somos cachorros!", Tristan riu para si mesma. Mas disse ao historiador que o programa não deveria ser desmantelado e sim expandido.

– Eles poderiam realmente ampliar esse trabalho e obter muito mais da função se quisessem. Nossa equipe de CSTs continuará cumprindo essa missão enquanto puder.

Por fim, o Natal chegou. Para Tristan, os feriados eram sempre importantes; ela não deixaria que o fato de estar numa guerra lhe roubasse toda a alegria do feriado. Ela desenhou uma árvore de Natal numa folha de papel, colou-a na parede do quarto e pôs embaixo dela todos os pacotes belamente embrulhados enviados por sua família na Nova Inglaterra.

As coisas haviam ficado mais fáceis nas oito semanas desde sua chegada. No fim de novembro, uma nova equipe de Rangers chegou para um revezamento e o pelotão ao lado do qual Ashley morrera finalmente pôde voltar para casa após uma ação em campo de batalha que lhe custara tanto e tantas pessoas queridas. Para essa nova equipe Ranger, liderada por um fã do New England Patriots, Tristan era sua primeira CST, e desde o começo eles estavam abertos a suas ideias e sugestões para o modo como ela poderia contribuir para o trabalho deles. Quanto mais útil ela se sentia, melhor fazia seu trabalho e quanto melhor fazia seu trabalho, mais eles a punham para trabalhar. Tristan e Kate trocavam mensagens instantâneas regularmente sobre como *nada* que fizessem depois do Exército – a não ser a escola Ranger ou a abertura da seleção Ranger para mulheres um dia – jamais se compararia àquela missão.

Tristan veria Kate e todas as suas companheiras de equipe em Bagram no dia seguinte ao Natal, quando elas completariam metade do tempo de sua ação em campo de batalha. Leda organizara a noite de reunião de todas as CSTs; oficialmente, elas iriam para falar com suas colegas afegãs sobre a experiência como CST e prepará-las para fazer o trabalho da CST. Extraoficialmente, Leda sabia que as mulheres precisavam estar próximas umas das outras depois da morte de

Ashley e à luz de todas as questões sobre o futuro do programa que estavam sendo levantadas.

Tristan comia muffins enquanto ouvia Leda discutir ideias surgidas entre líderes de operações especiais para tornar as Equipes de Apoio Cultural uma verdadeira MOS ou Especialidade Ocupacional Militar em vez de um programa temporário. Ela queria perseguir qualquer MOS que conseguissem criar e disse a Leda e suas companheiras de equipe que elas deviam ser como todos os outros facilitadores Rangers, tendo os mesmos treinamento e ciclo de ação em campo de batalha dos caras com os quais serviam.

Em seguida, elas começaram a trocar histórias:

— Na verdade eu pensei que Leda estava nos convocando para gritar conosco por causa da descida rápida na corda — disse Kimberly sobre a convocação, aquela que jamais esqueceria.

A orientação oficial dizia que as CSTs não deveriam descer na corda sobre um objetivo devido às lesões que membros da equipe haviam sofrido por causa disso durante o treinamento para a guerra e no Afeganistão. Deslizar rapidamente por uma corda presa a um helicóptero que está balançando para chegar a uma situação potencialmente hostil usando dois pares de luvas para evitar queimaduras e mantendo firme todo o peso do corpo e ainda mais de vinte quilos de equipamentos era um trabalho perigoso. A liderança dos Rangers não queria mais nenhuma CST ferida. Mas, depois de vê-las em ação — tanto em suas missões quanto naquelas com os Rangers —, os Seals com os quais Kimberly trabalhava decidiram que ela e sua companheira de equipe Maddie podiam lidar com essa tarefa. Eles mostraram a Kimberly, Maddie e um oficial do Exército afegão de sua equipe como subir numa escada de mão fina, portátil, e depois descer de volta por uma corda de 2,5 centímetros de espessura, com altura variável de 15 a 27 metros, que haviam pendurado no alto de um prédio. Elas repetiram o exercício duas vezes sem o equipamento e duas vezes com o equipamento completo. Em seguida, praticaram a descida na corda de um helicóptero de dia e à noite para se certificarem de que sabiam o que estavam fazendo. Ainda assim, disse Kimberly, ela e Maddie nunca pensaram que aplicariam o treinamento no trabalho devido ao debate sobre o que era e o que não era permitido. Então, uma noite, elas estavam voando para uma missão quando os Seals anunciaram que todos deviam se preparar para a descida na corda. Kimberly e Maddie cutucaram uma à outra ali no helicóptero.

"Você tem que fazer isso", disse Kimberly a si mesma naquele momento, "e não apenas para o seu próprio bem, mas para o bem de todas as outras garotas que não conseguem. Não saia escorregando e aterrissando como uma imbecil e não caia da corda. O que quer que você faça, não saia ferida. E não ouse precisar de uma equipe médica para removê-la daqui hoje à noite." Então, ela ouviu a ordem: *Vai*. Lá se foi ela, descendo, descendo, descendo. De repente, sentiu a terra firme e fria abaixo de si. Dobrando o corpo, fez o rolamento de combate para se afastar do helicóptero, como os Seals haviam lhe ensinado, e, em seguida, se ergueu num salto sobre um joelho para agarrar a arma e garantir segurança para todos os outros. Momentos depois, Maddie a seguiu. Depois de todos descerem do aparelho em segurança, a equipe começou a avançar para o objetivo, assim como na noite anterior. Mas não antes de Kimberly e Maddie pararem para fazer um rápido cumprimento batendo as palmas das mãos. Kimberly viu um dos caras rindo em silêncio sob o halo de visão noturna verde e balançando a cabeça diante da exibição das meninas, como se dissesse: "Vocês, novatas."

Risadas saudaram o fim da história de Kimberly. Então, Kate começou.

Numa das primeiras noites em que saiu, contou Kate às companheiras, ela e o primeiro-sargento de seu pelotão ficaram no fim da formação. De repente, eles ouviram pelo rádio o *pop-pop-pop* de tiros e o som de granadas e correram quase cem metros para se abrigarem numa vala ao longo da estrada cuja profundidade era quase da altura de Kate. Os caras na frente começaram a atirar nos insurgentes que disparavam contra eles. O primeiro-sargento a pôs virada para o lado da vala, de frente para a parte da trás da coluna, e apontou. "Esse é o seu setor de disparo", disse a ela.

— Foi como "Caramba, legal" – disse Kate. – Essa é a beleza de ser um soldado. Bem ali, naquele momento, com o fuzil apoiado no chão, sabendo que mesmo que não consiga ser o cara lá da frente atirando, você tem um setor que é seu e sabe, no fundo, que vai atirar em qualquer inimigo que chegar ali. É simplesmente assim – finalizou ela.

Finalmente, ela encontrara seu povo, disse Kate. Tanto as CSTs quanto os homens que admirava e pelos quais estava preparada para morrer.

— Eu adoro vocês – disse Kate. Ela confessou que depois da morte de Ashley checava toda noite as pessoas que estavam saindo na missão e se elas voltavam bem. – Vocês significam mais para mim do que qualquer outra coisa.

Para Tristan, a visita foi o sopro de ar fresco de que ela precisava. Ver todas as companheiras da CST e saber que todas as outras também estavam se saindo bem trouxe felicidade ao seu coração.

Ela voou novamente de Bagram para Kandahar. Dessa vez, a turbulência a assustou.

Tristan acabara de ouvir o resumo do que eles esperavam no objetivo aquela noite e então estava caminhando de volta à sala de preparação, a fim de se certificar de que tinha tudo do que precisaria para a missão daquela noite. Na parede do lado de fora da sala de informe estavam penduradas fotos de todo aqueles que haviam sido mortos em ação no Iraque e no Afeganistão. O rosto sorridente de Ashley estava ao lado das fotos do sargento Domeij e do soldado Horns.

"Fique comigo, Ashley", disse Tristan em silêncio para a amiga. "Acho que vai ser uma noite longa."

Uma hora depois, ela estava saltando do Chinook e correndo para o que parecia uma versão afegã de uma área de trailers, com casas construídas próximas uma da outra. Ela e Anne, numa rara missão juntas, dividiram o trabalho: Anne revistava as mulheres enquanto Tristan conversava com elas. *Seria* uma noite longa; dezenas de mulheres e crianças estavam agora paradas em frente a elas.

Tristan virou seus dispositivos ópticos para cima e começou a falar com uma bela adolescente de olhos verdes claros que usava um majestoso vestido roxo. Começou perguntando a ela o que estava acontecendo em sua vizinhança.

O vento da noite soprava frio e alguns outros soldados usavam suas jaquetas do Exército acolchoadas. Como era moradora da Nova Inglaterra estava acostumada a correr num clima de seis graus negativos, Tristan vestia apenas algumas camadas de roupa: uma blusa de malha, uma camisa e um colete – embaixo do uniforme.

Tristan notou que a garota parecia nervosa, batendo um pé, ora outro e olhando para a mãe toda vez que falava. Quando Tristan perguntou mais uma vez o que estava acontecendo na casa, calmamente, a adolescente começou a falar. Sim, disse ela, o cara que eles estavam procurando estava ali numa das casas. Ela não sabia mais nada além disso, mas tinha certeza.

Foi quando Tristan ouviu um chamado pelo rádio:

– Nada aqui – disse o Ranger. – Vamos seguir adiante.

– Sargento do pelotão, onde você está? – disse Tristan pelo rádio. – Eu acabo de conseguir alguma coisa aqui. Acho que deveríamos ficar.

Era raro ela pressionar por mais tempo, mas os Rangers incentivaram-na a falar quando tivesse algo que eles realmente precisassem saber; ela era parte da equipe. Toda noite, antes da missão, Tristan e seu parceiro Ranger trocavam anotações e falavam sobre o que esperavam e o que estavam procurando enquanto tentavam manter a pressão sobre as redes insurgentes dos caras do Talibã e da al-Qaeda que atuavam na área. Mesmo ali no objetivo, era comum que o Ranger e a CST se juntassem rapidamente para compartilhar qualquer coisa crítica que estivessem sabendo e encontrando.

– Está bem, vamos lhe dar mais dez minutos – disse ele. – Veja o que você consegue.

Enquanto Anne falava com a mãe da garota, a adolescente começou a contar a Tristan sobre os homens que iam à casa e sobre algumas conversas que ouvira.

Tristan anotou tantos detalhes quanto podia. Puxou seu parceiro Ranger e ele concordou: eles iriam revistar a casa mais uma vez, principalmente a parte de trás do complexo onde ficavam os animais.

Logo, os Rangers desenterraram mais de uma dúzia de IEDs de placas de pressão – ainda não ligadas – escondidos no chão. Ainda mais imediatamente relevante para o êxito daquela noite, eles souberam pelo insurgente identificado pela menina de vestido roxo que os IEDs armados para explodir estavam enterrados por todo o caminho pelo qual eles estavam prestes a passar a pé para ir ao complexo seguinte.

Se tivessem ido conforme o planejado, teriam pisado diretamente neles.

Naquela noite, depois de passar por cima de arbustos, cruzar riachos e voltar para o helicóptero que a levaria para casa, Tristan foi ouvir o informe pós-missão e apresentar um breve registro sobre o que aprendera naquela noite. Na saída, ela cumprimentou sua amiga mais uma vez.

"Obrigada, Ash."

Abril chegou finalmente. Nas últimas duas semanas, Tristan e Anne haviam se juntado a alguns soldados de operações especiais do acampamento para *"tan ops"* ["operações de bronzeamento"], que consistiam em permanecer acordado o bastante para pegar os primeiros raios do potente sol de Kandahar. Ninguém queria voltar para casa pálido e abatido. Ou gordo. Lá se foram os biscoitos de Natal e os M&Ms nos pacotes de suprimento. Nada de carboidratos. Agora, só proteínas, verduras e bebidas energéticas.

Tristan mal podia acreditar que logo elas estariam indo para casa. Ela sonhava em ficar deitada à toa, sem lugar para ir, passando dias inteiros lendo revistas de fofocas sobre celebridades e assistindo à TV com suas irmãs e seu irmão.

Vou sentir falta desse lugar, pensou ela. Os caras com os quais trabalhou, as missões das quais participou, as mulheres e crianças com as quais conversava toda noite, as crianças e seus olhos bonitos.

Os momentos de compaixão e assistência enterrados em meio aos momentos horríveis da guerra. Até o cheiro do lago de fezes.

No caminho de volta aos Estados Unidos, todas as CSTs se encontrariam em Bagram para um último momento como equipe. Preencheriam as últimas papeladas e descobririam com certeza se poderiam continuar como CSTs, fazendo o trabalho que agora sabiam fazer bem, para o qual se sentiam qualificadas e que amavam. Tristan sentia falta de Kate, Amber, Cassie, Sarah, Kimberly e todas as outras garotas. Mal podia esperar para ouvir suas histórias; sabia que, assim que elas começassem a contá-las, a sensação seria a de que não haviam ficado separadas nos últimos quatro meses.

Mas, antes de embarcar num avião para ir embora de Kandahar, pela última vez ela escreveria uma carta:

Estamos partindo hoje.

Está tudo arrumado e voltei ao meu quarto por alguns momentos. Só queria dar uma última olhada na cama onde passei tantas horas deitada acordada. Onde em silêncio agradeci a Deus por me trazer de volta toda noite. Eu queria olhar pela última vez os tênis de Ashley. Esperando fielmente para serem levados para uma corrida. Queria agradecer a Ashley pela força que ela me deu secretamente nos últimos meses. Sei que todos nós temos muito o que falar sobre Ashley nas próximas semanas. Sei que ver o KAF [Campo de Aviação de Kandahar] desaparecer vai ser difícil. Nós nos sentiremos como se estivéssemos deixando Ashley para sempre. Mas não a estamos deixando em lugar nenhum. Ashley estará com todas nós, em todos os lugares onde formos, pelo resto de nossas vidas.

Adeus, quartinho.

Epílogo

No Memorial Day de 2012, o tenente-general John Mulholland depôs diante de um grupo de famílias enlutadas para homenagear os soldados de Operações Especiais do Exército que tinham dado tudo pelo seu país.

— É importante nunca esquecermos que Ashley e seus irmãos de armas foram pessoas verdadeiramente excepcionais — disse ele durante a cerimônia anual realizada na Memorial Plaza das Forças de Operações Especiais do Exército. — Eles tinham e sempre terão um valor além da medida. Eram extremamente competentes no que escolheram fazer, eram claramente comprometidos em fazer diferença no mundo em que viviam e, sem dúvida, fizeram diferença.

Bob e Debbie White, juntamente com os irmãos de Ashley — Brittany e Jason — estavam na plateia, em cadeiras dobráveis, segurando rosas vermelhas e ouvindo o nome de Ashley assumindo seu lugar no Memorial Wall do Comando de Operações Especiais do Exército, ao lado de Kris Domeij, Chris Horns e outros oito Rangers mortos em ação em 2011. Ashley era a primeira CST cujo nome seria gravado numa placa e incluído no memorial de granito aos soldados mortos em combate.

Em Bagram, um mês antes, várias CSTs perguntaram se poderiam estender a missão. Mas não seria possível. A CST era uma ação em campo de batalha de um ano e então era hora de os soldados retornarem para suas unidades. A próxima turma aguardava. Mais soldados femininos haviam levantado a mão para servir aos combatentes das operações especiais e agora era sua vez de ir.

O problema é que voltar para a vida pré-CST era a última coisa que muitas daquelas mulheres queriam.

Cassie não conseguia conceber voltar para casa. Ela saíra regularmente em missões com sua força de ataque. Festejara quando sua parceira, Isabel, foi indicada pelos Rangers para um prêmio Impact por encontrar explosivos e outros itens relacionados à inteligência que "teriam sido ignorados" na sua ausência. Teve até o privilégio de receber de um dos oficiais sob os quais servira uma dedicatória escrita em seu exemplar do livro *Guerra*, de Sebastian Junger, pouco antes de ela partir da base.

"Você é uma verdadeira líder guerreira e suas proezas de 'Abrir o Caminho' para as mulheres em combates serão contadas um dia", escreveu ele para Cassie. Esse oficial era um dos soldados retratados no livro que ela levara para o Afeganistão.

Em seguida, Cassie se viu num auditório em Bagram ouvindo Kate explicar a um dos generais que viera apresentar seus agradecimentos às CSTs que ela e algumas outras queriam continuar a fazer o que vinham fazendo.

"Senhor, com todo o devido respeito, o senhor não entende", Kate ousara deixar escapar. Devido à proibição de mulheres em funções de ação direta, "acabou para nós. Não há outro lugar para irmos. Não fizemos nada melhor e não faremos nada melhor. E agora estamos sendo enviadas de volta a nossas unidades. *Nada* mais vai se comparar a isso".

Quando elas voltaram para Fort Bragg, Cassie foi de novo ao Landmark Inn, daquela vez sem a esperança e empolgação de sua visita anterior. Como ela poderia voltar para sua antiga designação no Exército e sua "vida normal"? O que quer que isso fosse. As únicas pessoas que a entendiam agora eram suas colegas da CST. Elas eram tanto quanto sua família. Talvez mais.

Outras seis turmas da CST vieram nos anos seguintes. Recentemente, tive o privilégio de estar uma noite com um grupo de mulheres de diferentes anos do programa. Quase todas haviam servido em missões de ação direta. A ligação que elas tinham entre si, mesmo aquelas que nunca haviam se encontrado, era óbvia e imediata. O que me impressionou naquela noite foi a mesma sensação de intensa amizade que senti na primeira vez em que encontrei as companheiras de equipe de Ashley. Elas terminavam as frases umas das outras, serviam umas às outras como orientadoras de carreira, terapeutas de divórcio, conselheiras espirituais e anfitriãs de chás de bebê. Estava claro que essas soldados estavam ligadas por laços que ninguém fora do pequeno e invisível grupo das CSTs entenderia verdadeiramente algum dia. A liderança de Leda, a perda de Ashley, a missão que elas haviam amado e à qual não poderiam voltar, o fato de que ninguém fora do grupo de soldados e Seals ao lado dos quais haviam servido sabia o que elas tinham feito e visto, tudo isto se combinava para criar uma ligação indestrutível, forjada na guerra e consolidada em casa. Elas eram tudo o que tinham e entendiam por quê.

Nos anos que se seguiram à morte de Ashley White-Stumpf, ser um de seus pais se tornou um trabalho em tempo integral para Bob e Debbie White. Cerimônia após cerimônia, memorial após memorial, eles se sentariam na plateia e ouviriam pessoas homenagearem e falarem sobre Ashley. Às vezes, eles falavam também. Toda semana retornavam ao túmulo da filha, atrás da igreja, para limpar todas as lembranças que as pessoas deixavam para ela: *kettlebells*, amuletos de prata, flores, cartas em papel pautado de caderno dizendo a Ashley que ela era sua "inspiração". A caixa de correios deles se enchia de cartas de pessoas que a conheceram no Afeganistão, que a haviam conhecido em Ohio ou simplesmente que haviam lido sua história no jornal local. Na Kent State, foram estabelecidos uma bolsa de estudos em sua memória e uma corrida anual com o nome de Ashley. Sua antiga escola de ensino médio pendurou uma foto dela dentro de uma caixa de vidro. A Guarda Nacional da Carolina do Norte descerrou um memorial de granito a Ashley no Arsenal da Guarda Nacional de Goldsboro. Seu irmão, Josh, fez um forte discurso no palácio do governo de Ohio em memória da irmã, abordando a perda vivenciada por toda família que perde um filho ou filha na guerra. A Assembleia Legislativa de Ohio deu a uma parte da Rota 44, na cidade de Marlboro, o nome de 1st Lt. Ashley White-Stumpf Memorial Highway.

Em janeiro de 2013, a proibição de mulheres em unidades de combate em terra terminou oficialmente. As regras haviam finalmente alcançado a realidade.

— Cento e cinquenta e duas mulheres de uniforme morreram servindo a essa nação no Iraque e no Afeganistão. Membros femininos do serviço enfrentaram a realidade do combate, provaram sua disposição para lutar e, sim, para morrer defendendo seus companheiros americanos — disse o secretário da Defesa Leon Panetta numa entrevista coletiva com o chefe do Estado-Maior Conjunto, Martin Dempsey. — Toda vez que visitei a zona de guerra, toda vez que me encontrei com tropas, analisei operações militares e falei com guerreiros feridos, fiquei impressionado com o fato de que todos, todos, homens e mulheres igualmente, estão comprometidos em fazer o trabalho. Eles estão lutando e estão morrendo juntos. E chegou a hora de nossas políticas reconhecerem essa realidade.

"Se eles estão dispostos a arriscar suas vidas, então temos que reconhecer que eles merecem a chance de servir em qualquer competência que quiserem", disse Panetta.

Seis meses depois, em junho de 2013, as Equipes de Apoio Cultural foram a uma entrevista coletiva no Pentágono focada na integração de mulheres em trabalhos que antes estavam fora de seus limites, incluindo funções em Operações Especiais.

— Francamente, fui encorajado pelo desempenho físico de algumas jovens que aspiram a entrar nas equipes de apoio cultural — disse o major-general Bennet Sacolick, do Comando de Operações Especiais, que chamou o programa de "enorme sucesso". Ele prosseguiu dizendo:

— Elas podem muito bem fornecer uma base para a integração definitiva.

Em 1º de janeiro de 2016, o Comando de Operações Especiais e cada um dos serviços abrirão totalmente todas as funções às mulheres ou explicarão os motivos pelos quais elas continuarão sendo apenas para homens. Todas as dispensas terão que ser aprovadas pelo secretário da Defesa e pelo chefe do Estado-Maior Conjunto.

No Dia do Veterano de 2013, a primeira-tenente Ashley White-Stumpf foi responsável por outro marco: tornou-se a primeira mulher a ter uma árvore dedicada a ela no Memorial Walk of Honor do Museu Nacional de Infantaria em Columbus, Geórgia, em frente ao Fort Benning. Suas companheiras CSTs, lideradas por Amber e Lane, angariaram o dinheiro para a árvore e a placa em sua homenagem. Depois, quase exatamente dois anos após a morte de Ashley, uma segunda CST, a primeira-tenente Jennifer Moreno, uma enfermeira do Exército, morreu em ação na província de Kandahar juntamente com dois Rangers e um investigador criminal do Exército. Ela se uniria a Ashley no Memorial Walk.

Na cerimônia do Dia do Veterano, em área do Museu Nacional de Infantaria, membros da CST-2 se reuniram diante de uma placa quadrada com borda de ouro cuja primeira linha diz:

CST PASSADO, PRESENTE, FUTURO

Naquele dia ameno de novembro, sob um céu azul-cinzento, Bob e Debbie White se sentaram ao lado dos soldados que haviam conhecido e amado sua filha e que, então, haviam se tornado membros de sua própria família.

Tristam subiu ao pódio.

Quando Ashley White-Stumpf se tornou um anjo, estava no ápice de sua vida. Estava recém-casada com um marido que a amava e apoiava incrivelmente. Acabara de comprar sua primeira casa. Tinha um bom trabalho e uma família maravilhosa. E, ainda assim, Ashley perguntou: "O que posso fazer, como posso fazer a diferença?" Pense nisso um minuto. O quanto esse mundo seria melhor se cada pessoa, no momento mais feliz e realizado de sua vida, pensasse não em si mesma, mas no bem que poderia fazer por coisas maiores do que ela?

Esta é uma pergunta para cada um de nós.

Agradecimentos

Durante dois anos, Bob e Debbie White me permitiram entrar em sua casa, em suas vidas e em sua família. Sua generosidade infinda e sua determinação implacável para lembrar a filha tornaram impossível para mim esquecer os riscos desta história. Numa época em que parecemos um país que se afastou de seus valores mais profundamente mantidos – o trabalho duro, um compromisso com o mérito, humildade, sacrifício pela próxima geração e a importância de servir aos outros –, a família White é um lembrete de quem somos em nossa melhor forma, e uma prova do poder da bondade e da coragem em ação.

O marido de Ashley, Jason, é um exemplo de valor e virtude diante do luto. Aqueles que conheceram Ashley na Kent State depois inevitavelmente iniciaram conversas mencionando o papel central que seu marido tivera em ajudá-la a se tornar quem ela era. Vivenciar o compromisso de Jason em honrar o legado de Ashley foi incrivelmente comovente e um lembrete urgente de por que esta história importava.

A irmã gêmea de Ashley, Brittany; seu irmão, Josh; e a esposa dele, Kate, compartilharam histórias, lembranças e muito mais, e sou grata pela abertura deles diante de uma tarefa tão monumentalmente difícil. Esta é uma bondade que nunca considerei pouco.

A todos que servem aos Estados Unidos todo dia e toda noite, espero que estas páginas tenham feito seu pequeno papel de lembrar aos leitores a realidade de seu trabalho, o valor de seu serviço, o custo de seu sacrifício e a importância de se comprometer com as guerras que vocês lutam em nome dos Estados Unidos. Serei sempre grata pela oportunidade de irradiar uma luz sobre um mundo ao qual tão poucos de nós estão familiarizados.

Agradecimentos

Poder conhecer os líderes que deram forma à luta no Afeganistão foi um privilégio e um prazer, e sinto diariamente o peso da responsabilidade sobre essas histórias. Obrigada por me permitirem ver o mundo como vocês veem e por confiarem em mim para compartilhar suas histórias com um país que precisa entender melhor o que lhes é pedido, por que vocês fazem isso e o que significa para todos nós. E a todas as equipes de relações públicas que conduziram meus primeiros pedidos, obrigada pelo que vocês fazem e por sua sabedoria e assistência.

Os soldados nestas páginas compartilham laços de guerra indestrutíveis. Eles são amigos na batalha e família para sempre. Eu soube na primeira vez em que ouvi a história de Ashley que os Estados Unidos tinham que conhecê-los também, e sou grata pela oportunidade e pela grande responsabilidade desse desafio.

E aos americanos-afegãos que serviram nessa guerra e que ajudaram a criar esta história e torná-la sua, obrigada a vocês por compartilharem sua percepção e seu mundo.

Muitas pessoas ofereceram suas visões, suas vozes e suas lembranças a este projeto. Trabalhei para fazer justiça a tudo o que vocês compartilharam. Aos líderes do ROTC na Ken State, amigos de Ashley em sua cidade, colegas de turma da faculdade e companheiros soldados da Carolina do Norte, obrigada a vocês por encontrarem tempo para ajudar a montar esta história.

Claire Russo, Matt Pottinger, Zoe Bedell e muitos outros me ajudaram a entender as origens desse programa, e sou grata por sua sabedoria. Minha colega do Conselho de Relações Exteriores Janine Davidson, piloto da Força Aérea que conduziu C-17s e C-130s, ofereceu valiosos tempo e perspectiva, assim como Susan Marquis e Linda Robinson, da Rand Corporation, o escritor Dick Couch, Rebecca Patterson e a capitã da Marinha dos Estados Unidos reformada Lory Manning, que me iniciou com uma lista de leituras e um senso de história. O vice-almirante Lee Gunn me ofereceu sua ajuda e encorajamento desde o começo. Agradeço a todos vocês.

Agradecimentos

Minha agente literária, Elyse Cheney, é aquela que você quer ao seu lado não importa o projeto; sua dedicação incansável a dar forma e estrutura a esta história bem no início tornou tudo o que se seguiu bem mais administrável. Sam Freilich, Alex Jacobs e Tyler Allen ajudaram ao seu lado. Jonathan Burnham, da Harper, acreditou nesta história e se empenhou nela o tempo todo. Minha sábia e maravilhosa editora, Gail Winston, virou estas páginas em tempo recorde e, cada vez, a narrativa se tornava mais forte, mas afiada e muito mais sucinta. A incrivelmente capaz Emily Cunningham fez as palavras fluírem e tornou nossa agenda de produção administrável. Lisa Sharkey acreditou em *A costureira* e neste livro desde o começo, e sou grata por todo o seu apoio. Um grande obrigada a nossa incansável líder de publicidade Tina Andreadis, a Leah Wasielewski e Stephanie Cooper, do marketing, e à equipe de vendas, incluindo Doug Jones, Josh Marwell e Kate Walker. A todos do CFR, incluindo Richard Haass, Jim Lindsay, Irina Faskianos, Hannah Chartoff, incontáveis companheiros militares e a infatigável Lisa Shields, obrigada pelo encorajamento durante todo o tempo.

Sou abençoada com amigos e colegas maravilhosamente talentosos – e generosos. Minha assistente, Christy Morales, manteve-me nos trilhos, bem como nossa pesquisa organizada. Melissa Stack emprestou um escritório vago e Robin Wood Sailer e Tara Luizzi um quarto. A mente de marketing de Chris Villareal compartilhou sua sabedoria e seu talento criativo, assim como Gina Bianchini. Laurye Blackford ajudou a planejar o lançamento do livro desde o começo e ofereceu conselhos e perspectivas inestimáveis durante todo o caminho. Willow Bay ofereceu o primeiro conjunto de notas para este livro, e a história foi bem mais forte por causa delas. Arash Ghadishah viu o poder desta história no mesmo instante em que eu vi, e foi um persistente defensor deste livro. Lucy Helm, Anne Kornblut, Melinda Arons, Marc Adelman, Anna Soellner, Lee Gonzalez, Betsy Fischer Martin, Juleanna Glover e Anna Robertson ajudaram de maneiras importantes. E não se poderia ter uma amiga mais sábia ou uma caixa de ressonância mais inteligente do que a autora e editora Annik LaFarge.

Agradecimentos

A família está no coração desta história e devo agradecer à minha própria. Minha sogra é a melhor agente que uma escritora poderia ter e me ajudou de maneiras incontáveis. Minha tia e minha madrinha, Gloria Rojas e Elaine Cameron, disseram-me para continuar em frente não importasse o que acontecesse. Laurie Sheets Forbes atuou como designer residente e Mark Cohen me ensinou algum tempo atrás a nunca procurar o caminho fácil e que "se espera que seja difícil assim" fazer um trabalho que importe.

E, finalmente, obrigada a meu marido, um oficial da Marinha que conversou comigo demoradamente sobre a cultura militar e ofereceu um apoio resoluto a esta história. Ele está no centro de tornar isso e muito mais possível.

Este livro é para muitos, e um grande número de pessoas ajudou a lhe dar vida. Contar esta história me modificou e me levou além de qualquer coisa que eu havia imaginado no início. É em memória de todos os que serviram e se sacrificaram que eu digo obrigada a cada um de vocês que lê estas páginas por ser parte disto.

Bibliografia Selecionada

Guerras dos Estados Unidos pós-11 de Setembro

Bergen, Peter. *Manhunt: The Ten-Year Search for Bin Laden from 9/11 to Abbottabad*. Nova York: Broadway Paperbacks, 2012.

Bowden, Mark. *The Finish: The Killing of Osama Bin Laden*. Nova York: Atlantic Monthly Press, 2012.

Broadwell, Paula e Vernon Loeb. *All In: The Education of General David Petraeus*. Nova York: Penguin Books, 2012.

Kaplan, Fred. *The Insurgents: David Petraeus and the Plot to Change the American Way of War*. Nova York: Simon & Schuster Paperbacks, 2013.

Mazzetti, Mark. *The Way of the Knife: The CIA, a Secret Army, and a War at the Ends of the Earth*. Nova York: Penguin Books, 2013.

McChrystal, Stanley. *My Share of the Task: A Memoir*. Nova York: Portfolio/Penguin, 2013.

The U.S. Army/Marine Corps Counterinsurgency Field Manual. Chicago: University of Chicago Press, 2007.

Operações especiais

Bank, Aaron. *From OSS to Green Berets: The Birth of Special Forces*. Novato: Presidio Press, 1986.

Marquis, Susan L. *Unconventional Warfare: Rebuilding U.S. Special Operations Forces*. Washington: Brookings Institution, 1997.

Maurer, Kevin. *Gentlemen Bastards: On the Ground in Afghanistan with America's Elite Special Forces*. Nova York: Berkeley Caliber, 2012.

McRaven, William H. *Spec Ops: Case Studies in Special Operations Warfare: Theory and Practice*. Novato: Presidio Press, 1996.

Robinson, Linda. *Masters of Chaos: The Secret History of the Special Forces*. Nova York: PublicAffairs, 2004.

Weiss, Mitch e Kevin Maurer. *No Way Out: A Story of Valor in the Mountains of Afghanistan*. Nova York: Berkeley Caliber, 2012.

O 75º Regimento Ranger

Black, Robert W. *Rangers in World War II*. Nova York: Presidio Press, 1992.

Bowden, Mark. *Black Hawk Down: A Story of Modern War*. Nova York: Grove Press, 1999.

Couch, Dick. *Sua Sponte: The Forging of the Modern American Ranger*. Nova York: Berkeley Caliber, 2012.

Jenkins, Leo. *Lest We Forget: An Army Ranger Medic's Story*. Leo Jenkins, 2013.

Lock, John D. *To Fight with Intrepidity... The Complete History of the U.S. Army Rangers, 1622 to Present*. 2ª ed. Tucson: Fenestra Books, 2001.

Posey, Edward L. *The US Army's First, Last, and Only All-Black Rangers: The 2nd Ranger Infantry Company (Airborne) in the Korean War, 1950–1951*. Nova York: Savas Beatie, 2009.

Mulheres nas Forças Armadas

Biank, Tanya. *Undaunted: The Real Story of America's Servicewomen in Today's Military*. Nova York: New American Library, 2013.

Blanton, DeAnn e Lauren M. Cook. *They Fought Like Demons: Women Soldiers in the American Civil War*. Baton Rouge: Louisiana State University Press, 2002.

Holm, Jeanne. *Women in the Military: An Unfinished Revolution*. Novato: Presidio Press, 1992.

Williams, Kayla e Michael E. Staub. *Love My Rifle More than You: Young and Female in the U.S. Army*. Nova York: W. W. Norton, 2005.

Wise, James E., Jr. e Scott Baron. *Women at War: Iraq, Afghanistan, and Other Conflicts*. Annapolis: Naval Institute Press, 2006.

Impressão e Acabamento:
GRÁFICA STAMPPA LTDA.